网络化制造模式下产品全生命周期质量管理

姜兴宇　王世杰　王宛山　著

北　京
冶 金 工 业 出 版 社
2011

内 容 提 要

本书共分七章，内容包括网络化制造概述、产品全生命周期质量管理、网络化制造模式下产品全生命周期质量管理系统设计、基于计算机支持协同工作技术（CSCW）的协同质量设计、网络化制造模式下的动态工序质量控制技术、产品全生命周期质量综合评价体系、网络化制造模式下产品全生命周期质量管理原型系统开发。

本书可作为管理科学与工程、工业工程等专业本科生和研究生的教学参考书，也可供从事相关专业技术人员及企业管理人员参考使用。

图书在版编目(CIP)数据

网络化制造模式下产品全生命周期质量管理/姜兴宇，王世杰，王宛山著. —北京：冶金工业出版社，2011. 9

ISBN 978-7-5024-5711-2

Ⅰ. ①网…　Ⅱ. ①姜…　②王…　③王…　Ⅲ. ①产品生命周期—质量管理　Ⅳ. ①F273. 2

中国版本图书馆 CIP 数据核字(2011) 第 181269 号

出 版 人　曹胜利
地　　址　北京北河沿大街嵩祝院北巷 39 号，邮编 100009
电　　话　(010)64027926　电子信箱　yjcbs@ cnmip. com. cn
责任编辑　郭冬艳　美术编辑　彭子赫　版式设计　葛新霞
责任校对　石　静　责任印制　张祺鑫
ISBN 978-7-5024-5711-2
北京兴华印刷厂印刷；冶金工业出版社发行；各地新华书店经销
2011 年 9 月第 1 版，2011 年 9 月第 1 次印刷
169mm × 239mm；16. 75 印张；326 千字；257 页
35. 00 元

冶金工业出版社发行部　电话：(010)64044283　传真：(010)64027893
冶金书店　地址：北京东四西大街 46 号(100010)　电话：(010)65289081(兼传真)
（本书如有印装质量问题，本社发行部负责退换）

前　言

网络化制造是在经济全球化、制造企业生产模式和管理方法发生深刻变革的背景下产生和发展起来的先进制造模式。随着计算机网络通信、人工智能等技术的迅猛发展，网络化制造正朝着开放、智能、分布和协同的方向发展，以其敏捷性的全新制造组织模式，代表着制造模式未来的发展方向。

质量管理系统是网络化制造集成平台的重要组成部分。质量是企业占领市场最有力的战略武器，对企业生存和发展至关重要。因此，它的研究已经成为制造业研究的热点。在网络化制造模式下，质量的内涵已经由最终产品的质量扩展到贯穿于产品设计、采购、制造、销售、服务直到最后报废回收的生命周期全过程，由静态质量扩展到由时间决定的动态质量。面对网络化制造模式下质量内涵的新转变，传统的质量管理系统已经不能适应。因此，先进的质量管理方法与质量控制技术对于发展我国的网络化制造模式具有极为重要的意义。

本书在相关项目基金的资助下，在对网络化制造及质量管理研究综述的基础上，应用系统工程、控制理论、计算机仿真技术和智能算法等知识，介绍网络化制造模式下面向产品全生命周期的质量管理方法与质量控制技术，书中主要从以下几个方面进行论述：

(1) 介绍了网络化制造的基本概念、基本内涵、结构和功能、资源集成、关键技术、现状及发展趋势等。

(2) 介绍了产品生命周期、产品全生命周期质量管理的概念、质量管理的发展方向及存在的问题、网络化制造模式下面向产品全生命周期质量管理的技术手段。

(3) 在分析网络化制造模式下质量信息的特点基础上，针对传统质量管理的不足，详细介绍了质量管理系统的分析网络模型、功能模型和工作流程，实现网络化制造模式下质量管理功能设计。

(4) 以计算机支持协同工作（Computer-supported collaborative work，CSCW）技术作为构建协同环境的关键技术，构建基于CSCW质量设计平台，解决了网络化环境下产品异地质量设计问题，实现了质量信息的集成与质量知识的共享，从而支持复杂产品的多模式协同质量设计要求，以提高产品质量设计的智能化、协同化和实用化水平。

（5）应用相似工序、Elman 神经网络、专家系统等理论，构建集预防-分析-诊断-调整于一体的动态工序质量控制模型，实现网络化制造企业多品种、变批量生产模式下工序质量的实时动态分析、诊断与调整，以确保工序质量长期保持在稳定状态。

（6）提出一种基于三角模糊数的层次分析法与模糊综合评价方法相结合的质量评价方法，并用于产品全生命周期质量评价模型中，使评价结果更客观、更精确，并以定量化的数值表示评价结果。解决了模糊数学和经典数学应用在质量评价过程中难以克服的一些缺点，改善了权重的客观性，进而提高了评价结果的可信度。

（7）运用 JSP、Servlet 等技术设计并开发网络化制造模式下产品全生命周期质量管理原型系统，以双进双出磨煤机的全生命周期质量管理为例，验证本书提出的理论模型与算法，证明系统能够满足企业实施网络化制造的实际需求。

本书在编写过程中参考和借鉴了不少国内外的相关资料，在此谨向文献作者表示深深的谢意！本书得到辽宁省高等学校优秀人才支持计划（2009R45）、辽宁省博士启动基金（20101075）资助，感谢东北大学王宛山教授对本书提出的宝贵意见和细心指导，感谢沈阳工业大学机械工程学院王世杰教授、金嘉琦教授、张新敏教授和赵清教授对本书出版的大力支持。同时，沈阳工业大学机械工程学院孙凤博士为本书第 5 章的编写做了大量的工作，在此深表感谢！

由于网络化制造环境下产品全生命周期质量管理涉及面较广，本书中还有许多内容尚需深入细致的研究，加之作者水平所限，书中不妥之处，敬请读者批评指正。

作 者

2010 年 9 月于沈阳

目　　录

1 网络化制造概述

在一种产品很容易从市场得到的情况下，顾客的需求便不断向多样化发展。顾客要买的不仅是高质量、高性价比的产品，而且产品还必须具有新的功能和令人感兴趣的特征。在这种新的市场形势下，制造企业的经营战略会发生很大的变化，时间效应和时间利润被提到日程上来了。

图 1-1 描绘了制造企业的战略变迁从 20 世纪 50 ~ 60 年代资源经济的“规模效益第一”，经过 70 ~ 80 年代“价格竞争第一”和“质量竞争第一”，发展到 90 年代的“市场响应速度第一”，以及面向 21 世纪知识经济的“技术创新第一”[1]。在迈向知识经济的今天，每一个企业都企图以快速开发新产品、提高产品的科技含量和质量来提升产品的附加值和竞争能力。因此，技术创新越来越占有重要的地位。

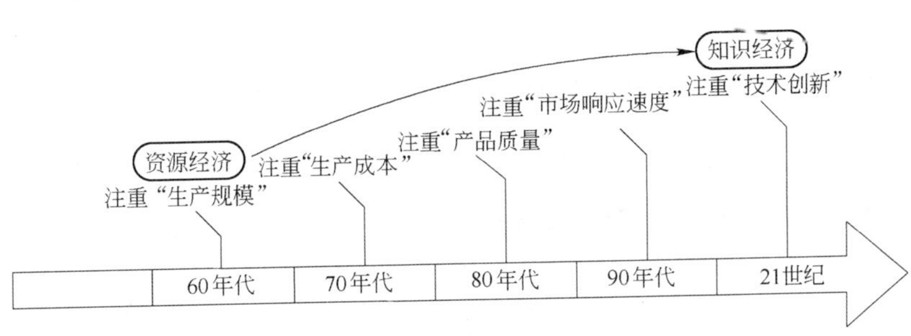

图 1-1 制造业企业的战略变迁[3]

随着世界经济的发展和生活水平的提高，制造业所面临的市场环境发生了巨大的变化，制造业的竞争策略也发生了相应的变革。20 世纪初，产品生命周期很长，设计和开发费用不是产品成本的主要部分，美国制造业通过福特汽车创立的大批量刚性生产方式（Mass Production）[2]，极大地提高了劳动生产率，大幅度降低了成本。

20 世纪 90 年代，随着因特网的迅速发展，一种新的经济模式——网络经济[3]，正逐步成为现代经济中的重要组成部分。网络化将进一步促进经济全球化，并对传统市场产生巨大的影响。因特网改变了人们的工作和生活方式，也从根本上改变了现存的经济格局。由于因特网在经济领域中的普遍应用，使得信息和知识的获取和共享成本得以急剧下降，从而导致信息和知识替代了资本在经济中的主导地位，并最终成为核心经济资源，形成一种全新的全球化经济形态——

网络经济。

在网络经济下，全球化浪潮和高速发展的科技冲击着制造企业的经营、生产战略，使之呈现出集团化、多元化的发展趋势，世界制造业面临着新的分工和转移[4]。这种全球化趋势随之带来了一个重要变化，即生产的整个过程开始需要高度协作、高度信息化的组织加以配合。不仅跨国企业、公司迫切需要及时跟踪各地分公司的生产经营活动，而且同一企业的不同部门，不同地区的员工之间也需要及时共享大量企业信息，甚至企业和用户之间以及企业与其合作伙伴之间也存在着大量的信息交流活动。这就必然要通过计算机网络的协调与操作，将分散在各地的制造企业连接成为一个整体，从而缩短产品开发周期，提高产品质量以及企业对市场的响应能力[5]。

由此，网络化制造模式在市场需求旺盛、技术条件日趋成熟的情况下应运而生。它充分合理地利用了以信息技术为代表的高新科技，建立和实现了基于分布式网络的制造组织、生产和管理模式，能够迅速、灵活地组织和利用各种分布的、异构的制造资源，从而达到快速响应市场，降低成本，提高企业竞争力的目的。

1.1 网络化制造的内涵与特征

面对制造业的重大变革、各种先进制造理念的不断涌现，网络化制造已成为先进制造领域的研究热点。随着世界制造业向中国的转移，加剧了我国企业间的竞争与协作。为了支持这种竞争和协作，实施网络化制造已成为必然趋势。

1.1.1 网络化制造的概念

网络化制造（Networked Manufacturing，NM）的含义是指：面对市场需求与机遇，利用计算机网络，将其按照资源优势互补的原则，迅速地整合成网络联盟，灵活而快速地组织分散在各地的人力、设备、技术和市场等社会制造资源。网络联盟通过互联网与供应商、销售商及产品的最终用户紧密地联系起来，快速响应市场，迅速推出高质量、低成本的新产品和服务。同时，联盟成员随着市场和产品的变化而变化，具有动态特征。网络化制造的概念如图 1-2 所示。

与传统制造模式相比较，网络化制造是一种多种、异构、分布式的制造资源，以一定互联方式，利用计算机网络所组成的开放式的、多平台的、相互协作的、能及时灵活响应客户需求变化的制造模式。其基本目标是将现有的各种在地理位置上或逻辑上分散的制造企业连接到计算机网络中去，以提高企业间的信息交流与合作能力，进而实现制造资源的共享，为寻求市场机遇，及时、快速地响应和适应市场需求变化，赢得竞争优势，求得生存发展奠定了坚实的基础，同时

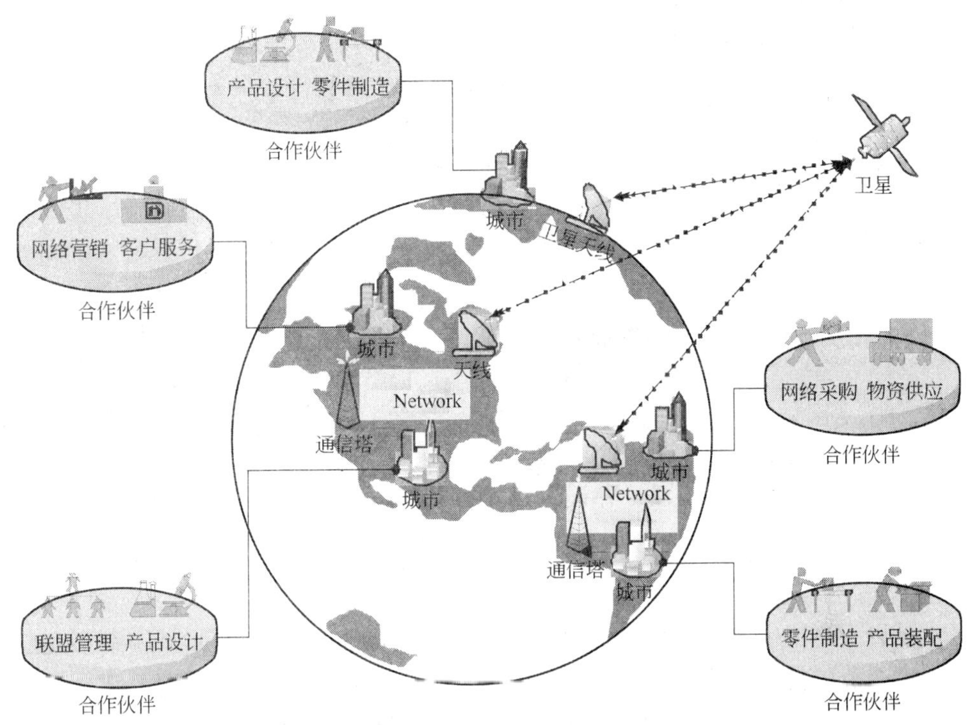

图 1-2 网络化制造的概念图

也为真正实现制造企业研发、生产、营销、组织管理及服务的全球化开辟道路。

网络化制造以敏捷化、分散化、动态化、协作化、集成化、数字化和网络化为基本特征。其中，敏捷化是快速响应市场变化和用户需求的前提，主要表现在组织结构上的迅速重组、性能上的快速响应、过程中的并行化以及分布式的决策。这就必然要求网络化制造采用分散化、动态化和协作化的运作形式来组织生产。而集成化、数字化和网络化作为网络化制造的存在基础和实现手段，保证了该模式从理论向实际应用的顺利转变。

1.1.2 网络化制造的内涵与特征

目前，网络化制造已成为先进制造领域的研究热点，国内外许多专家学者和企业技术人员针对网络化制造的概念与定义、基本特征、重大意义、总体技术、关键技术等方面开展了一系列研究[6~12]。尽管研究者从不同的角度对网络化制造有不同的理解，至今尚未形成统一的概念和定义，但是其基本内涵是相同的。

文献［13］认为网络化制造是基于网络制造企业的各种制造活动及其所涉及的制造技术和制造系统的总称。其中，网络包括 Internet、Intranet 和 Extranet

等各种网络；制造企业包括单个企业、企业集团以及面向某一市场机遇而组建的虚拟企业等各种制造企业及企业联盟；制造活动包括市场运作、产品设计与开发、物料资源组织、生产加工过程、产品运输与销售和售后服务等企业所涉及的一切相关活动和工作。

文献［14］则强调了构建基于网络的制造系统来实现网络化制造过程：通过采用先进的网络技术、制造技术及其他相关技术，构建面向企业特定需求的基于网络的制造系统，并在系统的支持下，突破空间地域对企业生产经营范围和方式的约束，开展覆盖产品整个生命周期全部或部分环节的企业业务活动，如产品设计、制造、销售、采购和管理等，实现企业间的协同和各种社会资源的共享与集成，高速度、高质量、低成本地为市场提供所需的产品和服务。

文献［15］则强调了网络化制造的组织形式——动态联盟。网络化制造是指利用计算机网络，灵活而快速地组织社会资源，将分散在各地的生产设备资源、智力资源和技术资源等，按资源优势互补的原则，快速地整合成一种跨地域的、靠网络联系和统一指挥的制造、运营实体——网络联盟，以实现网络化制造。

从以上论述中可以总结出如下结论：网络化制造是网络经济形式下制造企业为提高企业的持续竞争能力所提出的一种先进制造模式、思想、战略。实现网络化制造的组织形式是虚拟企业，即动态联盟，技术手段是构建网络化制造系统，管理方法是一系列先进管理思想如精益生产、全面质量管理、ERP 等等。

网络化制造具有丰富的内容，总结当前的研究成果，可以归纳出网络化制造具有如下特征：

（1）网络化制造是基于网络技术的先进制造模式。它是在因特网和企业内外网络环境下，企业用以组织和管理其生产经营过程的理论与方法。

（2）覆盖了企业生产经营的所有活动。网络化制造技术可以用来支持企业生产经营的所有活动，也可以覆盖产品全生命周期的各个环节。

（3）以快速响应市场为实施的主要目标之一。通过网络化制造，提高企业的市场响应速度，进而提高企业的竞争能力。

（4）突破地域限制。通过网络突破地理空间上的差距给企业生产经营和企业间协同造成的障碍。

（5）强调企业间的协作与全社会范围内的资源共享。通过企业间的协作和资源共享，提高企业（企业群体）的产品创新能力和制造能力，实现产品设计制造的低成本和高速度。

（6）具有多种形态和功能系统。结合不同企业的具体情况和应用需求，网络化制造系统具有许多种不同的形态和应用模式。在不同形态和模式下，可以构建出多种具有不同功能的网络化制造应用系统。

1.2　网络化制造系统的结构和功能

网络化制造系统是企业在网络化制造模式的指导思想、相关理论和方法指导下，在网络化集成平台和软件工具的支持下，结合企业的具体业务需求，设计实施的基于网络的制造系统，其组成如图 1-3 所示。这里指的制造，是大制造的概念，即包括传统的车间生产制造，也包括企业的其他业务。根据企业的不同需要和应用范围，设计实施的网络化制造可以具有不同的形态，每个系统的功能也会有差异，但是它们在本质上都是基于网络的制造系统，如网络化产品定制系统、网络化产品协同系统、网络化系统制造系统、网络化营销系统、网络化资源共享系统、网络化管理系统、网络化供应链管理系统、网络化设备监控系统、网络化售后服务系统、网络化采购系统等。

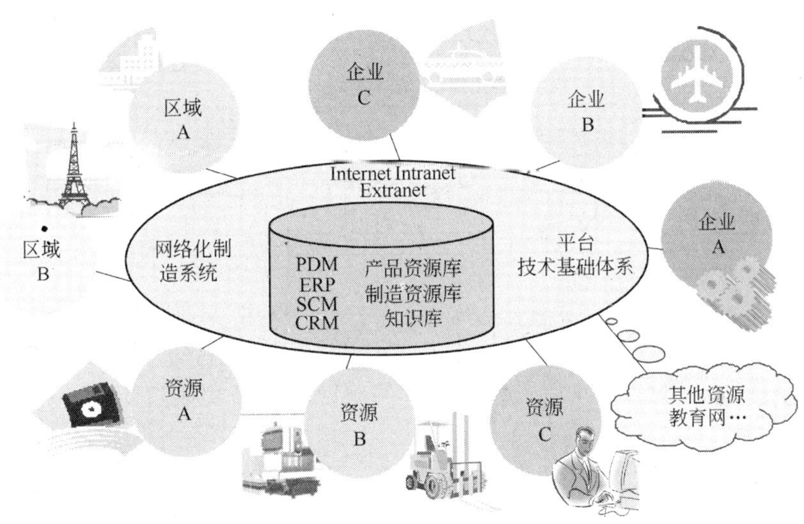

图 1-3　网络化制造系统的组成

网络化制造系统总体上可以分成两个部分，即企业用户以及支持它的一个网络化制造集成平台。网络化制造集成平台是一个基于网络等先进信息技术的企业间协同支撑环境，它为实现大范围异构分布环境下的企业间协同提供基础协议、公共服务、模型库管理、使能工具和系统管理等功能，并为企业间信息集成、过程集成和资源共享提供基于服务方式的透明、一致的信息访问与应用互操作手段，从而方便地实现不同企业间的人员、应用软件系统和制造资源的集成，形成具有特定功能的网络化制造系统。网络化制造集成平台又可以分成三层，自底向上分别是：基础层、应用与使能工具层、网络化制造应用系统层。因此，网络化制造系统的体系结构一共分四层，如图 1-4 所示，各个层次的功能依次如下：

（1）基础层：主要为实施网络化制造提供基础的支持，包括基础数据库、相关的技术基础、网络化制造相关标准与协议等。

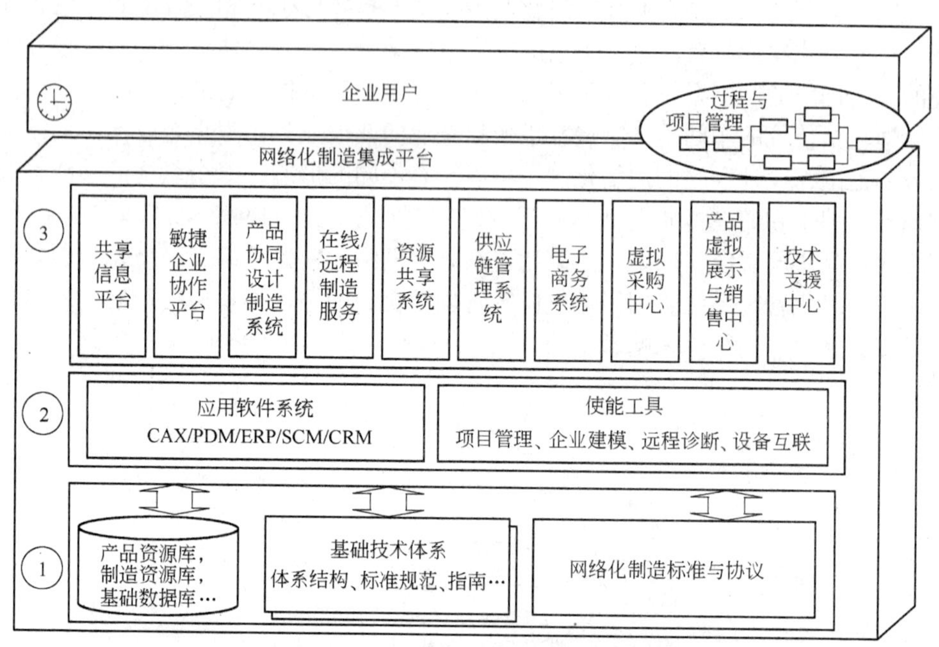

图 1-4　网络化制造系统的结构

（2）应用与使能工具层：包括各种实施区域网络化制造所需要的应用软件系统和使能工具。

（3）网络化制造应用系统层：它包含了企业实施网络化制造所需的最主要的功能，其具体功能如下：

1）共享信息平台：为制造企业提供企业信息、产品信息和供求信息的发布机制，企业能方便地将自身的信息在区域/行业网络化制造平台上发布，供其他企业用户查询。提供信息检索、供求配对导航、智能信息代理服务，提供个性化服务。

2）敏捷企业协作平台：产品工程图纸和技术资料的传送与在线浏览；产品的网上协同设计；设计生产任务的异地进度监控与信息管理；虚拟会议室等。目的是提高企业间协作的效率，降低协作成本。

3）产品协同设计制造系统：为企业开展异地产品协同设计制造提供支持，包括跨企业产品数据管理、跨企业产品的并行设计制造、产品的虚拟设计与制造、产品研制的项目与过程管理、跨企业的产品可视化系统等。

4）在线/远程制造服务：通过对制造设备进行封装，实现制造设备的上网，并且能够为需要制造服务的其他企业提供在线和远程的制造工作。

5）资源共享系统：实现企业间共享资源的管理，实现企业间资源的优化配置，提高资源的利用率。资源共享系统提供共享资源的注册、删除、修改、查询等功能。通过建立系统共享模型，实现对共享信息的维护。

6）供应链管理系统：采用供应链管理的方法建立面向区域内产业链的企业间物流管理和信息管理系统，通过提高整个供应链的竞争力来加强本地区企业的整体竞争力。

7）电子商务系统：结合区域的经济特色，建立为区域经济服务的电子商务系统，为区域内的企业提供方便和低价的电子商务服务。

8）虚拟采购中心：建立行业性的面向中小企业的虚拟供应链和区域性网络化供应系统，使广大企业能够通过网络在动态供应链中进行合作，实现从订货合同获取、执行到完成的整个过程，通过企业内部集成及企业间的动态联盟，组建起从原材料供应到满足客户需要的最终商品的快速、廉价、适应性强的动态供应链，从而高效、充分地利用企业内部和外部资源。

9）产品虚拟展示与销售中心：以地区为中心，分行业建立本地制造产品的展示和销售集成系统，采取集中与分散链接相结合、实物产品和虚拟产品并存的方案，建成一个展示和推销本地产品的一个大系统。

10）技术支援中心：网络化制造系统仅依靠企业的参与是不够的，应该依托大专院校、科研院所、系统咨询公司、中介服务公司、生产力促进中心等建立技术支援中心，为各制造企业提供强大的技术支持体系。技术支援中心需要建立友好的协同工作环境，为企业提供商务、设计、生产等方面的技术咨询服务和广泛的社会技术资源。建立技术支援体系解决企业人才资源短缺的问题，对于中小企业具有更重要的意义。

（4）企业用户层：通过互联网络实现企业互连，在项目管理和过程管理系统的支持下开展企业网络化制造实际应用。

上面提到的网络化制造集成平台属于基础性通用集成平台，结合具体企业的实际需求，可以发展出多种特定的网络化制造专业化集成平台，如构建基于 ASP 方式的支持资源共享的网络化制造资源共享平台、支持异地协同产品开发的网络化产品协同设计平台、支持产品销售与服务的网络化产品定制服务平台、面向区域/行业企业群体的电子商务与供应链平台、支持虚拟企业运作的动态联盟管理平台等。

1.3 网络化制造的关键技术

网络化的研究与应用实施中设计大量的组织、使能、平台、工具、系统实施和运行管理技术，对这些技术的研究和应用既可以深化网络化制造系统的应用，同时又可以促进先进制造和信息技术的理论、方法及工具系统的研究和发展。网络化制造设计的技术大致可以分为总体技术、基础技术、集成技术与应用实施技术。图1-5给出了网络化制造涉及的关键技术分类及每个技术大类的含义与主要内容。

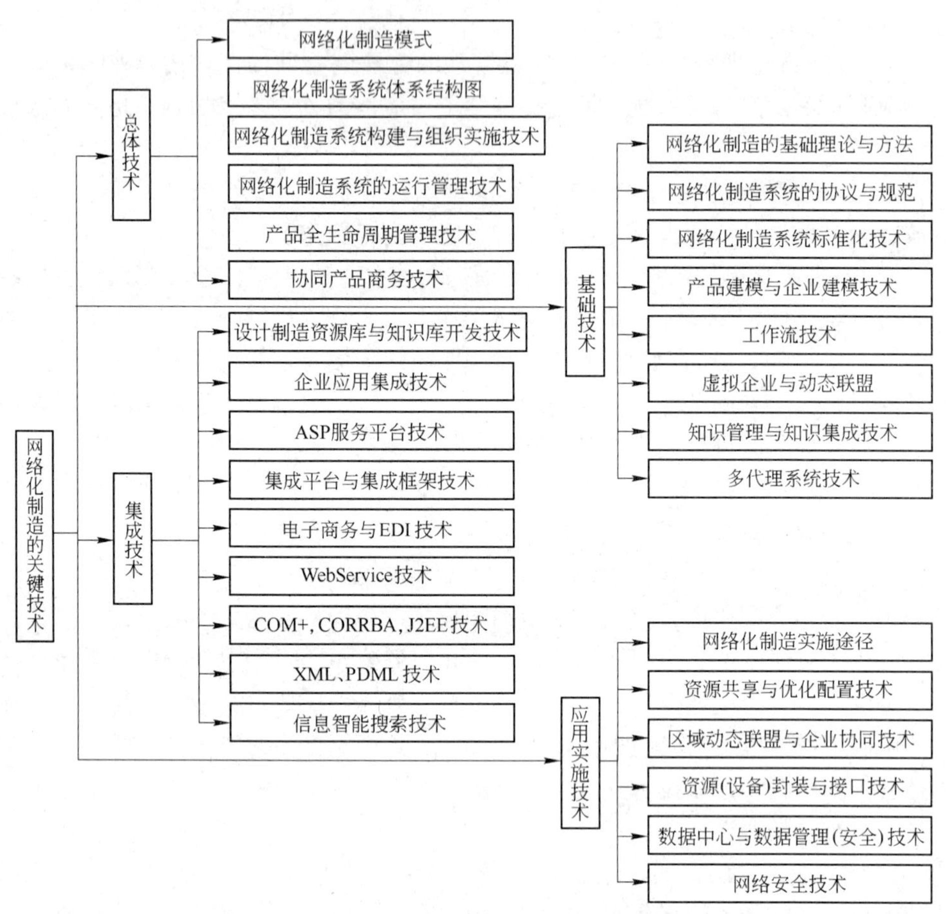

图1-5　网络化制造的关键技术

1.3.1　总体技术

总体技术主要是指从系统的角度研究网络化制造系统的结构、组织、与运行方面的技术，包括网络化制造的模式、网络化制造系统的体系结构、网络化制造系统的构建与组织实施方法、网络化制造系统的运行管理、产品全生命周期管理和协同产品商务技术等。

1.3.2　基础技术

基础技术是指网络化制造中应用到的共性与基础技术，这些技术不完全是网络化制造所特有的技术，包括网络化制造的基础理论与方法、网络化制造系统的协议与规范技术、网络化制造系统的标准技术、产品建模和企业建模技术、工作流技术、多代理系统技术、虚拟企业与动态联盟技术、知识管理与知识集成技术等。

1.3.3 集成技术

集成技术主要是指网络化制造系统设计、开发与实施中需要用到的系统集成与使能技术，包括设计制造资源库与知识库开发技术，企业应用集成技术，ASP服务平台技术，集成平台与集成框架技术，电子商务与EDI技术，WebService技术，COM+、CORBA、J2EE技术，XML、PDML技术，信息智能搜索技术等。

1.3.4 应用实施技术

应用实施技术是支持网络化制造系统应用的技术，包括网络化制造实施途径，资源共享与优化配置技术，区域动态联盟与企业协同技术，资源（设备）封装与接口技术，数据中心与数据管理（安全）技术等。

1.4 网络化制造的国内外研究现状

目前，网络化制造已成为先进制造领域的研究热点，国内外许多专家学者和企业技术人员针对网络化制造的概念与定义、基本特征、重大意义、总体技术、关键技术等方面开展了一系列研究，为进一步深入研究网络化制造的相关理论、方法、工具、应用等奠定了良好的基础。

1.4.1 国外网络化制造的研究现状

网络化制造方面的研究正在全球迅速兴起。围绕网络化制造模式的研究，或者在与网络化制造有关的研究中，出现了一系列的新概念、新观点、新思想，敏捷制造、并行工程、虚拟制造、虚拟企业、动态联盟、分散网络化制造、现代集成制造系统等等[176~178]。这些新概念、新观点、新思想无不体现了企业基于网络的制造理念，同时以此为核心的企业信息化的研究和应用也在全球蓬勃发展。这方面的研究与一般学术研究相比，一个显著的特点是政府行为和企业行为的大量介入，表现在各国政府计划、企业研究和高校研究均非常活跃。

国外比较典型的网络化制造研究项目有：

(1) 美国企业网项目。美国国防部提出的“制造系统的敏捷基础设施（Agile Infrastructure for Manufacturing System)”项目建立于1995年，它为用户提供了各种有助于虚拟企业形成和运作的服务，通过该系统将能力互补的大、中、小型企业连接起来，使各企业更专注于自身的核心竞争力，形成基于网络的供应链。

在此基础上开展的“美国企业网”（Factory American Net）计划，利用高速信息网络系统，把美国的制造业集成在一起，对于开展多公司合作的供应链管理、转包加工、异地协同产品和工艺设计等工作进行了探索，增强了美国制造业的竞争能力。

（2）下一代制造系统（NGMS）——智能制造系统（IMS）计划。智能制造系统（Intelligent Manufacturing system，IMS）是一个工业界发起和领导的国际研究与开发项目，其目的是发展下一代制造（Next Generation Manufacturing systems，NGMS）和加工技术。来自欧盟、挪威、日本、韩国、瑞士以及美国的许多公司和研究机构参加了这个项目。该项目也鼓励其他国家、地区的加入。

该项目组织认为，下一代先进制造和加工技术将是昂贵的，也没有一个实体拥有所有必需的专业知识。通过协同研发来分担成本和风险，以及共享专业知识是当今企业的必然选择。通过智能制造系统进行先进制造研发的国际协作，可以帮助改进制造业务，提高国际竞争力，并通过市场驱动的研发来实现技术突破。

（3）“网络化韩国 21 世纪”计划。韩国于 1999 年 3 月开始实施“网络化韩国 21 世纪”计划，旨在构筑知识经济时代的基本框架，提高国家竞争力和人民生活水平。该计划的具体目标是到 2002 年，使韩国知识经济占经济总量的比例达到经济合作与发展组织成员国的平均水平。

（4）加拿大 NetMan 研究项目。NetMan 项目是由加拿大国家科学与工程研究委员会（NSERC of Canada）授权的“制造和工艺技术策略计划”资助的，并受到了沃尔沃（Volvo）集团公司的支持。

该项目的目标是开发一个支持敏捷制造网络的系统。它提供了一个网络化制造系统框架和一个协同业务框架，支持在动态环境中敏捷制造网络的运作。按照 NetMan 组织策略，一个制造企业通过配置和激活一个由互相依赖的制造实体组成的分布式网络，动态的组织企业运作。这些制造实体在这里被称为 NetMan 中心，它既可以是外部企业（如外部供应商或者转包商），也可以是内部中心（例如决策中心、制造单元、加工中心、一个部门或维修中心等）。这些 NetMan 中心通过一个变态分层网络进行交互，在双赢的原则基础上分布式协同规划与运作。

（5）英国虚拟制造网络中心。英国建立 Edinbergh Engineering virtual Library 网站（www. eevl. ac. uk），提供工程设计、制造需要等各种信息，在英国建立了基于 Web 的虚拟制造中心，为企业设计、分析、制造提供服务。

（6）欧洲的中小企业网。欧洲中小企业网络（Lanning small-medium Enterprise Networks PLENT）的开发工作是在由意大利、希腊、匈牙利和西班牙的企业参与的 PLENT 项目的框架下完成的。该项目的主要目标是设计和开发一个参考结构和一个开放平台来支持中小企业生产环境下制造机械零件和产品的组织。

（7）美国的 AARIA 项目。美国的 AARIA（ Autonomous Agents at Rock Island

Arsenal）项目，基于 Internet 网络环境，采用多 Agent 系统结构，通过三类 Agent（Part Broker，UnitProcess Broker 和 Resource Broker）的协作，完成了从用户订单提交到虚拟企业协作等一系列过程的仿真。

1.4.2 国内网络化制造的研究现状

随着世界制造业的逐步转向中国和国外先进的网络化制造技术的迅猛发展和给企业带来的经济效益，引起了我国学术界、工业界和国家综合部门的重视，并被国家定为重点发展的科技领域之一。同时也促进了网络化制造这一先进制造模式的研究和应用。这里所指的制造是大制造的概念，既包括传统的车间生产制造，也包括虚拟企业、网络化制造系统、全面质量管理、ERP 等其他业务。

（1）国家 863/CIMS 主题资助的现代集成制造系统网络 CIMSNET 建立了基于中国三大骨干网络的虚拟专用网，提供了信息和资源库、虚拟工作室、虚拟超市、远程培训与咨询等功能，以及 9 个面向企业的应用服务项目，包括网上陶瓷销售和设计系统，无氟压缩机异地设计、制造和销售系统等，已经取得了很好的应用效果，为企业间开展敏捷制造提供了一个信息支撑平台。

（2）清华大学 985 网络化敏捷制造项目围绕网络化敏捷制造，对它涉及的关键使能技术进行攻关研究，建立网络化敏捷制造体系，在敏捷制造使能和平台技术上取得重大突破，建立一个架构于 4 大网络上的，以清华大学为中心的支持异地设计、异地制造的虚拟网络，成为全国企业实施敏捷设计与制造的主要网络，并在航天、航空、工程机械、纺织、汽车、电子、家电和机床等对国家有重大影响的行业的一批重大产品设计、开发、制造中发挥重要作用，取得显著的经济效益，并带动敏捷制造、虚拟制造、企业建模、系统集成、供应链管理、先进设计技术、制造过程数值仿真等一批先进制造学科的发展。

（3）香港理工大学的李荣彬教授和同济大学的张曙教授在 1996 年提出了分散网络化生产系统（Dispersed Networked Production System，DNPS）的构思。其目的是要使香港和内地的资源和优势通过因特网有机集成起来，并发挥出更大的作用。它强调生产系统的网络化。分散网络化是指将动态的、没有固定隶属关系的、地理上相隔的集团，利用信息和通讯技术把它们加以组织起来进行生产，快速地以合理的成本将产品从设计转入生产。分散网络化生产系统可利用分散的制造资源，以协同方式进行产品的研制和生产，打破了传统生产模式不能兼顾规模经济与灵活生产的矛盾。

（4）华中科技大学杨叔子院士、吴波教授等在分布式制造的基础上，提出了“基于 Agent 的网络化制造”模式，由异构分布的制造资源基于 CORBA 技术，利用网络组成开放、跨平台、相互协作的制造系统，目标是将现有分布的制造资源通过其 Agent 连接到网络中来，以提高制造企业间信息交流与合作能力，进而实现资源共享。

（5）合肥工业大学 CIMS 研究所既进行了基于多 Agent 的网络化制造研究，也进行了基于多 Agent 的网络化制造研究，王治森教授等对面向网络化制造的 Agent，CORBA 等技术进行了研究与应用，建立了面向齿轮加工的准柔性生产线，提出了智能化网络制造的模型。

（6）重庆大学刘飞教授以“陶瓷产品网络化制造与销售示范系统研究”对“区域性网络化制造”等进行了实验性研究。

（7）东北大学王宛山教授提出了分布式网络化制造系统（Distributed Networked Manufacturing System，DNMS）的初步构想。分布式网络化制造系统是一种由多种、异构、分布式的制造资源，以一定的互联方式，利用计算机网络组成的开放式、多平台、相互协作、能及时灵活地响应客户需求变化的制造系统[15]，如图 1-6 所示。

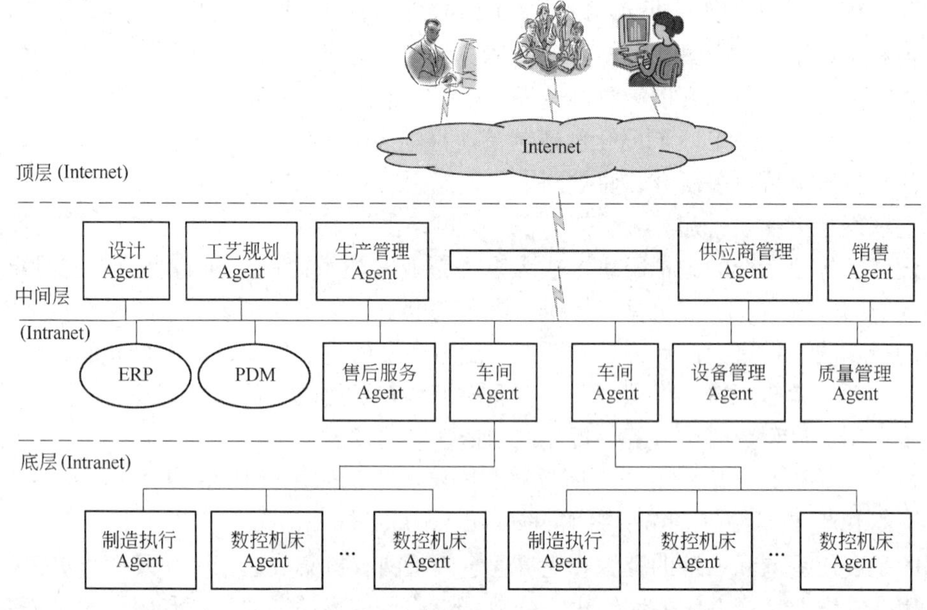

图 1-6　面向产品全生命周期网络化集成制造平台的网络结构

同时，根据我国制造业的实际需求情况规划出 12 个研究方向：网络联盟中动态企业合作伙伴选择的决策支持、基于网络化制造同构与异构环境下个性化产品订制与协同设计、网络化制造中基于产品数据管理的技术流管理、网络化制造模式下企业资源计划管理、基于网络化制造的企业供应链管理、适于网络化制造的客户关系管理与电子商务、网络化制造中面向产品全生命周期的质量管理、网络化制造全过程的数字安全、基于网络化制造的远程异地控制与制造、基于Internet的远程检测与故障诊断以及支持网络化制造系统的集成平台技术。

2 产品全生命周期质量管理

产品生命周期原指一种产品在市场上从开始出现到最终消失的过程，包括投入期、成长期、成熟期和衰退期四个时期。后来发展成一种从“摇篮”到“坟墓”的理念，包括原材料的获取、制造、运输使用以及废物管理的一系列过程。从一个比较完整的角度分析产品生命周期，大致上可分为五个阶段：

（1）设计阶段，由市场需求调查或技术性的研究产生一个新产品的概念。

（2）生产阶段，企业向上游厂商购买物料、组件，投入制造活动，生产产品。

（3）销售阶段，企业将产品经由运输及营销渠道交消费者使用。

（4）使用阶段，是产品实现其自身价值的阶段。

（5）废弃回收阶段，等到产品再也没有利用价值或出现更新、更好的产品之后，消费者将会将产品丢弃变成垃圾，或交由相关单位回收再利用[16]。

产品生命周期理论起始于研究产品进入市场后的销售变化规律。产品生命周期指为交换而生产的商品（简称产品）从投入市场到被市场淘汰的全过程，亦即指产品的市场寿命或经济寿命，它是相对于产品的物质寿命或使用寿命而言的。物质寿命反映商品物质形态消耗的变化过程，市场寿命则反映商品的经济价值在市场上的变化过程。市场产品运动的发展变化轨迹可以用一条曲线来描述，这条曲线就称为产品生命周期曲线。[17,18]

从营销的角度看来，产品生命周期的意义主要在于在产品生命周期不同的阶段，产品利润有高有低。在引入期即产品引入市场阶段，销售成长缓慢，由于产品引入市场需要支付巨额费用，利润很少甚至为负；产品从投入期转入成长期的标志是销售量迅速增长、利润额迅速上升，竞争者纷纷涌入，同时生产成本得到降低，生产效率和市场占有率均显著提高；在成熟期，产品已被大多数的潜在购买者所接受而销售收入增长缓慢，为了对抗竞争，营销费用日益增加，利润稳定甚至下降；在衰退期，销售下降的趋势增强，利润不断下降。为获得利润最大化，不同的阶段所采取的市场策略应有所不同。管理者需要确定企业现有业务或产品的市场现状，对每项业务和产品的战略性盈利潜力都要进行评估分析，决定哪些业务应维持、哪些应减少、哪些应淘汰，进而制定合理的投资计划，把有限的资金用到发展经济效益好的业务或产品中去；在产品的整个市场寿命阶段对产品的数据、文档、技术、工艺、制造、流程、物料、维修以及终止等进行管理，以根据企业的核心战略进行产品生命周期的规划。

2.1　产品生命周期的内涵与特征

2.1.1　产品全生命周期概念

产品生命周期在过去的研究中有两种不同的含义：一种是商业和市场开拓意义上的产品市场寿命；另一种是产品开发和使用意义上的个体产品存在寿命。近年来，许多国内外学者都认为产品生命周期概念应从制造企业的角度来理解一个具体产品的寿命时，产品生命周期是指一个产品从客户需求、概念设计、工程设计、制造到使用和报废的时间过程。前一种产品生命周期的概念是为了支持大批量市场销售，后一种概念则是为了描述和管理每个产品的（尤其是大型复杂产品）开发、使用和回收过程。

CIMData 将产品生命周期定义为由三个主要的和相互作用的生命周期阶段构成的[180]：产品定义（product definition）、生产定义（production definition）和运作支持（operational support）。在任何制造企业中，产品生命周期都是由这三个主要的、紧密关联的过程构成的。在产品生命周期中，产品定义阶段最早开始于客户需求和产品概念，然后移植延伸到产品被报废和现场服务的停止，从而定义了产品是如何被设计、加工、运作或使用、服务，甚至在被废弃不用时，是如何退役和拆卸的。

PTC 公司认为产品生命周期包括产品概念产生、设计、采购、生产、销售和服务等阶段[181]。概念产生阶段进行市场预测、产品创意、商业前景预测和投资规划等活动。设计阶段进行产品概念设计、工程设计、工程分析和产品结构管理等。采购阶段根据产品工程结构确定自制件和外构建，制定相应的采购计划。生产阶段进行生产准备、自制件加工和产品装配等活动。服务阶段主要进行产品安装、服务和维修。

从许多不同的产品生命周期划分方式，可以看出人们很难在这方面获得统一的定义。究其原因，除了学术观点的差异外，许多软件厂家提出的定义往往与他们的软件系统功能相结合。因此，目前，关于产品生命周期还没有统一的定义，各种产品生命周期定义的最大差别在于中间阶段的划分。

基于以上定义和研究，本书认为，产品全生命周期应该从产品的市场需求分析、设计、工艺、采购、制造、销售、服务直到最后报废与回收整个全过程。同时，产品全生命周期必须具备一个完备的技术框架，来规范和描述产品全生命周期包含的组成元素，及如何组织这些组成元素，以使它们作为一个整体运行，协同完成系统的各项功能。

2.1.2　产品全生命周期的内涵与特征

产品生命周期的概念最早出现在经济管理领域，是由 Dean[19] 和 Levirt[20] 提出的，提出的目的是研究产品的市场战略。当时，对产品生命周期的划分也是按照产品在市场中的演化过程，分为推广、成长、成熟和衰亡阶段。经过 50 多年的发展，产品生命周期的概念和内涵也在不断发展变化。其中最大一次变化发生在 20 世纪 80 年代。并行工程的提出，首次将产品生命周期的概念从经济管理领域扩展到了工程领域，将产品生命周期的范围从市场阶段扩展到了研制阶段，真正提出了覆盖从产品需求分析、概念设计、详细设计、制造、销售、售后服务直到产品报废回收全过程的产品生命周期的概念[21~25]。

第一种，从市场销售变化规律角度研究的产品生命周期理论。

1957 年，美国波兹（Booz）、阿隆（Allen）和海米尔通（Hamilton）管理咨询公司出版的《新产品管理》一书[26]，提出产品生命周期依其进入市场后不同时期销售的变化，可分为投入期、成长期、成熟期和衰退期，并作了图解。以后，英国的戈珀兹等人，参考某类产品的原型或国内外类似产品的销售统计记录，用数学的方法或类比的方法，把研究产品生命周期与研究生物老化现象的规律（成长曲线）结合起来，提出了戈珀兹曲线和其他曲线的数学模型。这样，从定性研究发展到定量研究，逐步形成了描述产品市场销售规律与竞争力的产品生命周期理论，如图 2-1 所示，并得到广泛应用。企业在开发新产品、规划产品的更新换代、分析市场形势以及制订产品市场营销策略和经营决策中，常用它作为预测、分析、比较研究、资本运筹和调控的重要工具。

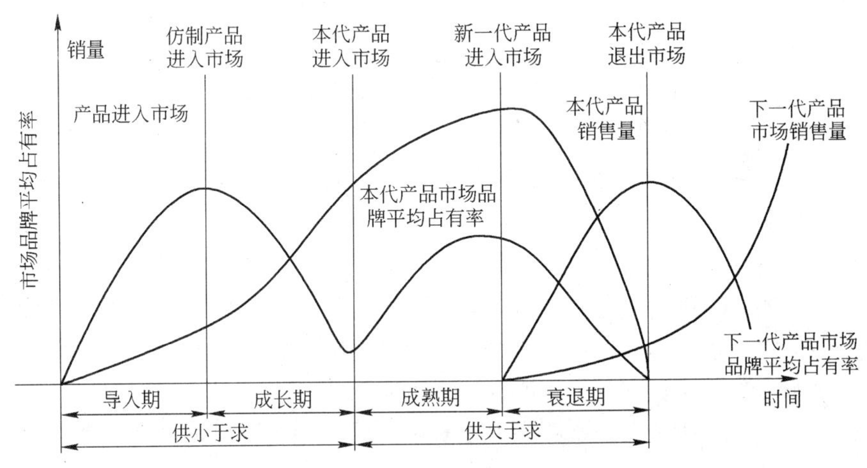

图 2-1 产品生命周期各阶段划分

第二种，从国际交换与分工的角度研究产品生命周期理论。

20 世纪 60 年代初，美国学者弗农（R. Vernon）和小威尔士（L. T. Wells）在总结国际贸易对处于高度发达的工业先行国的美国工业结构转换影响的基础上，通过剖析产品的国际循环，提出了国际产品生命周期的理论，又称产品循环论[27]。其要点是根据产品在国际贸易中的动态变化，把产品生命周期划分为产品创新、产品成熟和标准化三个阶段，具体经过从新产品开发→国内市场形成→出口→资本和技术出口→进口→开发更新产品→…，这一依次循环上升的过程。

第三种，从可持续发展角度研究的产品生命周期理论。

可持续发展的产品生命周期的研究思想源于20世纪60年代末（或70年代初）到90年代发展起来的“生命周期评价（Life Cycle Assessment）”的理论[28]，即对产品从最初的原材料采购到原材料生产、产品制造、产品使用以及产品用后处理的全过程进行跟踪和质量分析（即所谓的从摇篮到坟墓）与定性评价。国际标准化组织（ISO）制定的ISO14000环境管理体系将生命周期评价作为该体系的一个重要步骤。1990年环境毒理学与化学学会（SETAC）将生命周期评价定义为：“生命周期评价是一种对产品、生产工艺以及活动对环境的压力进行评价的客观过程，它是通过对能量和物质利用以及由此造成的环境废物排放进行辨识和量化来进行的[29]。这种评价贯穿于产品、工艺和活动的整个生命周期，包括原材料提取与加工，产品制造、运输以及销售；产品的使用、再利用和维护；废物循环和最终废物弃置”。这一定义，实际上已描述了可持续发展的产品生命周期的基本内涵。而后，人们由运用于单一产品生命周期之内并侧重于某些特种生命周期阶段的评价与管理方法的研究，深化到侧重于全生命周期的方法和超越单一产品生命周期的系统方法研究，进而形成了比较完善的可持续发展产品生命周期的理论与方法体系。

大量的研究和应用表明，发展到今天的产品全生命周期是一个企业级解决方案，不是一个单项技术或应用，而是一个技术和应用的复杂集合体。因此，产品全生命周期必须具备一个完备的技术框架，来规范和描述产品全生命周期包含的组成元素，及如何组织这些组成元素，以使它们作为一个整体运行，协同完成系统的各项功能。

PLC的核心工作是从产品的市场需求分析开始，就将与产品有关的功能、性能、外观特征、质量、成本、顾客群、销售价格、生产规模、产品投放时机、市场占有量维护、差异化竞争优势的保持等一系列问题进行统一考虑，详细计划、分阶段控制实施，使各种有限资源发挥出最大效益。

产品全生命周期具有丰富的内容，总结当前的研究成果，可以归纳出产品全生命周期具有如下特征：

（1）系统性。按“系统”的观点理解产品，产品是它生命周期循环过程的总和，从构思到生命循环周期的终结中的任何部分都不可忽略。

（2）完整性。最大限度地提供和表达丰富的产品信息，即包含产品生命周期内的所有信息，覆盖产品设计、工艺过程设计、制造、维护与重用、售后服务乃至产品报废及回收重用等领域，满足产品开发各阶段对产品信息的需求。

(3) 一致性。在产品生命周期的不同阶段对同一产品必须有一致的信息描述，以实现产品信息在整个生命周期内共享。

(4) 协同性。在一个广义企业内优化产品生命周期的关键就是协同工作。所有参与产品生命周期的人员（包括：设计人员、工艺人员、制造人员、销售人员、维修人员、客户、供应商等）在产品投入市场的过程中协调工作。

(5) 集成性。产品全生命周期从用户需求分析、功能设计、概念设计、结构设计、零件设计，直到制造、销售和售后服务的整个过程中，强调信息集成、功能集成、过程集成、企业间集成，强调在统一的集成资源环境下运行。

先进发达国家已经开展 PLC 方面的研究近 20 年并在产品开发和产品制造领域取得了显著成效。各国政府、IT 厂商、工业企业、科研院所纷纷制定了各自的研究项目和发展计划。其中，具有代表性的有欧盟的 ICP-35K 项目、美国及其合作国的 JSF 项目、欧盟支持的 AdCoMS 项目、Enhance 项目和国际性开放项目——PLCS 计划等。同时，一些大型的企业级方案供应商（如 SUN、IBM、SAP 等）也认识到 PLM 的战略价值，提出了企业 PLM 整体解决方案。

目前国内 PLC 技术的研究刚刚处于起步阶段，许多研究单位和行业、企业在系统地分析国际上现有 PLC 系统的技术、产品、解决方案的基础上，集中在具有 PLC 特征的技术框架研究[31~38]。航空、航天、家电和电子等行业都纷纷举办了 PLC 的专项研讨会，对 PLM 理念、技术、应用及其与企业技术进步、技术创新和产品结构调整的关系等进行了深入探讨。同时，PLC 也得到国家相关部门的重视和大力支持。国家科技部在“十五”国家高技术研究发展计划（863 计划）现代集成制造系统技术主题中，也将产品全生命周期管理系统列为“十五”期间的重点课题（该课题由清华大学国家 CAD 工程技术研究中心负责）。在软件开发方面，许多国内的 PDM、ERP、CPC 软件的开发公司纷纷与国外 PLM 厂商合作，进行 PLM 的实施和二次开发工作。

2.1.3 产品生命周期的意义

目前，一个产品的 50% ~80% 的部件都是由协作企业完成的。这就要求在产品生命周期各阶段中从事产品设计、制造、销售和维护活动的人员能够及时获得所需要的信息[182]。产品生命周期使得制造企业从全局考虑产品的实现过程，更好地理解顾客需求、满足顾客多样性的需求。它支持制造企业从整体上优化经营生产过程，降低成本、交货期和资源消耗，提高产品质量和性能。产品生命周期的意义包括以下几个方面：

(1) 将制造企业的信息和资源（顾客需求、设计方案、工艺、材料、质量、运行等）按照全局模型统筹、优化和集成起来，从而避免数据复制、冗余和资源的浪费；

(2) 是企业内全部职能部门和人员可以获得统一和完整的产品概念和信息，有利于知识获取、重用和共享；

(3) 将企业全部经营生产活动围绕产品（顾客需求）展开，可以快速地从一种产品的生产转换成其他产品的生产，即快速响应市场的变化；

(4) 能够提供客户化的产品，允许顾客可以按照“个性化需求”来重构已有的产品，提高顾客满意度；

(5) 缩短产品开发周期，提高产品质量，降低产品成本；

(6) 支持企业不断完善业务过程，消除不必要的、重复的和浪费型的活动，是企业组织和业务流程重构的基础；

(7) 实现产品回收处理，减少对环境的影响。

2.2 产品全生命周期质量管理

由于市场的竞争激烈，导致人类对资源疯狂开采，并向自然界排放大量废弃物。这种资源和环境的危机使得可持续发展成为一个国家在经济建设的同时必须高度重视的基本思路，因此对产品生命全周期的研究显得尤为重要。产品生命周期的范围从最初的经济管理领域扩展到了工程领域，从市场阶段扩展到了研制阶段，包括从产品需求分析、概念设计、详细设计、制造、销售、售后服务，直到产品报废回收的全过程。

产品质量是企业的生命，现阶段中国经济的发展正处在由粗放型向集约型转变的时期，无论现代产业还是传统产业在追求产量的同时，都对产品的质量提出了更高的要求，注入更多的希望。现代产品质量是一个广义的质量概念，制造业已经不能单纯从产品的制造阶段来生产和控制产品的质量和满足用户的需求，而是要从产品的全生命周期的每个阶段都进行管理和控制，以达到全面满足用户的需求。我们尝试用全质量的概念，应用计算机技术、信息技术与质量工程技术的结合来实现企业质量管理、质量保证和质量控制的网络化、信息化，提高企业产品质量、加快产品上市时间、降低成本，最终提高企业的综合竞争能力。

2.2.1 产品生命周期质量管理概念

现代质量管理认为，质量是在产品全生命周期各个阶段的质量管理活动中逐渐形成的[183]，从客户关系的角度来看，需要正确分析和评价客户的质量需求；从设计的角度来看，需要将客户的质量需求正确转换为设计质量；从制造的角度来看，需要通过质量控制来保证制造质量；从服务的角度来看，需要通过营销、销售和服务来保证服务质量。因此没有多视角的、面向产品全生命周期的质量管理，就很难保证产品质量。

产品生命周期质量管理是在信息集成的基础上实现产品生命周期质量信息管理的需求而产生的一种新的质量管理模式，通过建立集成化的质量数据模型来支持产品全生命周期各阶段质量活动。该模型不仅要能有效地组织单一产品生命周期内的质量数据，保证质量数据在整个产品生命周期跨度内的一致性和完整性，以实现企业产品全生命周期内的质量数据共享和质量信息的横向可追溯，同时还需要支持产品由于质量改进前后质量数据的有效性和延续性，以保证质量信息的纵向可追溯性，支持企业质量知识的积累。

产品生命周期质量管理的一般过程，通过市场分析，企业构建产品开发计划，并指导产品开发、设计、制造、销售和回收等全过程。所有的质量活动均与产品过程中的活动相关联，共享产品数据，并监控产品质量的形成过程和产品数据流。

在产品生命周期的各个阶段，基于产品生命周期过程中产生的质量数据进行产品质量改进，以不断地提高产品质量。质量改进的结果同时反馈给予产品相关的企业内各业务部门进行质量决策，并以此为依据进行过程调整。

2.2.2 面向产品全生命周期的质量管理的内涵与特征

面向产品全生命周期的质量管理，突出了市场研究、设计、开发、采购供应、生产制造和销售服务的产品生命周期主线，把先进的制造技术、IT 技术与全面质量管理思想方法有机融合。它能有效地组织单一产品生命周期内的质量数据，保证质量数据在整个产品生命周期跨度内的一致性和完整性，以实现企业产品全生命周期内的质量数据共享和质量信息的横向可追溯，同时还需要支持动态环境下产品由于质量改进前后质量数据的有效性和延续性，以保证质量信息的纵向可追溯性，支持企业质量知识的积累。

在产品生命周期的早期，将形成产品的基本数据和产品质量策略。在产品生命周期中期，质量保证主要是依据产品设计规范和产品质量控制策略对产品进行符合性检查，并控制影响产品质量的“人、机、料、法、环、检”六大因素，监控生产过程，分析产品质量状态，进行质量决策解决现场质量问题等，主要的质量活动有：质量数据采集、质量数据分析、统计过程控制、生产设备管理与维护、计量器具管理、质量成本分析和人员质量考核管理等。当产品通过销售渠道到达最终客户手上，质量管理和控制进入使用质量管理阶段。使用质量管理活动主要涵盖使用顾客投诉、投诉分析与处理、维修管理、顾客满意度管理等。最后，企业要对产品生命周期各个阶段质量进行全面、系统的综合评价，从而使产品质量持续改进。图 2-2 为面向产品全生命周期的质量管理活动。

因此，面向产品全生命周期的质量管理不能仅仅考虑产品的技术原理、功能和形状等因素，必须充分考虑客户需求、环境保护、原材料、工艺、运行维护和

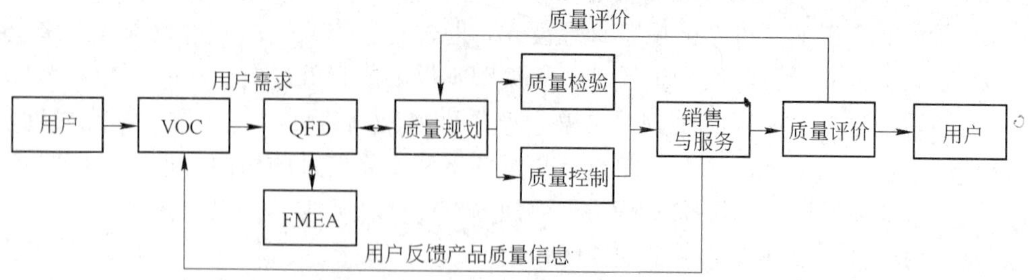

图 2-2　产品全生命周期的质量活动

回收方面的因素，需要打破传统封闭格局，集成为统一的整体和过程，而不能再被仅仅看作企业生产和管理系统中与质量有关的某些环节的简单组合。

面向产品全生命周期的质量管理具有如下特征：

（1）复杂性。面向产品全生命周期的质量管理按照全面质量管理的观点，企业的质量管理是全员、全过程、全方位的，因此在企业内部各部门、人员之间存在着复杂的质量信息流动。

（2）动态性。面向产品全生命周期的质量管理是随着企业过程的变化而不断变化的。现代企业常常根据市场竞争的需要不断调整自己的经营过程，同样也会不断调整同供应商、外协厂家等外部实体的合作关系。质量管理在这个动态的环境中必然会不断的调整和变化。

（3）以顾客满意（Customer Satisfaction）为核心。在面向产品全生命周期的质量管理中的各个过程必须以顾客需求为行动的出发点。核心企业各种活动的本质是提供使顾客满意的产品从而获得利益。面向顾客是质量观念的根本转变，满足顾客的要求成为评价产品质量和工作质量的主要标准，这种思想充分发挥了市场经济的思想，市场和客户是企业的最终审判者。

（4）关联性。面向产品全生命周期的质量管理包括了企业各个与产品质量有关的过程，这些过程是相互联系的，共同为提高产品质量的目标协同工作。相关的过程之间传递和反馈质量信息，质量信息流将需求分析质量到服务质量的整个产品质量过程串接成过程，达到整体优化的目的。

2.2.3　产品全生命周期质量管理的必要性和作用

目前，一些企业在一定程度上实现了产品生命周期过程中某些方面的质量管理，质量策划、SPC 等质量管理类软件等的推广和应用，确实简化和改进了质量管理过程[184]。但是，由于它们只是各自针对产品生命周期中的某些特定阶段，解决特定领域的问题，使得产品质量信息分散于企业内部不同应用之中。这些系统大多是相互独立开发或购买各自不同的软件供应商，它们可能运行于不同的平台，使用不同的数据格式，从而造成了这些系统之间质量信息交换和集成的困难，无法彼此互动。

因此，企业需要将这些孤立的系统结合到一起形成产品全生命周期质量管理系统，使产品质量信息可以在不同的应用和阶段间顺畅地流动，并能有效地加以管理。在此机制下，不但产品开发时间能大幅缩短，节省可观的资源，而且企业也能更紧密地结合上、中、下游各环节的产品开发体系，缩短反应时间，有效控管生产资源，进而增强市场竞争力。

产品全生命周期质量管理系统（Product Lifecycle oriented Quality Management System，PLCQMS）已经成为制造企业全面实现管理、经营、设计、制造和服务等过程信息化的重要组成部分[185]。实施产品全生命周期质量管理战略，可以帮助制造企业全面规划质量管理模式、技术和设备升级、组织结构、业务过程、合作伙伴和客户关系。产品生命周期质量管理能够提高企业的敏捷性，快速响应不断变化的市场压力和竞争态势。所以，产品生命周期质量管理系统对于制造企业有着极其重要的作用：

（1）缩短产品开发周期[186]。制造企业应用产品生命周期质量管理系统将设计、供应、制造、市场销售和服务等人员通过各种形式共享和分析产品质量数据，充分交流和协调工作，实现并行工程，减少由于信息不一致造成的错误，从而使制造企业尽快将产品推向市场，获得投资回报。

（2）降低成本。产品生命周期质量管理系统使制造企业能够更有效地进行质量信息交互，最大限度地减少资源的浪费，从而降低设计、制造和管理过程中返工次数和废品率，提高产品质量和效率。

（3）提高顾客满意度[187]。由于能够充分获得并分析顾客需求，产品开发人员可以在满足各种约束条件下选择顾客最满意的产品设计方案。

（4）提高产品质量。产品生命周期质量管理系统将质量管理覆盖到产品设计、工艺、制造等生命周期全过程，同时将制造企业各个相关职能部门有机结合起来，使产品生命周期质量过程形成有机的整体，从而全面提高产品质量，增强企业市场竞争力。

2.2.4 面向产品全生命周期质量管理的主要研究内容

产品生命周期的质量管理，突出了市场研究、设计、开发、采购供应、生产制造和销售服务的产品生命周期主线，把先进的制造技术、IT 技术与全面质量管理思想方法有机融合[39]。通过全员参与、策划、监控和改善产品生命周期的过程质量来保证产品和服务质量，实现用户满意度的最大化和综合质量的持续改进。该框架体现了以质量规划、质量监控与质量改进三大活动为基础，以产品、指令、资源管理为主线，围绕产品生命周期展开的质量管理体系。通过质量规划、质量监控和质量改进三大活动来完成质量策划、测量、分析、监控与持续改进功能。其主要研究内容包括：

（1）面向质量的设计技术：把一系列的质量保证措施与设计系统（CAD/CAPP）有机地集成在一起，在产品和过程设计阶段就开始实施质量保证。

（2）虚拟环境下的质量保证技术：通过动态地模拟集成质量系统中的各种质量过程，通过模拟可以观察其变化规律，检验其可行性与可靠性，将模拟信息结果反馈至产品设计阶段，对产品进行优化设计。

（3）质量过程控制与诊断技术：统计过程控制是用来诊断分析加工过程异常变化，诊断之后还要决定如何对加工过程进行调整，使生产过程能够稳定下来，以达到加工稳定并提高工序能力的工序质量控制方法。

（4）制造过程质量控制的自动化与智能化技术：把人工智能和专家系统技术应用于机械加工质量的智能分析诊断中，实现质量控制的自动化与智能化。

（5）系统管理技术：负责系统运行参数的配置及运行状态的监控，具体功能包括数据库和网络设置、权限管理、用户授权、数据备份和安全以及数据存档等。

（6）计算机辅助质量管理系统（CAQ）与集成质量系统（IQC）：实现产品生命各周期与质量有关的信息的有效集成，使企业能够快速反应市场需求、持续改进产品质量。包括：确定质量目标和制订质量保证计划；在企业内部和外部通过各种方式采集质量数据；对质量数据进行分析评价，诊断加工过程是否失控及其存在的原因；将相关质量诊断信息反馈到相应的部门和设备；进行质量优化，为不同部门和不同层次的质量活动提供决策依据和知识。

（7）面向产品全生命周期的质量评价体系：针对于质量改进目标，在相应的产品集成信息、评价技术方法以及人员组织保证的支持下，就产品生命周期各个阶段质量所进行的系统的评价活动。产品质量综合评价体系模型应能满足产品生命周期各个阶段质量评价的需要，兼顾产品的技术性、经济性、市场用户需求、效益风险、生态环境等方面，实现对全生命周期的产品质量进行多层次、多视角的综合评价。

2.3　网络化制造模式下面向产品全生命周期质量管理

网络化制造是一种组织模式，也是一种制造系统工程方法，其基本思想是把先进的制造技术、计算机网络信息技术与现代管理方法有机结合在一起，通过企业间的协同和资源共享与集成，开展覆盖整个产品生命周期各个环节的企业活动（如产品设计、制造、销售、采购和管理等）。作为一种全新的制造模式，网络化制造在企业结构、管理模式、运作方式和产品生产过程上都与传统的生产模式有所不同，制造模式的转变必然赋予质量管理新的内涵和特征。

2.3.1 网络化制造模式下面向产品全生命周期质量管理的特征

在网络化制造模式下，市场需求逐渐呈现主体化、个性化和多元化的特征，质量已成为多元化的问题。而质量管理也已经突破了空间、时间和信息处理能力等方面的限制，范围已经由企业内扩展到了企业间。因此，市场、制造模式等环境的转变决定了网络化制造企业质量管理主要有如下特征：

（1）以顾客为中心。在网络化制造模式下，产品的整个设计、工艺、制造等生命周期全过程对顾客都是透明的，顾客可以直接参与产品的质量设计，根据自已的喜好提出质量需求，顾客可以监视产品的制造过程，对产品质量进行评价，提出质量控制要求。可以说，顾客可直接参与企业质量管理的各个阶段。

（2）终生质量保证。在产品的整个生命周期，应及时、完整、持续地掌握顾客对产品的需求。同时，企业应对顾客已购买的产品负责技术支持、升级换代、服务维修、直到报废处理时不损害环境等，即产品的终生质量保证。

（3）协作性。针对网络化制造企业生产的全球化趋势，不管是国际协作生产，还是国内企业间的协作生产，都要求网络化制造企业在质量管理上密切合作，围绕产品生命周期实现协同质量管理，即网络化制造企业为满足顾客、企业、供应商和社会各个方面的质量需求，实现产品预期质量特性，各个成员企业共同参与的有组织的协调的质量管理。

（4）动态性。网络化制造为了快速响应动态多变的全球化市场，其企业的组织、产品、技术、管理模式和运行机制都将随着市场机遇的变化而改变。而质量管理涉及产品生命周期的各个方面，必须和企业动态环境相适应。一方面随着市场机遇的不同，网络化制造企业的质量管理过程也将随着产品对象及产品实现过程的不同而呈现动态性特点；另一方面是由组织结构的动态性引起的，由于成员企业自身的质量管理过程各不相同，因此网络化制造企业的质量管理过程也将随着不同的成员选择而呈现动态性特点。

（5）“绿色性”。由于全球环境的恶化和资源的不断枯竭，“绿色化”的需求已经成为全球制造业当务之急。这意味着在质量管理中包含了节约资源和保护环境的内容，显然，质量管理的“绿色性”是为了使“预期的”和“非预期的”的产品都能满足人类生存和发展的需要。

2.3.2 网络化制造模式下面向产品全生命周期质量管理的主要研究内容

网络化制造模式下面向产品全生命周期质量管理，以全面质量管理思想为核心，利用先进的计算机网络信息技术，突破了空间、时间和信息处理能力等方面的限制，为产品全生命周期的集成化质量管理提供支持，为网络化制造企业提供完整的全生命周期质量管理的解决方案。在产品全生命周期质量管理的基础上，其主要研究内容包括：

（1）顾客需求获取与分析技术：顾客需求的获取和分析是网络化制造模式下质量管理的重要内容。在网络化制造环境下，满足顾客需求是企业求得生存、获得丰厚利润的基础。顾客的需求和满意度已成为质量管理中的关键。由于顾客需求直接决定产品的设计和生产，对产品的质量起着决定性作用，因此准确地获取和理解顾客的需求是非常关键的。

（2）面向用户的协同质量设计技术：网络化制造模式下，顾客需求是动态多变的，企业经常因为顾客需求的变化进行产品设计的调整，从而导致整个产品生命周期的调整，给企业质量管理和生产造成很大困难。因此，为了最大限度地满足顾客需求、缩短产品开发周期、降低成本，面向用户的协同质量设计技术为用户提供了直接参与质量设计的平台，与企业的设计、工艺人员协同完成产品的质量优化设计。

（3）动态工序质量控制技术：在网络化制造环境下，企业的生产模式已由品种少、大批量的生产模式转为多品种、变批量生产模式，致使影响产品质量的因素大大增多，极大地增加了工序质量控制的难度，传统的工序质量控制难以实现实时的动态生产质量控制和质量预测，动态工序质量控制技术的研究已经成为目前质量工程领域研究的难点与热点问题。

（4）基于 Internet/Intranet/Ethernet 的动态质量评价方法与技术：网络化制造模式下，打破了传统的专业化分工体系和企业的界限制，产品质量评价的范围已不限于本地、本企业，而是扩大到异地、动态的虚拟企业。因此，在计算机网络、数据库、群组协同工作软件的支持下，提供评价人员表达观点和讨论问题的介质，提供有效的数据分布模型以保证数据的一致性和安全性，并且制定相应的信息交换规范和标准，突破评价人员之间在组织机构上的分布性，地域上的分布性和时间上的分布性，实现产品质量的动态评价。

（5）质量管理的集成技术：网络化制造模式下，质量管理不仅限于企业内部各部门之间，已扩展到成员企业之间。只有将产品生命各周期与质量有关的过程、技术、信息进行有效集成，才能协调各成员企业的质量管理，使网络化制造企业间质量管理形成一个有机整体，实现产品全生命周期质量管理的整体优化。

2.4　面向产品全生命周期质量管理研究现状及发展趋势

面对制造业的重大变革、各种先进制造理念的不断涌现，现代质量管理得到了不断地发展，人们逐渐意识到质量管理已经不仅是指制造现场的质量管理，也包含产品形成与实现生命周期全过程，即面向产品全生命周期质量管理，已经成为制造业质量管理的研究热点。

2.4.1 面向产品全生命周期的质量管理的国内外研究现状

质量是反映产品或服务满足明确的和隐含需要能力的特征总和。对企业来说，质量不仅是关系到企业生死存亡的关键，也是企业技术水平、管理水平、人力资源、社会地位的综合反映。在经济全球化、竞争白热化的今天，质量是企业最有力的战略竞争武器，是企业提高效益、求得生存的关键。因此对质量的研究从开始到现在，不仅一刻也没有停止过，而且自始至终都是制造企业关心的一个焦点。

质量管理（Quality Management，QM）从20世纪初的质量检验到四五十年代的统计质量管理（Statistical Quality Control，SQC），再到五十年代以后的全面质量管理（Total Quality Management，TQM），质量方法的观念和方法一直在更新。不断地改进质量已成为企业最基本的，不懈追求的目标。随着对质量研究的不断深入，对于产品开发过程中如何有效地提高质量，企业和学者进行了大量艰苦卓绝的工作并取得了丰硕成果。先后历经了数代人的努力，其发展历程如图2-3所示，可划分为以下几个阶段[40~43]：

第一阶段为质量检验阶段（20世纪初~40年代）。也叫事后检验阶段，是质量控制的初级阶段，主要特点是产品的检验同生产过程分开，产品检验成为一道

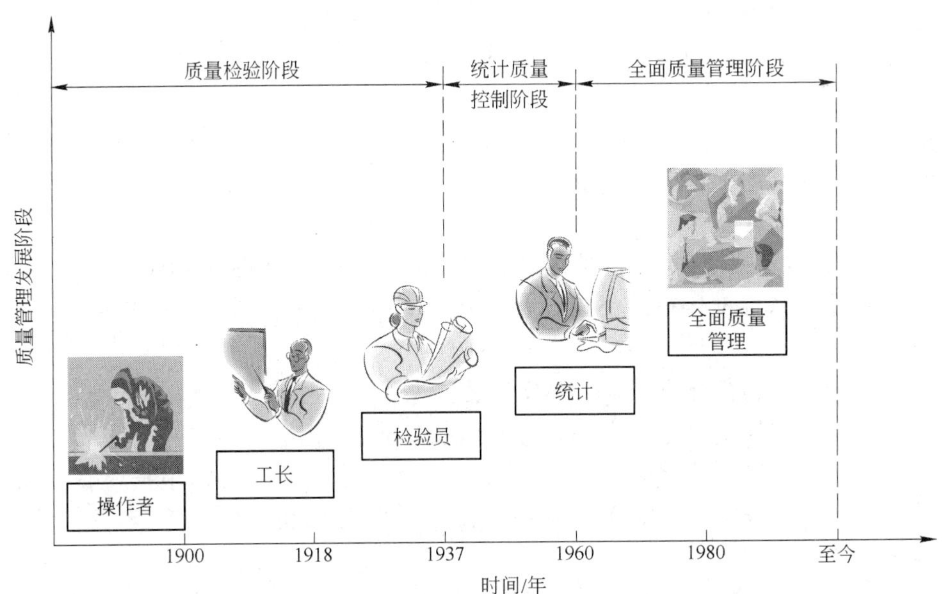

图2-3 质量管理发展历程

独立的工序，基本采取全数检查，作出合格与不合格的判断，并挑出不合格品。这种做法有利于保证出厂产品质量，但这种检验机制使检验工作量增加、周期变长、费用增高，而且是事后检验，不能预防废次品的产生，且原材料、人工和费用成本等方面所造成的损失已无可挽回，难以适应生产的发展。

第二阶段为统计质量控制阶段（20 世纪 40 年代 ~ 60 年代）。该阶段的主要特点是以工序控制为主要手段，突出了质量的预防性控制与事后检验相结合的管理方式。其中的杰出代表就是美国数理统计学家休哈特提出用数理统计中正态分布中的“3σ”原则来预防废品，并发明了著名的控制图法。以控制图法为代表的统计过程控制（SPC）技术通过生产现场的实际应用，不仅能了解产品的质量状况，而且还能及时发现问题，有效地预防废次品的产生，适应了大规模生产模型，促进了生产力的进一步发展。但是，随着生产朝现代化和大规模化发展，产品生产的技术和组织都日趋复杂，影响产品质量的因素也相应多样化和复杂化，单纯的统计控制技术已不能满足质量管理要求。

第三阶段是全面质量管理阶段（20 世纪 60 年代至今）。全面质量管理（Total Quality Management）源于美国，美国通用电气公司质量总经理费根堡姆博士于 1961 年出版的《全面质量管理》一书中最先提出全面质量管理的概念，接着朱兰博士又提出了“全面质量控制”（Total Quality Control，简称 TQC）的概念。主要强调以顾客为核心、预防（消除设计和加工过程中的质量隐患）、定量分析。质量控制工作不仅限于产品的生产过程，也包括决策、设计、检验、使用、服务等有关环节。其科学工作程序遵循 PDCA 循环（P(PLAN)、D(DO)、C(CHECK)、A(ACTION)），又称戴明环。PDCA循环按照 4 个阶段、8 个步骤来进行。

第一个阶段称为计划阶段，又叫 P 阶段。这个阶段的主要内容是通过市场调查、用户访问和国家计划指标等，摸清用户对产品质量的要求，确定质量政策、质量目标和质量计划等。

第二个阶段为执行阶段，又称 D 阶段。这个阶段是实施 P 阶段所规定的内容，如根据质量标准进行产品设计、试制、试验，其中包括计划执行前的人员培训。

第三个阶段为检查阶段，又称 C 阶段。这个阶段主要是在计划执行过程中或执行之后，检查执行情况，是否符合计划的预期结果。

最后一个阶段为处理阶段，又称 A 阶段（Action）。主要是根据检查结果，采取相应措施。在全面质量管理中，通常把 PDCA 循环的 4 个阶段进一步具体化为 8 个步骤，如图 2-4 所示。

PDCA 循环的 4 个阶段、8 个步骤，周而复始，循环不已，使质量不断改进。但是全面质量管理缺乏重点突出，较重视现象分析，强调单个不相关的运作流

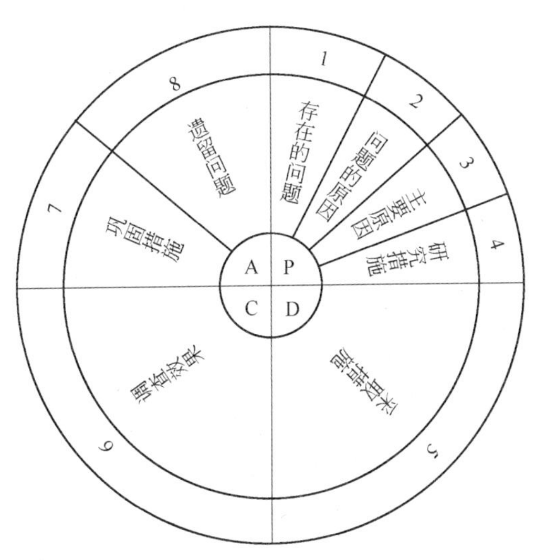

图 2-4 PDCA 循环的 8 个步骤

程，并且目标的量化指标概念模糊。在这个阶段质量管理的演变及研究层出不穷：

（1）“零缺陷”质量管理。这是美国质量管理大师克劳士比（Crosby）[44]所提出的一套质量管理理论，其核心为“第一次就把事情做对”。它追求的目标为“零缺陷”，即没有不良品。强调质量控制和质量保证都很重要，但更重要的是人的意识，即所有人都必须清楚理解自己的工作要求是什么，然后使每项工作符合要求，则可达零缺陷。它完全着眼于预防。这是真正以人为本的质量管理，把质量管理上升到艺术和哲学的高度。通用电气、摩托罗拉、可口可乐、施乐、IBM 等世界顶级公司在实施“零缺陷”管理后，深受其利，目前此理论正得到越来越多的组织的认同和采用。

（2）sigma 质量管理[45]。Motorola 在 1987 年提出了 6sigma 质量管理方法。Sigma 是概率统计中的标准差，6sigma 意味着每一百万个机会中只能有三四个出错的概率，但实际上 6sigma 管理已不只是局限于统计学领域，现已发展为一个全新的理念。该方法是以顾客为中心，以数据为基础，以追求完美无瑕为目标综合利用各种质量工具，以动态的、积极的、预防性的管理风格的质量管理。6sigma 以 ISO9000 族标准为基础平台，通过密切关注顾客、流程管理、流程改进以及合理利用数据及用量化的方法分析流程中影响质量的因素，找出最关键的因素加以改进从而达到更高的客户满意度，对组织的关键流程进行改进。6sigma 更注重数据分析，可以清楚知道自己处于什么水准、提高多少、追求利润的最大化，并强调把所有的运作都放在一个过程中进行提高。

（3）计算机集成质量系统[46~52]。20 世纪 80 年代以来，随着计算机技术特别是计算机网络技术在质量管理和控制中的广泛应用，先后发展了计算机辅助质量系统（Computer Aided Quality System，CAQ）、计算机集成制造（Computer Integrated Manufacture，CIM）环境下的质量信息系统 QIS（Quality Information System，QIS）、集成质量系统 IQS（Integrated Quality System，IQS）。IQS 以计算机、网络和数据库为手段，实现产品生命周期全过程质量信息的集成化管理，为企业的全面质量管理提供支持。除了质量信息处理过程自动化外，更强调管理功能和质量信息的集成。各国学者提出了各种各样的基于 Internet 的质量管理模型，设计出了丰富多彩的质量管理系统。从此，质量管理随着 Internet 的飞速发展而正在步入“e”时代。

（4）质量工程[53]（Quality Engineering，简称 QE）。质量工程是新的质量管理技术与现代化设计方法，是通过将现代质量管理的理论及实践与现代科学和工程技术、数理统计方法等结合，以创成、控制、保证和改进产品质量为目标的一个工程分支，是为了实现和支持能以最低成本达到充分满足顾客需求的质量体系而制定政策、分析与规划产品质量所需的技术知识整体，主要包括技术方法的应用，工序控制的实现和统计方法的采用。

2.4.1.1　面向产品全生命周期的质量管理的国外研究现状

在国外，众多学者就质量信息系统、质量系统集成化的策略以及集成方法等进行了许多研究。这些研究主要有两个方向：一是在企业级的管理信息系统 MRPⅡ（Manufacturing Resource Planning Ⅱ）中加入质量管理功能模块，多数是用来记录、统计和查询有关质量管理的信息，如检验标准和技术条件、抽样标准、检验结果、检验设备的能力和计划、返修和废品统计、售后质量问题反馈、质量原因分析等。另一种是以 ISO9000 国际质量管理体系标准为基础，开发独立的集成质量信息系统，在计算机网络数据库环境中构建符合 ISO9000 系列标准的辅助质量文档系统，以解决企业在运行 ISO9000 质量管理体系时所面临的大量质量文档和质量记录的处理和管理工作[54~57]。

（1）美国。Dessouky、Morrison、Kapoor 和 DeVor 于 1984 年首次提出 IQS，他们认为质量系统应满足：

1）采用系统的方法覆盖产品的整个生命周期和企业的各个层次；

2）强调以企业长远质量目标为基础的质量策划；

3）强调从质量策划和质量控制观点出发的人的资源的开发；

4）通过壁画质量控制器实现企业中与质量相关的过程和资源的控制，其重点是故障预防而不是废品控制[54~56]。

Chang Sing I[58]等提出了一个分布式的质量控制的框架，其主要思想是出于异地的客户通过互联网可直接参与供方的生产过程的质量决策。Wang Z Y[59]等提出建立敏捷制造中央服务器，中央服务器包括质量预测、质量控制的各种信息和计算模型，用户通过 Internet 接口与服务器连接。他们还未涉及有关具体实现技术。

(2) 德国。德国科技部为使“Made in Germany”成为世界上高质量的标志，出资数亿马克进行“质量与设计”、“质量与制造”、“质量与装配”、“质量与管理”以至“质量与时间”的研究。德国企业中的计算机辅助质量管理和质量控制应用得相当成熟。弗利德里希哈芬（MTO）公司均由运行 CAQ 与 IQS 中取得了经济效益[60]。

而 F. L. Krause[57]等提出一种质量驱动的产品开发方法，即质量功能配置 QFD（Quality Function Deployment）、FMEA（Failure Modes and Effection Analysis）等方法，可作为计算机辅助产品开发系统的反馈，并集成到产品开发过程之中。

(3) 英国。Brighton 大学 CENTRIM 中心与 Bath 大学合作，在 1995 年完成了“供应链全面质量管理（Total quality management in the supply chain）”的研究项目。该项目从购买方和供应商双方的角度确定制造网络实施 TQM 的最优实践模型。客户和供应商通过比较自身业绩与最佳实践模型的差距，识别影响制造网络 TQM 最佳实践的障碍区域。研究结果包括一个用于检查当前实践与最优实践的差距并实施改进程序的“工具箱”，以及一个用于确定 TQM 优先次序和设置共同持续改进活动的“工作平台（workshop）”。这些工具在英国的电讯、电子和化学工业的一些公司进行了试用[61]。

(4) 日本。日本在学习、吸收并采用美国质量控制理论和方法的基础上，根据自己国情和生产实践，形成了一套日本的质量管理理论、方法和体系。日本田口玄一博士提出的“田口（Taguchi）方法”是以工程学和技术观点来研究质量管理的理论和方法，它包含四大技术：线外质量控制、线内质量控制、计量管理技术和试验设计技术。而学者 Syohei Ishizu[62]在总结质量信息系统的基本特征的基础上，提出了一个质量信息系统的概念框架，讨论了质量信息系统的目标及开发方法。

(5) 其他欧洲国家。瑞士 Van de Water 1992 年提出了质量管理组织的分层次控制模型，即质量管理的三级层次模型。法国南希大学的 M. Veron 1992 年提出柔性制造单元中的质量控制环的体系结构。Veron 将质量控制环中的信息分为三类：监控加工工序、合格性检验和设备检测。他将单元控制环分为单元控制层和站层。荷兰 Twente 大学机械工程系生产和设计工程研究室 1996 年提出质量控制应和车间生产管理集成起来，开发了一种质量站控制器（QSC）来实现生产车间质量控制的模型和方法[63~65]。

Hichigen 大学的 Saitou 建立了动态重组质量控制单元和仿真模型，并在汽车装配线上根据测试和工艺知识来辨识质量问题对整装配单元和参数进行调整。项目的研究中还涉及了机床模块化调配和开放式系统。Saitou 最近的文献中同时给出了根据有色 Petri 网的库所和变迁重组过程的适应度函数，他简化了网系统的变迁规则，并使用基因算法就不同任务对优化网模型的质量影响程度做了分析[66]。

欧共体信息技术研究计划（ESPRIT，European Commission's Information Technology Research Program）展开了一系列质量管理信息化的研发项目，旨在研究产品全生命周期过程中信息技术对质量管理的支持。

同时，国外已有一些软硬件系统提供商和商业化软件，如 IBS SINIC SINIC-CAQ，HP 的 IPMS，AHP 的 iQ-basis，CDE 的 QUIPSY，Guardus 的 Guard Ⅱ等。德国有十余个 CIM 技术转化中心（CIM-TTZ），其中布伦瑞克（Braunschweig）站点负责 CAQ 专项，研究 CIM 中的 CAQ 集成混合技术，包括 CAQ 系统建模和体系结构、CAQ 中的知识工程与专家系统等[67~69]。

综上所述，不论是质量管理还是过程控制，它们都是从不同的角度、以不同的方式来实现一个共同的最终目标：提供让顾客满意的产品。故可以把它们都纳入质量管理的知识领域。结合前文，可将国际现代质量管理的特点和发展方向归纳如下：

（1）与现代信息技术相依相存、共同发展；

（2）管理与技术的融合和集成；

（3）贯穿于市场需求分析、设计、加工、检验、销售、使用、回收等产品生命整个过程。

2.4.1.2　面向产品全生命周期的质量管理的国内研究现状

（1）西安交通大学。由西安交通大学和中科院软件研究所联合承担的“面向产品全生命周期的质量管理关键技术研究及集成质量信息系统开发”课题，针对产品全生命周期的质量管理，研究了支持敏捷虚拟制造、基于多维质量特征、面向产品全生命周期的质量管理模式；支持企业生产过程动态组合的过程建模技术和过程流协调工作及管理技术。将先进的质量控制与管理等相关技术面向产品全生命周期进行了集成，构建了产品全生命周期质量管理系统体系框架与运行机制，研制了具有完全自主知识产权的用户需求驱动的面向产品全生命周期的质量集成平台系统和工具集，基于 B/S 技术、符合 ISO9000 标准的面向产品全生命周期的全面质量管理系统。

杨鸿鹏、赵丽萍[70]等提出了敏捷制造模式下的分布式计算机辅助质量信息系统的设计思想、总体结构和功能模型，建立了分布式计算机辅助质量信息系统的开发环境，对系统开发的关键技术进行了初步研究，开发了相应的原形系统。

（2）东南大学。自1996年开始开展了敏捷制造模式下的制造系统质量保证信息系统的研究，对敏捷制造模式下的质量保证系统的需求、质量保证信息系统的体系结构、实现方式和有关关键技术进行了研究，并首次采用JAVA语言开发了基于Web的远程质量评价系统[71~73]。

（3）浙江大学。针对现代制造企业新的组织形式及其对质量管理系统的要求，提出了以质量规划、质量监控与质量改进三大活动为基础，以产品、指令、资源管理为主线，围绕产品生命周期展开的全面质量管理体系；从软件工程角度，建立了面向产品生命周期的全面质量管理系统（PLCTQMS）的总体构架，可视化过程建模，强调了产品、指令、资源信息及知识的有效集成；并以轴承套圈加工过程建模的应用案例，来说明PLCTQMS的核心运行[74]。

（4）华中科技大学。孟清、陈志祥等提出了客户驱动网络化质量管理模型、下一代制造系统中质量管理与质量保证信息系统的系统框架设想、底层制造单元级质量信息子系统的结构以及网上教育与培训系统的开发策略[75]。

（5）北京航空航天大学。唐晓青、段桂江等就动态企业环境下的质量信息系统的集成模式、体系结构和框架模型进行了探讨。吕庆领等人提出了面向扩展型企业质量管理系统构架，指出了企业质量管理信息系统围绕企业内部和外部运行两方面，实现质量管理信息和功能的集成[76~78]。

（6）重庆大学。重庆大学张根宝教授提出了数字化质量管理将现代信息技术与质量管理技术、检测技术和制造技术相结合，给出了参考体系结构与数字化质量管理系统的主要关键技术[79]。

罗书强等探讨了分散网络化制造模式下的集成质量系统的体系结构和功能模型，提出了基于数据仓库的集成质量决策支持系统的体系结构及其开发流程[80]。

（7）西北工业大学。乐清洪针对先进制造生产环境下的不同生产方式，提出基于局部有监督特征映射（Regional Supervised Feature Mapping，RSFM）网络的工序质量控制方法和基于质量特征参数序列的智能预测控制方法和机床综合误差补偿策略，分别适用于大批量、中小批量、单件及复杂曲面工件生产智能工序质量控制的需要[81]。

（8）合肥工业大学。苏海涛[82]、董华[83]等对现有信息系统设计、实施理论、方法和技术进行全面、系统的研究，在全面认识的基础上，探讨现代企业质量管理信息系统的有效总体设计方法，结合系统需求分析，以质量信息集成为基础，对企业管理质量信息系统进行了设计开发。

（9）东北大学。王宛山教授主要针对网络化制造环境下质量管理模式的特点，提出网络化制造模式下面向产品全生命周期质量管理系统（NMPLCQMS）模型，对其关键技术、方法和理论进行了深入研究，并结合企业生产实际，设计开发了NMPLCQMS系统。他认为，NMPLCQMS系统是网络化制造平台的重要组成部分。

目前国内少数企业研发了一些质量管理类软件，由于各企业的生产水平与所追求的质量目标不同，通用型的质量信息系统软件产品更是少见。成型产品所包含的模块单一、功能也不完善，大多集中于传统的统计过程控制（Statistical Process Control，SPC）工具、质量文档管理、简单质量报表查询等。反观国外的一些产品深度和广度上就做得很好，管理与技术兼顾，值得我们借鉴。但是由于语言环境不同、价格高昂、管理体系与国内存在较大差距、过于复杂不利于普通员工学习和接受等问题限制了他们在我国的推广和使用。

可以看出我国的面向现代科学技术的现代质量管理与质量工程技术的研究刚刚起步，特别是面向信息技术和先进生产模式的质量控制研究的许多方面仍然薄弱。这是由于我国企业的技术水平与国外差距较大，质量管理的研究、应用与发展水平急需提高。

2.4.2　面向产品全生命周期的质量管理的发展趋势

随着经济全球化的到来，现代企业的质量信息渗透到产品的决策、设计、加工、检验、销售、服务等整个生产经营过程中。由于现代企业的互相协作性加强，以及虚拟企业等新的生产组织模式的发展，来自协作企业和供货单位的质量信息越来越多。质量信息的来源还包括用户的反馈和需求信息以及市场变化信息，已从企业内部延伸到社会。同时，现代企业生产过程中的自动化、智能化程度的提高，以及在生产经营各个环节中计算机辅助系统的广泛应用，质量信息越来越多的呈现为电子化、数字化的特点。

这些质量信息的新特点迫使其处理方法不能停留在原有的理论和方法上，必须探索适合信息时代要求的新的理论和方法。近年来，系统集成、人工智能、辅助决策等新理论和实践成为研究的热点，新的方法不断涌现。现代信息技术的迅猛发展为实现这些新的信息处理方式提供了技术支持。

要适应信息时代和经济全球化的要求，质量信息必须走向成熟化，以便进一步对其进行处理，更好地利用质量信息。质量信息是企业的宝贵资源，质量信息利用的效率和效果将直接影响到产品的质量、用户对产品的满意度以及企业的决策，这是关系到企业生存成败的大事。

以质量信息技术集成为基础，以质量监控技术与质量管理相结合的面向产品全生命周期的质量管理系统，对于在高新技术环境下适应新的生产方式的质量控制和管理，有普遍的意义和广泛的应用前景。将推动我国企业由传统的质量控制（具有重物流、轻信息；重分工、轻集成等缺陷）向现代质量控制的转变（包括质量控制思想、理论和方法，质量控制的柔性，质量控制的工作方式和组织形式，质量控制的新技术，信息网络和计算机技术的支持等），从而对我国企业的质量控制和管理变革产生深远的影响。对于我国在进入 WTO 后企业参与国际市场竞争，对提高企业整体素质，提高产品质量，提高效益都具有重要的意义和广泛的应用前景。

回顾质量管理发展历史，可以看到，人们在解决质量问题所运用的方法、手段是不断发展和完善的，而这一过程又是同科学技术的进步和生产力水平的不断提高密切相连的。信息技术尤其是计算机技术在工业生产中的推广应用和质量过程监控的发展和应用为现代企业的质量管理提出了新的要求。采用新的控制理论，充分利用计算机网络、网格的高效率计算性能、大容量存储能力和实时准确的传输能力的、人机交互的、异地并行的智能化质量管理已成为近年来的研究热点。可以预料，随着信息技术的迅速发展，研究具有适应高新技术环境下质量管理方法将会使人们解决质量问题的方法、手段更为丰富和完善。将会推动质量管理的理论发展，从而推动质量管理科学进一步发展。因此本课题的研究具有重要的科学意义和实践价值。

2.5 本书的主要内容

2.5.1 研究背景

面对网络经济时代制造环境的变化，传统制造业的组织结构相对固定、制造资源相对集中、以区域性经济环境为主导、以面向产品为特征的制造模式已与之不相适应[4]。这些促使制造业必须向基于 Internet/Intranet/Extranet 的，全球性的，以敏捷、灵活的组织模式与控制机制快速响应市场需求变化的，全新的网络化制造模式转变[5]。

然而，在不同的生产环境下，产品质量的内涵不同，解决质量问题的方法和手段也不同。网络化制造模式对质量管理提出了新的要求，因此网络化制造模式下的质量管理具有如下特点：

(1) 面向产品全生命周期的质量管理。在网络化制造模式下，从时间上，质量管理贯穿于产品的全生命周期的各个阶段，并能及时地、完整地、持续地掌握用户对产品的需求；同时对用户业已购买的产品负责增加新功能、升级换代、直到报废处理时不损害环境等，即全程服务。

(2) 扩展的质量管理模式。在产品整个生命周期中，从产品市场需求分析到产品报废要产生的质量信息，而这些质量信息在物理上分布在不同的部门、地区和国家，要做到为各项质量活动提供实用、准确、及时和适量的信息，只有通过分布式数据库及计算机网络，才能实现各合作伙伴之间及各企业内部质量信息共享和远程交互访问的能力。

(3) 质量管理动态、敏捷化的快速响应能力[200]。由于市场需求、产品和组织结构等都是不断变化的，要求质量管理能够对各种变化迅速作出反应，主要表现在组织结构上的快速重组、性能上的动态易变，以适应不断变化的制造环境。

（4）集成化、自动化、智能化的质量管理。网络化制造环境下质量管理覆盖产品全生命周期的整个过程，通过产品生命周期与质量有关信息的有效集成，使生命周期中各阶段质量活动形成一个有机整体，以实现质量管理整体优化。同时，人工智能技术的不断发展使质量管理中很多环节实现自动化、智能化。如：制造过程的质量状态自动监控、分析、诊断与调整。从而使质量管理具有应付外界突发事件的能力，能够自动调整自身参数来适应外部环境。

（5）质量管理的“绿色化”。由于全球环境的恶化和资源的不断枯竭，“绿色化”的需求已经成为全球制造业当务之急。因此，将质量概念推上了“绿色化”的道路，即“绿色设计”、“绿色工艺”、“绿色产品”。这意味着在质量管理中包含了节约资源和保护环境的内容，显然，质量管理的“绿色化”是为了使“预期的”和“非预期的”的产品都能满足人类生存和发展的需要。

综上所述，开展网络化制造模式下面向产品全生命周期质量管理系统及其关键技术的研究，对于我国传统制造业实施网络化制造，以及提高我国现有企业的质量管理水平，具有重要的理论意义、现实意义及应用前景。

2.5.2　本书的主要内容

根据质量管理国内外研究现状，本书从网络化制造环境下质量管理模式的特点和现代质量管理的发展方向出发，阐述如何在网络化制造环境下运用现代信息技术和现代管理技术，将质量管理、质量控制有机融合与集成，并贯穿于产品设计、加工、检验、销售、使用、回收整个生命周期过程中，保证健康安全的生态环境。

网络化制造模式下产品全生命周期质量管理系统具有技术和管理两方面特点，同时质量管理是交叉学科，融合了数学、信息科学与系统科学（如信息论、控制论、系统论）、工程与技术科学，并与先进制造技术、计算机网络技术等紧密结合在一起，采用综合性和多样化的方法，发挥多学科交叉的优势，即用现代先进的技术方法解决传统方法难以解决的问题。

基于以上，网络化制造模式下产品全生命周期质量管理系统应具有企业之间的远程、协同质量管理、面向用户的协同质量设计、动态工序质量控制、基于Internet的动态质量评价等功能。本系统的设计，在传统产品全生命周期质量管理系统基础上，增强了质量管理的动态性、扩展性，其目的是：

（1）实现网络化制造企业间远程质量管理、远程质量控制、质量知识的共享，从而快速响应动态多变的全球化市场；

（2）可以实现顾客通过Internet直接参与产品的协同动态质量设计，从而最大限度的满足顾客需求、缩短产品开发周期、降低成本；

（3）可以实现对网络化制造环境下多品种、小批量产品的在线动态分析、诊断、调整，同时核心企业可以对成员企业进行远程质量监控；

（4）可以突破评价人员之间在组织机构上分布性，地域上的分布性和时间上的分布性，实现基于 Internet 的产品质量动态评价。

基于以上出发点和系统目标，本书针对产品协同质量设计、动态工序质量控制和面向全生命周期产品质量评价等方面进行系统的介绍，基于理论模型开发了网络化制造模式下面向全生命周期产品质量管理原型系统，并在背景企业生产实际应用与实践中对理论模型、技术方法和原型系统进行了验证。主要内容包括：

（1）针对网络化环境下产品异地、跨部门质量设计问题，构建基于 CSCW 的协同质量设计平台，集成质量设计工具与协同交互工具，从而解决了网络化制造模式下产品质量设计需求，同时支持大型机械产品的多模式协同质量设计；

（2）针对网络化制造企业工序质量控制要求，提出集预防、分析、诊断、调整于一体的动态工序质量控制模式，该模式结合了相似工序理论、控制图理论等方法，在具有自适应性的 Elman 神经网络基础上构建了工序质量调整专家系统，从而提高了工序质量控制自动化、智能化；

（3）通过对面向全生命周期产品质量评价过程的深入研究，构建了面向全生命周期产品质量评价过程模型、组织模型、体系模型，同时应用基于三角模糊数与模糊综合评价方法解决了网络化制造模式下产品全生命周期质量评价问题，并以沈阳重型主导产品双进双出磨煤机质量评价为应用实例验证该方法的有效性与合理性。

（4）为验证在理论模型与技术方法中提出的理论模型、技术方法的正确性和有效性，设计开发了网络化制造模式下面向产品全生命周期的质量管理原型系统。通过对沈阳重型机械集团有限公司具体质量问题的解决，实现了设计的模型和算法，并演示了系统各功能模块的使用方法。

2.6 本书的主要贡献与展望

网络化制造是在信息技术发展的驱动下，为应对经济全球化的挑战而发起的一种先进制造模式。网络化制造运用现代信息技术和现代管理技术改造传统制造业，通过企业间的协同和资源共享与集成，开展覆盖整个产品生命周期各个环节的企业活动（如产品设计、制造、销售、采购和管理等），从而达到提高企业核心竞争力的目的，是一种全新制造组织模式，已经成为实现制造业跨越式发展的重要途径。

产品质量是制造业的生命线，是实施网络化制造的关键。产品质量起源于市场，由设计决定，通过制造实现，并在使用中得以体现，它涉及到产品生命周期的所有方面。如何在网络化制造环境下通过信息技术和质量管理技术有效地实施面向产品全生命周期质量管理，已经成为制造业研究的热点问题。因此，研究先进的质量管理方法与质量控制技术，是企业实现网络化制造模式的基础和重要组成部分，为进一步开展网络化制造研究与应用、实现企业跨越式发展起到了非常重要的作用。

本书在相关项目基金的资助下，针对网络化制造模式下面向产品全生命周期质量管理系统展开了一系列阐述，并以沈阳重型机械集团公司为背景企业，将NMPLCQMS系统理论与实际应用相结合，遵循了学以致用原则。纵观全书，可归纳出如下结论：

（1）从产品全生命周期的角度阐述了网络化制造环境下质量管理模式动态性、协同性、异地分散性特点，基于此提出一种动态的、协同的、分布式的产品全生命周期质量管理系统模型，在此基础上构建了基于网络化制造模式的系统结构框架，确定了系统在网络化制造平台下的功能与体系结构。

（2）从网络化制造模式下质量设计需求出发，将CSCW技术应用到NMPLCQMS系统的质量设计中，实现了与用户、协作企业协同质量设计，缩短了产品开发周期，降低了成本，从而满足网络化制造环境下快速响应市场动态需求的要求。

（3）应用相似工序理论将具有相似性的不同工序通过数据转换创建统一的控制图，通过Elman网络进行工序质量诊断，最后应用工序质量专家系统进行实时在线调整，从而建立了集预防、分析、诊断、调整于一体的动态工序质量控制模型，解决了传统的SPC在网络化制造企业多品种、变批量生产中工序质量控制的瓶颈问题。

（4）将基于三角模糊数的层次分析法与模糊综合评价方法相结合应用于面向全生命周期产品质量评价模型中，克服了模糊数学和经典数学应用在质量评价过程中的一些缺陷，改善了权重的客观性，获得了更精确的、更客观的、定量化的评价结果。

（5）从沈阳重型集团公司质量管理的实际需求出发，以全面质量管理为指导思想，将前期研究的基础理论和适用算法与背景企业相结合，采用JSP、Servlet等技术设计并开发了NMPLCQMS原型系统，并通过双进双出磨煤机全生命周期质量管理，演示了系统各功能模块的使用方法，验证了NMPLCQMS原型系统的有效性与实用性。

网络化制造模式下质量管理系统是一门多学科交叉的系统性学科，其理论是在协同论、系统论、信息论、分形论等理论基础上发展起来的，并且涉及制造技术、计算机技术、自动控制、网络技术、软件技术以及人工智能和管理科学等。

网络化制造先进战略模式体现了分布和集中的统一、自治与协同的统一、混沌和有序的统一，由于作者能力所限，本书只涉及了一部分关键技术环节，很多方面有待深入探讨。因此，NMPLCQMS 系统的研究还有许多工作需要进一步探讨，具体归纳如下：

（1）进一步研究系统的动态工序质量控制模块与制造现场数据实时采集系统的集成。可以应用嵌入式实时数据库技术，同时开发出动态工序质量控制模块与制造现场数据实时采集系统的接口，提高实时质量数据传输的准确性、实时性，从而实现工序质量控制数据采集自动化、集成化。

（2）进一步对面向产品全生命周期的质量综合评价指标体系中的因素和描述方法进行研究。由于影响产品质量的因素多而复杂，需要对具体生产环节制造数据进行长期的监测、归纳和分析，从而进一步完善面向产品全生命周期的质量评价指标体系，使评价结果更加科学有效、更加符合实际。

（3）开发了将 Matlab 网络化的程序接口，并应用了其中的神经网络工具箱，但 Matlab 还有很多先进的优化算法和图形图像处理功能，应该进一步研究其在网络化制造中的应用。

3 网络化制造模式下产品全生命周期质量管理系统设计

网络化制造是在网络信息技术和经济全球化发生深刻变革的背景下产生和发展起来的一种先进制造模式。装备制造业是我国的重要基础工业，它是国民经济支柱，是对外贸易主要产品和国家安全保障，是实现国家富强和实现现代化的重要领域。

产品全生命周期质量管理系统是网络化制造的重要组成部分，是制造企业提高质量，降低成本，增强市场竞争力的必然选择。根据现代质量管理思想，质量管理已经从制造过程覆盖到产品设计、工艺、生产、销售、服务直到报废回收等整个生命周期。

现有的质量管理系统在设计过程中没有考虑到网络化制造环境下的各种复杂因素，因此很难随生产过程变化而增加功能匹配，因此，本书在原有质量管理系统的基础上提出网络化制造模式下产品全生命周期质量管理系统模型，进而提出网络化制造面向产品全生命周期的质量管理系统的拓扑结构、功能模型、内部结构和集成框架等，对网络化制造模式下面向产品全生命周期的质量管理系统作出初始的系统整体框架描述，为系统的具体实现奠定了基础。

3.1 网络化制造模式下产品全生命周期质量管理系统（NMPLCQMS）

21 世纪制造业正朝着集成化、全球化、网络化、柔性化和绿色化方向发展，特别是基于 Internet/Intranet 技术的由市场需求驱动的、具有快速响应机制的网络化制造模式更是成为制造模式重要的发展趋势。

网络化的生产环境对制造企业生产提出了更高的要求，用户除了对产品的功能和性能方面的要求不断提高以外，对产品的需求还日渐呈现出多样化的趋势，这就要求企业能够快速满足用户需求，采用多品种小批量的生产方式，按订单组织生产；为了提高客户满意度，必须快速响应客户不断变化的需求，尽可能缩减响应时间[188]。

网络化制造环境下，生产模式的转变、市场需求的动态多变、个性化等都对产品生命周期质量管理系统提出了新的要求，因此开展网络化制造模式下产品生命周期质量系统及其关键技术的研究，是制造企业实施网络化制造、提高企业质量管理水平的关键。

3.1.1 网络化制造模式下质量信息的特点与分类

质量信息是反映产品或服务质量的状态、变化及其与各种有关因素之间关系的数据、报告和资料的总称。现代质量信息的含义，不仅包括产品质量、产品可靠性信息，而且包括与产品质量有关的：设计、试验、工艺、工序、设备、工具、计量、检验、维护和维修等工作质量的信息[189,190]。质量信息是进行质量决策和质量控制，制订质量计划和措施的重要依据。

因此，质量信息是企业中不可缺少的信息资源。对于利用各种信息技术进行生产的网络化制造企业而言尤其如此，所以，网络化制造企业生产过程中的各种质量信息乃是其质量管理的主要对象。

根据网络化制造模式下企业组织结构、运作模式、生产过程和相应的质量管理模式的特点，网络化制造模式下的质量信息有如下特点：

（1）质量信息的动态性[99]。网络化制造企业的加工设备日益自动化、柔性化，加工的产品日益多样化、复杂化，生产加工过程中的质量信息由过去的少而单一变得多而复杂，并且呈现为动态、多参数。同时，来自成员企业和供货单位的质量信息越来越多，质量信息已从企业内部延伸到社会，用户的反馈和需求信息以及市场变化信息是质量信息的重要组成部分。

（2）质量信息的电子化与数字化。随着经济全球化的到来，市场的变化越来越快，产品的更新换代越来越快，产品的质量信息也必然变化得越来越快。网络化制造企业生产过程融合了信息、网络技术、先进制造技术、人工智能等技术，以及在生产经营各个环节中计算机辅助系统的广泛应用，质量信息越来越多的呈现出电子化、数字化的特点[191~194]。网络化制造企业的质量文档已发展到包括图形文件、文本文件、数据文件、表格文件和多媒体文件等多种类型。

（3）质量信息处理方法不断发展。质量信息的上述两个特点，迫使其处理方法不能停留在原有的理论和方法上，必须探索适合网络经济时代要求的新的理论和方法。近年来，系统集成、人工智能、辅助决策等新理论和实践在网络化制造中的应用已成为研究的热点，现代信息技术的迅猛发展为网络化制造企业实现这些新的质量信息处理方式提供了有力的技术支持。

质量信息的特点表明，要适应信息时代和经济全球化的要求，质量信息必须走向集成化，以便进一步对其进行处理，更好地利用质量信息。质量信息利用的效率和效果将直接影响到产品的质量、用户对产品的满意度以及企业的决策，这是关系到网络化制造企业成败的关键。根据质量信息在网络化制造企业生产过程中所处的层次及作用，具体可分为以下几种类型：

（1）市场质量信息。市场质量信息来自网络化制造模式企业外部环境，主要有：顾客对新产品或服务的需求以及对现有产品及服务的评价与期望。这是网络化制造模式企业的基本输入，也是其运作的起点。

（2）产品质量特征信息[100]。产品的质量特征必须具备一定的能满足顾客需求的特征，并通过设计过程确定的，是生产过程的目标。尽管从整个网络化制造企业的产品设计、生产过程来看，其产品设计、制造是并行的，并不断相互作用且持续考虑顾客需求，但是从一个相对足够短的时间段来看，设计与制造过程仍然是分离的，因而产品的质量特征同时具有动态性（从整个过程来看）和静态性（从分离的设计和制造过程来看）。这种质量特征信息显然会对网络化制造企业最终产品的质量产生巨大影响，因此必须加以记录，该信息是随着时间推移而不断更新的。

（3）成员企业质量信息。成员企业质量信息来自于网络化制造模式的成员企业，主要作用是描述某成员企业的能力，包括：基本信息（名称、地区、声誉等），产品业务范围，历史产品记录，外部评价、认证，能力可扩充性等，以供网络化制造模式的核心企业分配质量任务时参考。

（4）质量任务信息。质量任务信息用于描述网络化制造模式企业运作过程中的各种质量任务，如设计任务、生产任务、销售任务等，主要有：任务负责人、参与成员企业、起止日期、完成时的检验程序及标准、可利用的资源、异常情况处理方法等。同时还描述各质量任务的完成情况，供网络化制造模式企业协调时参考。应包括：任务起止时间、目前完成情况（如质和量两方面）、预计完成情况（能否完成，何时完成）等，这些信息也是随着时间的推移而不断产生的。

（5）质量任务与成员企业的映射信息。质量任务与成员企业的映射信息就是质量任务在成员企业间的分配情况，这种信息可供网络化制造模式企业中的核心企业在全局层次上协调各成员企业的活动时参考，因此必须加以记录。而核心企业向成员企业发送的协调指令也是一种信息，需要加以记录，以保证生产过程具有必要的可追溯性。

（6）与网络化制造企业质量信息相应的资源信息。网络化制造企业在组织运营、生产过程中的质量信息与企业间的资源（包括人力、资金、物资等）密切相关，各种资源的信息及它们成员间流动情况信息必须加以记录，包括：发生地点、试验、审核情况、流动情况、转变情况等。

质量信息在企业内部和企业之间流动，同时覆盖了产品全生命周期的活动。在产品全生命周期内的各项质量活动中，同样存在大量质量信息采集、处理、分析和反馈的过程。核心企业、客户以及成员企业在质量管理合作的基础上通过Internet/Intranet进行协作，共享知识和信息，进行实时的信息交流。核心企业能够快速、准确、全面地获取各种质量信息，进行各个层次、各个环节的质量问题诊断和质量管理决策。

3.1.2 网络化制造环境下应用全生命周期质量管理系统产生的问题

尽管 PLCQMS 系统在企业中得到了一些应用，但在网络化制造环境下，作为一种新的制造模式，网络化制造在企业结构、管理模式、运作方式及产品生产过程方面都与传统的生产模式有很大差异[91]；同时网络化制造模式下质量信息的动态性、复杂性，都给质量管理带来了很大难度，具体包括：

（1）网络化制造企业的动态性。在网络化制造环境下，网络化制造企业的组织、产品、技术、管理模式和运行机制都将随着市场机遇的变化而改变[93,94]。虚拟企业的动态性具体表现为：

1）企业组织结构的动态性，即一方面网络化制造的成员企业是根据市场机遇动态重组的；另一方面网络化制造企业的产品管理模式也伴随着市场机遇和产品对象的产生而组建，根据产品对象的调整而重组，并伴随产品对象的消失而解体，具有明显的动态特性。

2）产品实现过程的动态性，即一方面随着市场机遇的不同，网络化制造企业中各成员所承担的产品对象可能具有不同的产品特性、不同的设计和制造过程，因此，网络化制造企业的产品开发过程也将随着产品对象及产品实现过程的不同而呈现动态性特点；另一方面网络化制造企业产品实现过程的动态性是由组织结构的动态性引起的，由于成员企业自身的产品实现过程各不相同，因此虚拟企业产品实现过程也将随着不同的成员选择而呈现动态性特点。

（2）网络化制造企业的分布式、异构环境。在网络化制造环境下，成员企业具有地域上的分散性、操作平台的差异性特点，因此，必须建立分布式结构，通过引入计算机技术，采用分布式网络数据库等先进的信息管理技术，精心规划和设计信息模型和数据结构是实现分布性与统一性的根本保证[92]。

（3）网络化制造企业的协同性。在网络化制造环境下，虚拟企业开展覆盖产品整个生命周期全部或部分环节的企业业务活动（如产品设计、制造、销售、采购和管理等)，充分利用各成员企业的生产设备资源、智力资源和技术资源等，通过各种社会资源的共享与集成，各成员企业协同工作共同为市场提供高质量、低成本的产品和服务。

（4）网络化制造企业生产方式的转变。从过去的“大批量、少品种”和现在的“小批量、多品种”转变为“小批量、多品种、定制型”生产方式。21 世纪的市场将愈来愈体现个性化需求的特点，因此基于网络的定制将是满足这种需求的一种有效模式。

3.1.3　网络化制造模式下产品生命周期质量管理系统

在网络化制造环境下，虚拟企业是由核心企业和众多的成员企业组成的动态联盟。因此，虚拟企业的信息技术，在广度上，从部门级应用、企业内集成，发展到了企业间集成；在深度上，从信息集成、过程集成，发展到知识集成。它的先进制造技术是以先进的信息技术和网络技术作为核心的使能技术，从而实现各成员企业间的协同设计、协同制造、协同管理和服务等[95,96]。

传统制造企业的质量管理模式都是在集中、规模生产条件下形成的，主要是以企业内部各环节的质量管理为重点，是较底层的质量管理。而虚拟企业的质量管理由传统的企业内质量管理单一空间拓展到企业间和多企业协作空间，同时需要在生产过程中对异地制造成员企业进行实时质量控制，是高于企业底层质量管理的全局层次的协调管理。

所以，本书根据虚拟企业的特点、网络化制造模式下质量信息的特点内容以及传统的质量管理模式应用在网络化制造环境下产生的问题，结合东北大学网络化制造试验室提出的网络化集成制造平台的结构模型，提出了网络化制造模式下产品生命周期质量管理系统（Networked Manufacturing-Product Lifecycle oriented-Quality Management System，NMPLCQMS）模型，即以计算机网络技术为基础，突破了空间、时间和信息处理能力等方面的限制，协调各成员企业的质量管理，使网络化制造企业间质量管理形成一个有机整体，实现产品全生命周期质量管理的整体优化，是一种能够实现网络化制造战略的面向产品全生命周期的质量信息化管理系统。

因此，综合以上分析，在传统质量管理系统的基础上，NMPLCQMS 系统还必须具备如下功能，才能很好地解决质量管理系统发展中出现的问题：

（1）NMPLCQMS 系统必须具有动态性。NMPLCQMS 系统的动态性主要体现在两方面：一方面是 NMPLCQMS 系统质量管理组织结构的动态性，即一方面参与质量过程的成员企业是根据市场机遇动态重组的，另一方面多功能质量小组也伴随着市场机遇和产品对象而组建或重组，并伴随产品对象的消失而解体，具有明显的动态特性；另一方面是 NMPLCQMS 系统质量管理过程的动态性，主要是由虚拟企业组织结构的动态性引起的，由于成员企业自身的质量管理过程各不相同，因此 NMPLCQMS 系统的质量管理过程也将随着不同的成员选择而呈现动态性。

（2）NMPLCQMS 系统必须具有协同质量管理能力。网络化制造的分散化具体体现在两个方面：一方面是资源分散性，包括制造资源（如设备、物料、人力和知识等）分散在不同的组织内、不同的地域内、不同的文化条件下等；另一方面是指制造系统中生产经营管理决策的分散性。因此网络化制造模式下的质量管理系统，在构造上可以不受地理位置的约束，进行跨部门乃至跨企业的质量信息组合与管理，从而实现企业间质量信息的共享。

NMPLCQMS 系统信息交互平台可以有效使用生产资源，减少业务环节，同时利用网络减少了质量信息交流的时间和费用，增加了每个企业资源信息交互量，从整体上构成了一个完整的质量信息流闭环过程。因此，NMPLCQMS 系统已经具备了实现网络化制造的协同质量管理能力。

（3）NMPLCQMS 系统必须具有实时性。NMPLCQMS 系统可以实时掌握制造现场的质量数据，对产品的制造过程进行实时质量监控，从而实现对工序质量的实时控制。NMPLCQMS 系统的实时性不仅能够对网络化制造企业多品种、变批量生产中工序质量进行实时动态分析、诊断和调整，同时还可以通过 Internet 实现质量远程实时控制，确保工序质量长期保持在稳定状态，有效地提高企业的产能柔性和产品质量，可以敏捷地满足网络化制造质量控制的要求。

（4）NMPLCQMS 系统必须具有全方位的系统集成性。NMPLCQMS 系统解决了对各成员企业质量管理系统的组织与技术集成、过程集成、质量信息集成，但是这种集成不是系统功能简单叠加的效果，而是让不同质量管理系统在融合过程中能够相互补充，互相促进。

因此，NMPLCQMS 系统在信息集成中处理数据时提供分组过滤、分组转发、优先级、复用、加密、压缩和防火墙等功能；在网络管理提供配置管理、性能管理、容错管理和流量控制等功能。

3.1.4 NMPLCQMS 系统与传统 PLCQMS 系统的比较

NMPLCQMS 系统是一个面向网络化制造集成平台的管理系统，由若干具有独立设计、制造能力的成员企业质量管理模块组成。各企业通过 NMPLCQMS 系统进行产品设计、工艺、制造、服务等生命周期质量管理，其质量信息和资源信息存入 NMPLCQMS 系统全局数据库。

NMPLCQMS 系统是在传统 PLCQMS 系统基础上的进一步发展，所以 NMPLCQMS 系统的许多功能是传统 PLCQMS 所不具备的，具体如表 3-1 所示。

表 3-1 NMPLCQMS 系统与传统 PLCQMS 系统特征比较

性　能	传统 PLCQMS 系统	NMPLCQMS 系统
实时性	具有一定实时性，仅是质量数据的单纯采集与存储	对质量数据可以实时分析、诊断，具有真正的实时性
集成性	仅能与上层决策系统和底层数据采集层进行集成	具备组织与技术、过程、质量信息的全方位集成能力
协同性	企业内部部门之间的小范围内协同质量管理	基于网络化制造集成平台实现全局范围的协同质量管理

续表 3-1

性　能	传统 PLCQMS 系统	NMPLCQMS 系统
自适应性	不具备自适应性	根据实时质量数据变化调整质量控制的参数值
智能性	不具备智能性	具有专家知识库，通过知识规则学习，加强自适应能力
可扩展性	固化结构，难以扩展	模块化结构，根据生产需要可增加系统功能模块
通用性	比较差，难以根据企业要求设计不同模块，封闭性较强	比较好，可以根据要求选择不同模块
技术要求	比较低，对硬件要求较多	很高，需要将软件、硬件结合使用

NMPLCQMS 系统的提出以及其自身的优势特点，是其适应未来网络化制造需求，发展壮大的有力保障。

3.2　NMPLCQMS 系统的结构设计

根据前面对网络化制造模式、对网络化制造环境下质量管理模式以及质量信息的分析，分别构建了网络化制造模式下面向产品全生周期质量管理系统的网络结构模型、总体框架模型、功能模型以及工作流程模型，满足网络化制造模式下质量管理的需求。

3.2.1　NMPLCQMS 系统的网络结构模型

根据前面对网络化制造环境下的质量管理模式和质量信息的特点种类的分析，本书提出了网络化制造模式下面向产品全生命周期的质量管理系统网络模型，如图 3-1 所示。该网络结构模型利用互联网络和先进的信息技术，建立支持网络化制造企业产品质量协同管理的信息支持系统，支持多企业合作协同进行产品开发、生产和销售中的质量保证、质量控制和质量改进，是网络化制造企业实施质量管理的基础。

在该模型中，网络化制造企业将“以顾客为中心”和“发展与合作方互利的合作关系”作为质量管理的根本原则，面向产品全生命周期，在稳定的合作关系基础上，以跨企业的团队为基础，进行战略性的质量协作，建立统一、标准的产品质量保证体系，进行战略性质量策划，共享知识和资源，及时、迅速、有效、准确地传递质量信息，以核心企业为中心，共同完成在产品设计与开发、制造以及使用过程中的质量保证和质量控制。

核心企业的管理经营总部作为产品质量协同管理的核心，负责宏观质量管

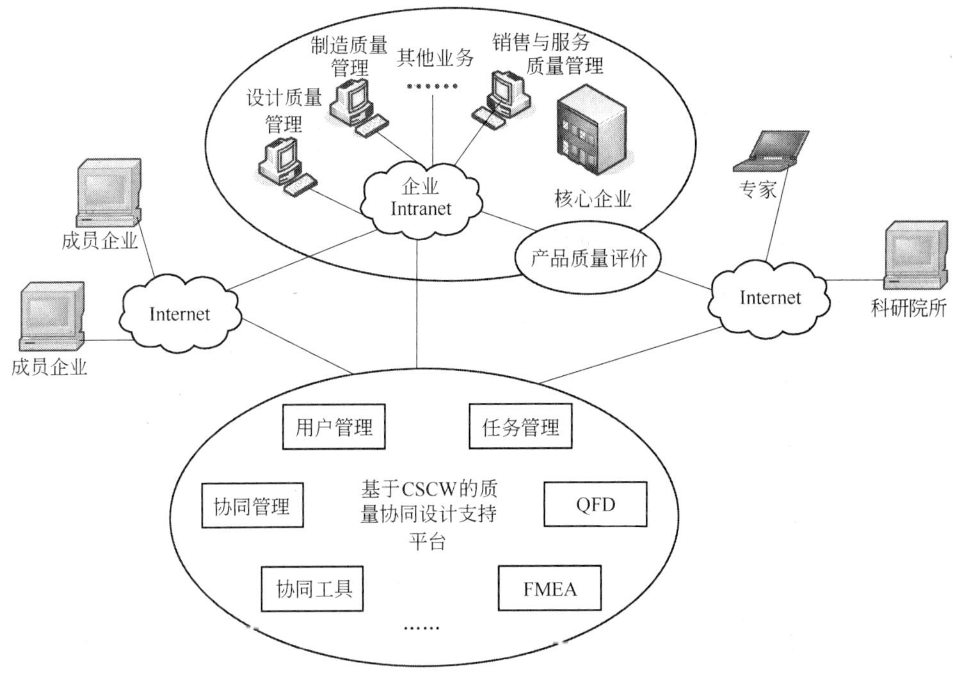

图 3-1　系统网络结构模型

理，负责制定产品质量方针、质量目标，进行战略性质量策划，履行产品开发与制造过程宏观质量管理的职责。

产品总体设计研发的企业，负责产品开发与设计过程中的质量管理与控制，对设计过程实施监控，协调设计与开发中产生的质量问题。产品总体装配企业，负责产品总装过程中的质量管理与控制，对生产和装配过程进行监控和测量，协调生产与装配中产生的质量问题。

供应商负责零部件设计与生产过程的质量管理与控制，为核心企业及时提供外协产品的质量数据和信息，提供零部件设计与生产过程中的质量状态信息和质量问题反馈信息，并且参与总装和总调企业产品实现过程中相关的质量管理活动。分销商和客户为核心企业实时迅速地提供产品需求信息、顾客满意度信息、质量问题反馈信息、产品评价信息等使用质量信息，并且参与总装和总调企业产品实现过程中相关的质量管理活动。

网络化制造企业成员之间进行质量管理协作，通过互联网和信息处理技术，建立联系所有成员企业的协同质量管理的信息支持系统，从而打破地域和时间的限制，使企业成员实时和迅速地进行信息交换和数据共享。针对网络化制造企业的协同质量管理，可以建立以核心企业为中心的协同质量管理信息支持系统。核心企业以应用服务提供商 ASP（Application Service Provider）的方式向各个成员企业提供计算机辅助质量工具和定制开发的质量管理应用系统。核心企业、供应商、分销商和客户可以通过 Intranet、Extranet、Internet 访问应用服务，同时系统面向扩展企业产品，提供对产品全生命周期质量管理的支持。

3.2.2　NMPLCQMS 系统模型的设计

网络化制造模式下的核心企业为最终产品的拥有者，处在网络化制造企业产品价值链中的核心环节，具有占主导地位的核心能力，与供应商、分销商和客户（企业性）集成在一起形成全球性的网络，建立长期战略性联盟，共享信息、资源和知识，为最终用户提供产品。核心企业在协作进行产品开发、生产和销售过程中，与成员企业之间进行协同化的质量管理。

基于上述网络化制造企业的质量管理模式与质量信息的特点，考虑到网络化制造环境下质量信息的交换方式以及安全性，并以过程作为结合模式的基础，提出了基于核心企业的分布式质量管理系统的总体框架模型（如图 3-2 所示）。该框架模型有如下特点：

（1）具有面向目标管理的分布式体系。系统通过网络收集用户需求信息，

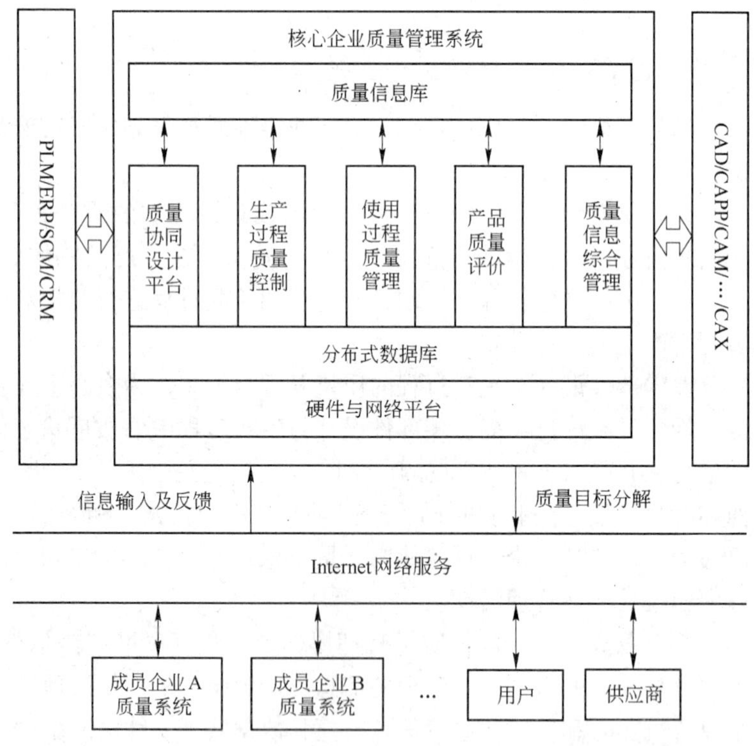

图 3-2　网络化制造模式下面向产品全生命周期的质量管理系统框架

形成体现产品外部质量内容的质量目标，向成员企业发布质量信息，由分布的成员企业根据企业实施资源状况制定质量规划和具体措施。

（2）具有高度集中的统一性。系统内部各功能模块之间的信息集成构建在分布式数据库基础之上，发挥单个子系统的功能，使质量管理和保证的各项职能合理地分布于企业运转过程中的相关环节，共同完成网络化制造企业的质量管理工作。

（3）具有动态的质量控制和协调能力。质量信息采集系统通过网络及时地将反馈的信息传递给各成员企业，并能被系统接受，从而能够动态地调整相关质量要求，达到对关键工序在线管理和控制的目的。

3.2.3 NMPLCQMS 系统功能模型的设计

网络化制造模式下面向产品全生命周期的质量管理是以 Internet 为基础的，用户参与产品的设计、制造和维护等产品生命周期各个阶段的质量管理，以满足用户的个性化需求、提高用户满意度为目标的一种质量管理模式。面向用户的思想主要体现在面向用户的质量设计、服务以及维护。通过用户参与质量设计使产品质量特性更符合用户的要求，在一定程度上满足用户的个性化需求。而面向用户的产品制造质量控制、服务与维护保证了产品持续满足用户的需求，不断提高产品质量，从而增强企业的市场竞争力。

网络化制造模式下面向产品全生命周期质量管理系统提供了对面向全生命周期的产品质量质量管理的全面支持，其功能模型确定了系统功能的逻辑结构和质量信息的不断传递、转化。图3-3给出了系统的功能模型，包括：质量协同设计平台、生产过程质量控制、使用过程质量管理、产品质量评价体系、质量信息综合管理等主要功能模块。

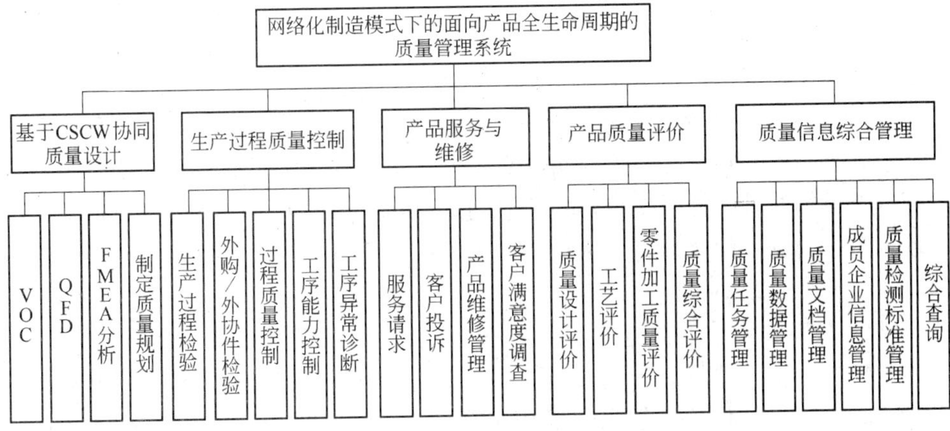

图3-3 系统功能框架

3.2.3.1　基于CSCW的产品协同质量设计平台

针对网络化制造模式下的质量管理协同性要求，需要NMPLCQMS系统能够具有协同质量管理功能。NMPLCQMS系统提供了协同平台与工具，使顾客能够直接参与成员企业的设计人员、工艺人员和制造人员共同进行产品的协同质量设计制定质量规划，从而实现最大限度地满足顾客需求的目标；并确定了产品的关键零部件的关键工序，为后面的质量控制奠定了基础。同时也最大限度地减少了因顾客需求变化或质量问题进行的后期设计更改，降低了成本，提高了生产效率。

NMPLCQMS系统协同质量设计功能的目的是实现及时、有效、准确获取多样、个性化、动态的顾客需求，将其转化为产品质量特征需求，在此基础上，应用并行工程思想在产品设计阶段充分考虑产品全生命周期的质量问题，同时顾客可直接参与设计人员、工艺人员和制造人员共同进行产品的协同质量设计。

3.2.3.2　生产过程质量控制

根据产品质量设计确定的关键零部件的关键工序设立“工序控制点”，在生产过程中，不断测量生产系统的质量特性，根据质量规划制定“工序控制点”的质量控制规范和过程控制参数，并借助各种质量统计分析手段和控制方法，对发生在加工过程中的产品质量信息及时进行集成分析、优化和反馈并及时调整，使产品在工序和生产线上保持最佳的加工状态。

NMPLCQMS系统本功能的目的就是让操作者逐渐摆脱主观经验的依赖，尽量利用本系统动态监控当前的工序加工状态，根据系统提示的调整措施对当前工序进行适时调整，从而能够实现质量控制的自动化、智能化。

3.2.3.3　产品服务与维护

为网络化制造企业建立与市场的沟通渠道，提供产品售后使用、维修和服务质量管理的工具；提供用户及投诉信息管理、进行登记汇总与反馈；提供用户满意度的查询与统计，产品维修信息汇总与分析对维修中的不同型号产品所发生的故障现象，对这些故障原因、采取的维修措施及质量反馈信息进行汇总和统计分析，从而使产品质量不断改进。

NMPLCQMS系统本功能的目标是实现产品使用与服务质量信息的实时反馈。对用户反馈的产品的质量故障按照重要度或频度划分，突出突发故障，及时、准确、实时传递产品使用情况、售后服务等质量反馈信息给质量设计模块，形成“质量环”。

3.2.3.4 产品质量评价

产品质量评价贯穿于产品设计、生产制造、销售服务等生命周期的各个阶段，及时掌握产品质量动态，是持续稳定提升产品质量和顾客满意度的重要手段。主要采用专家打分的方式，质量专家通过 Internet 登录后，通过查看所评价产品质量信息，获取评价目标，根据评价任务和目标从评价标准库中检索并抽取一种评价标准，不同的评价标准通过 Internet，根据评价标准逐项评价和打分，汇总评价打分情况。然后提交决策部门进行审核确认，完成评价。其主要功能包括设计质量评价、工艺质量评价、零件加工质量评价以及产品质量综合评价。

3.2.3.5 质量信息综合管理

作为 NMPLCQMS 系统质量管理和质量保证活动的有效信息管理工具，提供产品在设计、制造等生命周期过程中的质量任务管理、质量数据和质量文档管理、各成员企业及相关人员信息的管理、质量检测标准管理、综合查询等。同时对系统其他功能模块归档的质量报表和单据信息进行分类管理。从而使 NMPLCQMS 系统质量管理的基础性知识得到及时更新和保存，同时方便各级质量人员查询检索，为企业持续质量改进积累经验。

NMPLCQMS 系统本功能的目标是实现对企业范围的质量文档和标准化信息等质量综合信息进行规范化管理，对质量文档与标准化信息生成过程进行管理与控制，同时实现系统用户权限管理与系统运行状态实时监控。

3.2.4 NMPLCQMS 系统工作流程设计

客户首先通过 Internet 登录到网络化制造面向产品全生命周期的质量管理系统，系统接收到服务请求信息后根据不同的权限进入到相应的模块。客户进入到 VOC（Voice of Customer，顾客声音）模块填写产品需求调查表，通过服务器将客户需求发送到协同质量设计模块。

核心企业的质量工作人员登录系统后，根据顾客需求召开质量功能小组会议并邀请客户协同进行产品的质量设计，并制定出产品质量规划。系统将质量规划分配送给各成员企业，各成员企业根据质量规划对产品进行质量控制。

质量专家根据系统分配的权限直接登录到质量评价模块，对产品的设计质量、工艺质量和加工质量进行全面客观的评价打分，同时对产品生命周期各阶段质量拥有否决权，对于没有达到顾客需求或质量计划规定的质量目标的将予以返回，直到质量专家集体通过才能进行下一阶段的生产，最后将产品生命周期各阶段质量评价结果保存并反馈给相应的阶段。

另外，客户可以通过产品服务与维护模块在线解决产品使用过程中的疑难问题，同时遇到严重的质量问题可以通过该模块进行在线客户投诉。产品的质量信息由质量信息综合管理模块、服务器进行储存和管理。

系统的具体工作流程如图 3-4 所示。

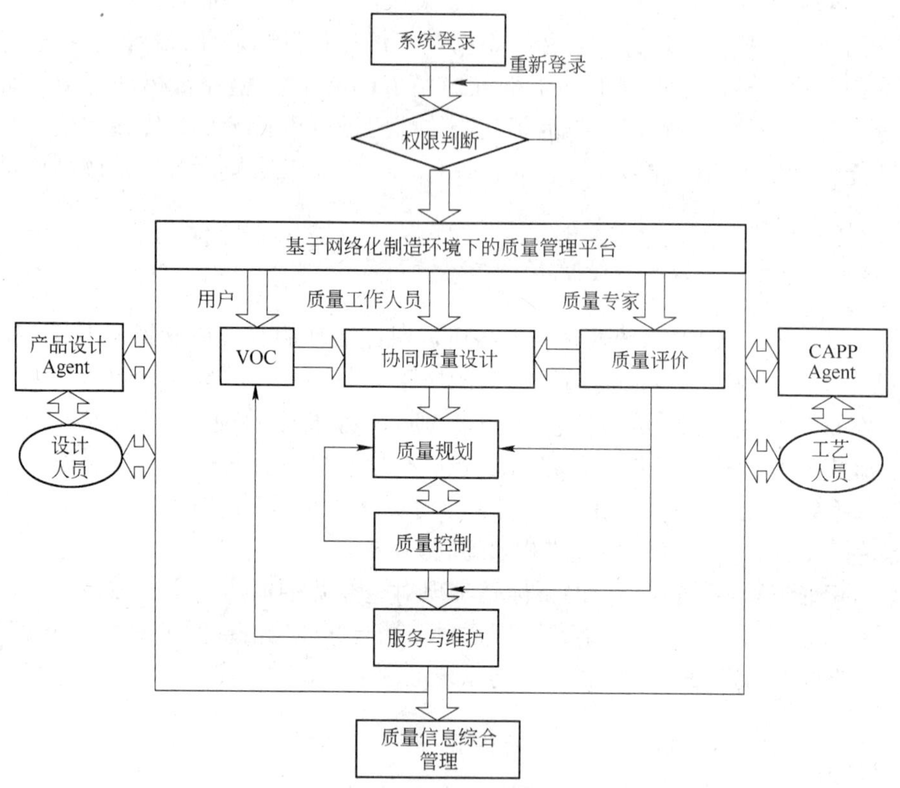

图 3-4　系统的工作流程示意图

3.3　NMPLCQMS 系统的集成

网络化制造环境下质量管理覆盖产品全生命周期的整个过程，为使产品全生命周期中的各阶段质量活动形成一个有机整体，以实现质量管理系统的整体优化。提出基于组织与技术集成、过程集成、质量信息集成三者结合的质量管理系统集成。

3.3.1　组织与技术的集成

网络化制造模式下，用户需求的多样化，产品种类的多变，导致了市场对企业提出了不断改变其组织结构以适应这种变化的要求。在这种情况下出现了虚拟企业，即利用信息技术，将分散在不同地区、不同企业的现有的技术、管理、资源迅速集成起来进行新产品的开发、生产和销售，并随着产品的生产而存在，随产品的生命周期完成而解散，紧接着又会随着新的市场机遇的到来而重新组合。

在虚拟企业内部，由多个分布式的质量功能小组构成的质量管理模式，质量功能小组以产品对象为核心动态组建，小组成员可以包括产品的其他工作小组或职能部门的相关人员，也可以来自不同的企业，分布在不同地理位置的成员通过 Internet 或 Intranet 及时进行信息的交流与共享。质量功能小组的职能主要有：

（1）定义设计、生产、销售及服务与维护等全过程的质量功能的实现程序，对总的质量体系的性能及成本进行审核与评估；

（2）开发质量信息系统，以辅助各个质量功能小组的质量工作；

（3）根据用户反馈不断进行质量改进，通过整个组织模式协调运作，从而使产品的全生命周期质量持续改进；

（4）对成员企业的质量体系进行分析和改进；

（5）为用户提供产品服务与维护，处理用户投诉、反馈意见，并及时采取调整措施。

由于质量保证工作小组与其他各组织间以扁平网络化结构组成一个灵活、高效、并行的组织体系，在这种分布型网络组织方式大幅度地缩减了层次、以多中心取代一个中心、削弱控制功能而增强通信功能，实现了产品多功能小组之间的直接连接与沟通，加速了质量信息的传递与交流，使组织发挥整体效能。

而技术的集成是指在质量管理系统中综合运用的多种不同的技术与方法，主要包括质量方法论、面向产品生命周期的质量设计技术、质量控制技术、人工智能技术等。

质量方法论是质量设计与分析的指导思想，是建立质量管理系统的基础。如：全面质量管理（TQM）、田口方法等。

面向产品生命周期的质量设计技术是把一系列质量保证措施与设计系统有机集成，在产品的设计阶段就充分考虑全生命周期的各个方面因素，并及时分析、预测、预防各种可能的故障，将产品的可靠性同产品的设计过程紧密联系在一起，有利于及时改进产品的功能、结构、工艺等，从而缩短产品的开发周期。质量功能配置（QFD）、故障模式与效应分析（FMEA）、优化设计以及鲁棒性设计等。

在网络化制造模式下，顾客的个性化需求使传统的大批量生产模式转变为多品种、小批量的生产模式，这就需要实时化、小样本化、多元化的质量控制技术。

人工智能技术的应用实现了质量管理系统的智能化，提高了质量工作效率，同时也为企业决策者提供了有利支持。

网络化制造模式下的质量管理强调将多种质量管理、控制技术与方法、企业间和内部灵活的动态组织与计算机网络信息技术三者有机地集成起来，实现总体最佳比，以便快速响应瞬息万变的市场。这与现代质量管理的思想是一致的。

3.3.2 管理过程的集成

过程集成，即与产品质量形成有关的物料流、工作流、信息流围绕产品对象在起始于获取用户和市场需求分析，经过设计、过程开发、采购、生产准备、制造、质量验证、包装与储存、销售与分发、安装与运行、技术支持与服务、售后、用后处置，又回到获取用户和市场需求分析这一质量形成全过程的集成。过程集成可以看做是产品开发过程的集成在产品质量形成过程上的体现和映射。

集成并不等于集中，网络化制造企业的质量管理过程的集成不仅应实现贯穿于产品从设计、制造到使用的整个生命周期的各个环节，还应实现贯穿每个成员企业质量保证体系各层次的过程集成，协同工作、共同完成企业的质量管理工作。因此，过程集成的一个重要特征就是合理的分布性与集中统一性的有机结合，这就要求系统模型必须建立在分布式结构的基础上。同时还需要引入计算机技术，采用分布式网络数据库等先进的信息管理技术，精心规划和设计质量信息模型和数据结构是实现系统分布性与统一性的根本保证。同时，为适应网络化制造企业生产组织活动中一切要素的不断变化，集成的质量系统必须具有一定的灵活性，能较为容易地根据上述要素的变化进行必要的调整和扩充，以增强质量系统的适应能力和生命力。

3.3.3 质量信息的集成

在整个产品生命周期中，从产品构思到产品报废要产生大量的质量信息，在这些质量信息中，有些属于技术方面的，有些属于管理方面的；有企业内部的，也有企业外部的，如图 3-5 所示；这些质量信息的结构类型有很大不同，大量信息在系统内部和外部交换，需要进行信息的采集、处理、分析和共享，只有通过信息集成才能实现质量信息的及时处理与反馈，以正确的方式、在正确的时间、向正确的人提供正确的质量信息，因此，质量信息集成是实现网络化制造模式下质量管理系统的关键。

质量信息集成的目标是将分布在不同部门、不同成员企业的自治和异构的多处局部数据元中的质量信息有效地集成，实现各子系统间的质量信息共享。在网络化制造的质量管理系统中，既要使异构分布式数据源集成，又要保证不破坏原

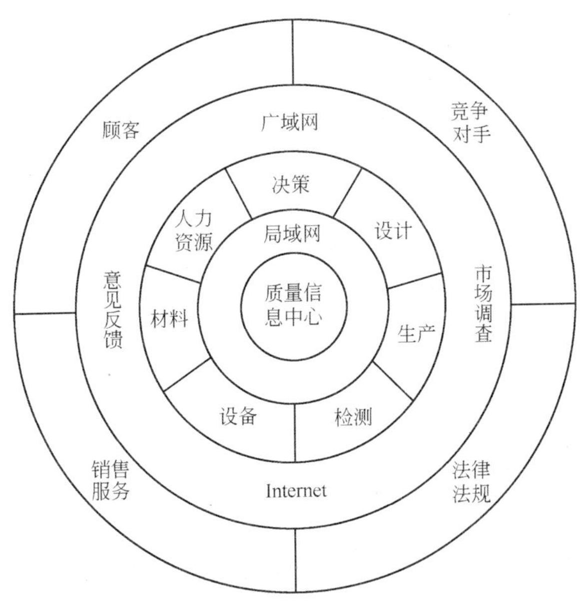

图 3-5 质量信息集成模型

有子系统的独立性，因此要遵循以下原则：

（1）网络化制造企业的任务、产品、组织、技术系统等都是不断变化的，要求质量管理系统具有开放的集成平台。

（2）由于网络化制造企业在地理上的分散性，要求质量管理系统体系结构是分布式的，能对分散在不同地方的质量信息进行及时有效的处理。

（3）用户需求的多样化，产品种类的多变，要求系统应能对这种变化迅速作出反应，具有通过配置使系统动态组合的重构能力。所以，系统应是模块化的，各组成模块具有自主的自适应的功能，以面向不断变化的产品及过程；同时系统还应具有可扩展性，可以在各种层次上与其他成员企业的质量系统集成。

（4）在网络化制造模式下质量信息分布在动态的、没有规律的和地理上相隔的合作伙伴中，通过分布式数据库系统及计算机网络实现质量信息共享和远程交互访问的能力，以便在质量活动中各功能模块或质量工作组协同工作与交流。

（5）质量系统中的信息管理和操作涉及不同的层次，不同的数据信息具有不同的权限，是对质量信息应用完善的安全防范机制。

网络化制造模式下，面向产品全生命周期的质量管理系统在计算机网络和数据库系统的支持下，不仅可以及时获得正确的质量信息，有效地实现对全过程的质量管理，而且使企业的全体人员以先进的、高效的方式参与全面质量管理，尤其是质量信息集成对组织创新及先进质量技术的集成、市场机遇和用户质量需求的获知、虚拟企业的组建及其成员企业之间的远程质量信息交互等，具有特殊意义。

3.4 NMPLCQMS 系统的体系结构设计

系统体系结构设计是整个系统开发过程中关键的一步。对于当今越来越庞大而复杂的系统来说，没有一个合适的体系结构，却想有一个成功的软件系统设计几乎是不可能的。不同类型的系统需要不同的体系结构，甚至一个系统的不同子系统也需要不同的体系结构。体系结构的选择往往会成为一个系统设计成败的关键。

3.4.1 NMPLCQMS 系统基本需求

基于前文对网络化制造模式特点、网络化制造环境下质量管理模式和质量信息的特点分析，网络化制造模式下面向产品全生命周期质量管理系统应满足如下要求：

（1）体现顾客需求驱动。顾客需求是质量管理的驱动力，在面向产品全生命周期质量管理系统中，以顾客需求为驱动应体现在：以顾客需求满意为目标组建虚拟企业质量管理组织结构；建立顾客需求获取、分析和综合的质量管理工具；将获取的顾客需求以质量目标的形式落实到产品全生命周期的各个阶段，从而驱动质量管理过程进行；在质量活动执行过程中利用各种质量管理工具及时收集和处理各类质量信息，从而在产品的整个生命周期满足顾客需求。

（2）实现虚拟企业质量管理的过程集成。这体现在一方面应实现与产品质量形成有关的，起始于顾客需求获取和分析，经过设计、制造、销售与分发、技术支持与服务、售后等环节，又回到顾客需求获取和分析这一质量形成全过程的过程集成；另一方面实现与质量形成有关的信息流和工作流在虚拟企业质量保证体系中自上而下和自下而上的组织集成。

（3）提供面向产品全生命周期的质量管理工具集。虚拟企业质量管理过程涵盖了产品生命周期中市场调研、用户需求获取和分析、产品设计与开发、制造、检测、销售和分发、技术支持与服务等阶段，在每个阶段中，质量活动的具体执行都需要相应的质量管理工具的支持。因此，系统应提供面向产品全生命周期的质量管理工具集。

（4）系统柔性和可扩展性。在网络化制造环境下，面对动态的企业环境，质量管理系统应具有动态重构能力，即在不影响系统连续运行的前提下，能够根据企业环境的变化，质量管理过程的变化，快速调整系统基础框架与业务处理机制，完成系统自身的重新配置，以适应系统在新的企业环境中运行的需要。因此，可根据企业环境，进行质量过程建模、过程定制实现系统的柔性，并通过质量管理工具集的扩展实现系统应用的扩展。

（5）支持分布式、异构环境。在网络化制造环境下，成员企业地域上的分散性，操作平台的差异性，要求虚拟企业的全生命周期质量管理系统应不受异构环境的影响。因此，系统必须建立在分布式结构的基础上，通过引入计算机技术，采用分布式网络数据库等先进的信息管理技术，精心规划和设计质量信息模型和数据结构是实现系统分布性与统一性的根本保证。

上述需求是建立系统体系架构和系统运行机制的基础，由此构成了网络化制造模式下面向产品全生命周期质量管理系统的技术体系。本书的后续内容将对这个技术体系中的系统体系结构进行研究。

3.4.2 NMPLCQMS 系统的体系结构

面向产品全生命周期质量管理系统的体系结构是一个多层次、分布式的开放体系结构，其主体是质量管理系统多库结构的设计思想，既建立系统的数据库、模型库、知识库、文本库及相应的管理系统，以此为基础，通过资源和信息共享，针对具体应用，建立相应的系统应用模块。系统应用模块中的质量管理工具将贯穿于市场需求分析，产品设计、过程开发、采购、生产准备、制造、质量验证、包装与储存、销售与分发、安装与运行、技术支持与服务、售后、用后处置等生命周期的各个环节，从而体现出集成化的思想和概念。

由于 B/S 模式具有开发、维护、使用方便、易于实现跨平台使用的优点，但是在 B/S 结构模式中，交互性、响应速度及数据传输速率方面都比 C/S 结构模式差，这就限制了在 B/S 模式系统中不利于实现质量协同设计这样的大数据量的操作。根据 C/S 与 B/S 结构本身的不足和优点，结合本系统的实际情况，本书提出了采取 B/S 与 C/S 结合的体系结构。在本书开发的系统中，参照东北大学先进制造研究所网络化制造实验室提出的网络化集成制造平台的结构模型，其总体结构设计如图 3-6 所示，分为用户层、应用层和支持层三个层次。

（1）用户层。是为了满足网络化制造模式下面向产品全生命周期质量管理相关人员访问质量信息系统而建立起来的通用用户接口。

（2）应用层。系统应用层包括面向产品生命周期质量管理的工具集和 Web 服务器，其中质量工具集封装在 Web 服务器中。质量管理工具包括：VOC 工具、QFD（Quality Function Deployment，质量功能配置）工具、FMEA（Failure Mode and Effection Analysis，失效模式与故障分析）工具、质量规划、工序质量控制工具、关键工序异常诊断工具、用户服务质量信息获取工具、远程用户产品质量问题服务工具等。这些工具覆盖了产品全生命周期的主要阶段，综合考虑了产品全生命周期相关质量的影响因素，在系统应用层的控制下为产品生命周期各阶段提

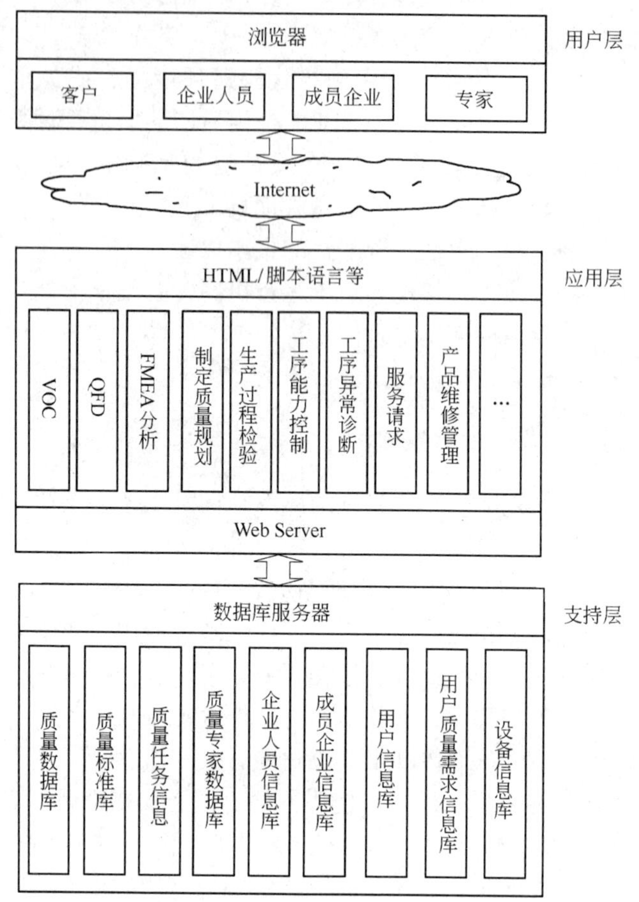

图3-6　系统体系结构

供了有效的质量管理和质量控制技术支持。

（3）支持层。系统支持层是网络化制造模式下面向产品全生命周期质量管理系统运行的基础。它包括质量数据库和数据库服务器，其中质量数据库包括：质量数据库、质量标准库、质量任务信息库、质量专家库、设备信息库等。通过提供系统运行必需的网络连接、数据访问、数据存储等支持，使得跨平台的分布式操作成为可能。

其中应用层是网络化制造模式下面向产品全生命周期质量管理系统的核心，是本文后续章节研究的重点。

3.4.3　NMPLCQMS系统结构层次分析

网络化制造模式下面向产品全生命周期的质量管理系统的设计参考了J2EE

(Java 2 Enterprise Environment) 标准应用模型，采用了分布式组件结构，具有很大的灵活性。J2EE 是一种功能完备、稳定可靠、安全快速的企业级计算平台，它由多种基于 Java 的技术组成：Enterprise JavaBeans (EJB)，JavaServer Pages (JSP)，Servlet，Java Naming and Directory Interface (JNDI)，the Java Transaction API (JTA)，CORBA，and the JDBC Data Access API 等。

J2EE 技术为设计和部署质量管理系统提供了一组完整的参考模型，系统层次结构包括四层，分别为客户层、请求接收层、应用逻辑层、资源层，如图 3-7 所示。

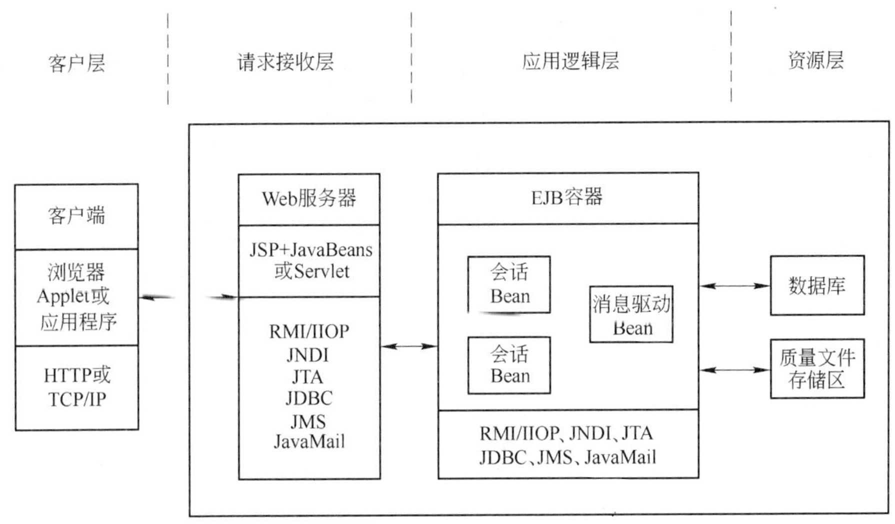

图 3-7 系统层次结构

(1) 客户层（用户界面设计）：是个性化定制及协同设计系统同用户的交互界面，具有动态交互、请求服务能力。

(2) 请求接收层：主要将客户层的请求转交到业务层，因此可以不考虑系统业务的实现细节，也往往作为登录管理，会话管理等服务的网关。一般用 JSP/Servlet 来实现。

(3) 应用逻辑层：实现所有产品质量管理过程的实际处理逻辑，包括多个服务组件（可重用可编程组件），例如文件上传下载组件、图纸浏览发布组件、协同设计过程管理组件、信息通讯组件、数据管理组件等，可执行相对应的功能任务。这些服务组件负责处理请求接收层传过来的客户请求并对它进行处理，同时将处理后的请求结果返回给请求接收层，如果需要的话还需要将处理结果交给资源层进行存储。一般由 EJB 中的会话 Beans 和消息驱动 Beans 实体 Beans 来实现。所有的业务逻辑均封装于 EJB (Enterprise JavaBeans) 组件中。

（4）资源层：资源层由数据库和数据存储区两部分组成。主要是为业务逻辑层提供数据服务。数据库存放用户企业的质量数据（用户信息、质量信息、任务信息等）和系统平台向用户提供的常用技术资料。为了满足用户的质量设计需求，将质量设计产生的大量文件数据、图档数据存储到客户数据存储区。

3.4.4　NMPLCQMS 系统结构特点

从上述对网络化制造模式下面向产品全生命周期的质量管理系统体系结构和层次结构的分析和描述中，可以发现系统具有如下特点：

（1）整个系统采用 B/S 与 C/S 结合的逻辑结构，并使用 J2EE 技术构建。

（2）采用 Java 语言编写，具有跨平台的优越性。

（3）资源层（服务器端）：用于完成质量数据的存储和读取，质量数据的备份、恢复、镜像以及质量数据的分布式部署，该层以大型数据库作为支撑。

（4）应用逻辑层（中间件层）：完成各种数据计算、分析等处理，运行 EJB 容器中，可以进行灵活的部署与扩展。

（5）请求接收层（Web 层）：利用 JSP 编写，用于处理用户输入输出界面，完成了与客户的交互过程。

4 基于计算机支持协同工作技术（CSCW）的协同质量设计

在机械产品制造业中，产品的质量设计是产品制造的整个生命周期中最重要的阶段。工业发达国家多年来的实践与统计分析表明，对于大型复杂的产品，导致设计不合理（或不满足用户需求）的原因质量设计占40%，制造占30%，还有30%是由于设备、操作者等因素造成的。据估计，产品成本的70%以上取决于产品的质量设计。

随着计算机网络技术的快速发展，产品制造向网络化、全球化的分布式制造模式转变。因此，产品质量设计的范围也不限于本地、本企业，而是扩大到异地、动态的虚拟企业。因此，构造一个支持跨部门、跨地域协同工作的质量设计系统是十分必要的。

因此，本书以计算机支持协同工作（Computer-supported collaborative work，CSCW）技术作为协同环境平台，构建基于 CSCW 质量设计平台，支持复杂产品的多模式协同质量设计要求，以提高产品质量设计的智能化、协同化和实用化水平。

4.1 产品的质量设计

质量设计是形成产品质量至关重要的阶段，是产品质量的源头。产品设计是制造业的灵魂，而产品设计思想和设计技术又是先进制造技术体系中的首要技术。这是因为产品的结构、性能、质量、成本、交货时间，以及产品的可制造性、可维修性、人机关系等因素都在产品设计阶段形成，且产品设计决定了产品生命周期成本。因此，产品设计思想和设计技术的创新应当成为我国制造业吸纳先进技术的重要环节。

4.1.1 质量设计与设计质量

质量设计是指在产品设计过程中，对一个产品提出质量要求、确定产品的质量水平（或质量等级），这是产品质量设计中带有战略性或全局性的一环；还要合理地选择主要的性能参数，规定各种参数的经济合理容差，或制定公差标准和其他技术条件。无论是老产品的改进，还是新产品的开发，都要经过质量设计这个过程[101]。

设计质量，是指产品设计阶段各项工作的质量。如果按照产品从顾客需求出发，通过产品的策划阶段，产生产品概念，然后进行产品设计和工艺设计，继而进入制造阶段，最后进入销售和售后服务的全过程来看，涉及阶段是介于新产品策划和制造阶段之间的一些工作，具体就相应地产生市场调研的质量、产品策划的质量、产品设计的质量、工艺设计的质量、生产制造的质量、产品质量、商品质量、服务质量等。其中，产品质量是生产制造过程的产出，而商品质量是通过收钱服务、产品说明书以及产品功能质量的体现，让用户感受到的质量。也就是说，商品质量是用户实际感受到的质量，评价标准是用户对该产品的质量预期[102]。

产品质量设计时在确定产品概念之后，确定具体质量特性水平。产品的设计质量是质量形成过程的一个中间状态，是质量管理的对象之一。如果利用质量表来描述可以发现，产品质量设计是根据产品质量策划后，根据企业市场战略定位、质量定位、企业发展目标和竞争对手的质量特性水平，取定具体质量特性水平的活动，如图 4-1 所示。

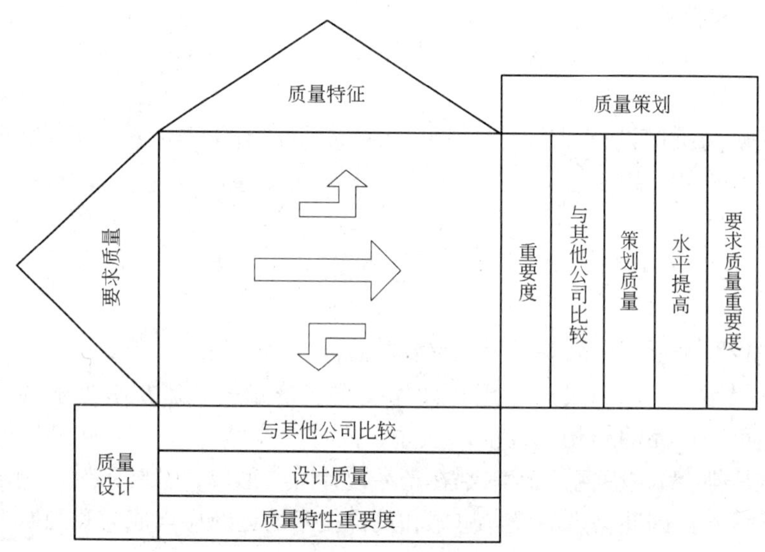

图 4-1　质量设计与设计质量的关系

其中，设计质量具体可分为产品设计的质量和工艺设计的质量，前者影响着产品是否全方位实现了策划的概念。优秀的产品设计在体现产品概念的前提下，便于工艺的设计，便于生产制造，便于安装和使用，便于售后服务，便于用户使用和日常维修保养。

质量设计就是运用科学的方法准确理解和把握顾客需求，对新产品/新流程进行稳健性的设计，使产品/流程在低成本下实现顾客满意的质量水平，同时使产品/流程本身具有抵抗各种干扰的能力[103~105]。

从技术角度来说，设计质量决定了产品的固有质量。从产品研制和生产的时间序列来看，产品设计、工艺设计、生产控制各阶段对产品质量的影响是不同的，图 4-2 形象地说明了对产品质量影响最大的是产品的设计阶段，其次是工艺设计，再次是生产控制。因为一旦产品图纸和技术规范形成后，固有质量已基本形成；其后的工艺设计是为保证设计要求的实现，生产控制则是为了达到技术规范的要求，在此阶段几乎没有进一步提高产品固有质量的可能。日本著名质量工程专家田口玄一先生指出，“当然是线外重要，它能解决 70% 的质量波动，线内不过是劳务问题”。“线”是指生产线，线内是指生产质量控制，线外是指产品设计开发中的质量控制与管理。因此，质量问题，发现的越早，付出的代价越小；而越晚，则付出的代价越大，必须在产品开发的前期，考虑所有的质量问题。将资源向产品生命周期的上游推进，就会在下游得到回报。

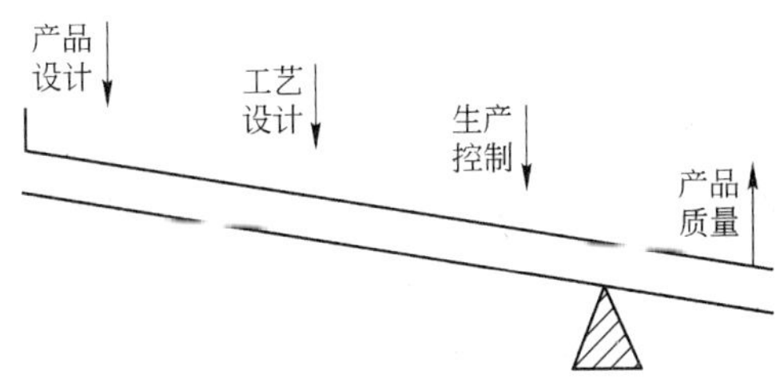

图 4-2 质量杠杆图

从经济角度来说，改进活动启动越早，预防成本就降得越低。产品成本的 70%~80% 取决于产品的设计[106]，据国外调查统计，如果某个质量问题在设计中被发现，及时采取措施进行改进的代价是 1 美元的话，在产品生产阶段被发现，采取纠正措施进行质量改进的代价可能就是 100 美元；如果是在出厂检验时才被发现，这是采取措施的代价将要花费 1 万美元；如果甚至在顾客使用时发生了质量事故，这时解决问题的代价将要达到 10 万甚至上百万美元。所以，质量设计就是在产品/流程设计一开始就找缺陷，将一切可能的质量问题消灭在萌芽状态。

4.1.2 质量设计的产生

质量设计最早起源于 20 世纪 70 年代日本学者田口玄一先生所创立的以正交试验设计和信噪比设计为工具的三次设计法，即系统设计、参数设计和容差设计。三次设计就是一个宏观的质量设计过程模型[107,108]。

自 20 世纪 70~80 年代初，在日本实施产品质量管理推广方法以来，出于产品质量的显著提高引起了欧美各工业发达国家的关注，美国、西欧的企业界、学术界在吸收日本的田口方法、新七种质量管理工具等技术的基础上，结合美国工业界普遍采用的试验设计、可靠性技术、优化设计、CAD 和 CAE 等理论和技术，又成功地发展了制造阶段减少质量波动的方法，丰富和发展了的三次设计方法，于 80 年代末初步形成质量设计方法体系[109]，其指导思想是，以提高产品质量（同时考虑成本）为目标，在标准化、程序化管理模型的基础上，在设计的不同阶段引入相应的质量工具与办法。它是一个开放型方法体系，只给出了设计目标，并未限定具体的方法，凡是能够有助于提高产品质量的任何方法与工具，都可纳入该体系中。

20 世纪 80 年代形成的质量设计工程，与最初的田口方法相比，在系统设计阶段，采用了顾客需求（Voice of Customer，VOC）、质量功能展开（Quality Function Deployment，QFD）和故障模式与影响分析（Failure Mode and Effect Analysis，FMEA）等方法作为参数设计的先导步骤[109]。在参数设计阶段，除了原有的试验设计法之外，模型分析法也逐渐成为重要的质量设计方法。相关性分析所谓试验设计法，是以统计学中的方差分析和回归分析等为基础的方法，主要包括田口方法，实验设计。模型分析法则是在计算机技术、优化技术的基础的上，利用工程模型而逐渐形成的质量设计方法[110]。最典型的就是基于有限元分析（FEA，Finite Element Analysis）的 CAE 技术。模型分析法体现了设计过程数字化的基本特征，重视工程应用软件的开发与数据库、知识库的建立，实现设计模型与制造模型的衔接，采用公共的 CAD/CAE 软件平台。

20 世纪 90 年代以来，并行工程的应用又为质量设计技术注入了新的思想，许多学者提出了质量设计不仅要面向功能客户需求，而且也应面向制造、装配、维护和经营管理，实现产品全生命周期的质量设计，即面向质量的设计（DFQ，Design for Quality）[111]，有的学者也称之为并行质量工程或者保质设计。德国著名教授 Krause[57]将 DFQ 的实施策略具体化为，质量驱动的集成产品开发（IPD，Integrated Product Development）或集成产品与设计（IPPD，Integrated Product and Process Design）[112]的形式，它强调产品开发的每一个阶段实施相应的质量方法和工具来增强质量保证的可能性，使设计阶段综合考虑到一切与质量有关的活动，将质量管理与控制活动融入产品开发中保证设计的完善性，但思想表述的是粗略系统框架，许多具体的理论方法问题未见进一步的研究报道。在国内，西安交通大学、浙江大学和清华大学业已作出了一定的研究。

综上分析，质量设计在产品设计阶段已初步形成了较系统的理论方法体系。但是在工程应用的方面较为薄弱。

4.1.3　面向用户的质量设计

质量设计是产品质量形成的关键环节。理论和实践证明，产品质量形成的全过程始于开发设计。产品设计决定了产品的先天和内在质量，并且传递、影响到产品制造、使用等后续过程，是形成产品质量至关重要的阶段，是产品质量的源头。

传统的设计活动，设计过程缺乏各方面的参与，特别是用户的参与，企业缺乏“以用户为中心”的观念：设计过程与制造过程脱节，有关各部门、人员之间缺乏及时的交流与反馈，易致产品质量难以得到保证以及企业缺乏竞争力。

面向用户的质量设计在传统的设计观念基础上，运用并行工程思想，把设计过程放在产品的整个生命周期过程中统一加以考虑，以质量联结器，围绕“如何把质量设计到产品及其全生命周期过程中去”这一宗旨，每个环节的代表，如工艺员、采购员、销售员、质量管理员等都要参加到设计工作中来，特别是需要用户的积极参与，因为他们是产品的最终接受者。设计过程不再是个简单的、具有明确界限的串行工作，在有效的信息前馈、反馈、协调下，多方面交互进行，从而提高产品质量、降低成本、缩短开发周期。

4.1.3.1 面向用户的产品质量

产品存在的前提条件是满足用户（或社会）的某种需求。产品必须通过竞争才能到达用户手中，才能真正发挥其预期的作用，这才是产品存在的真正意义。在这一竞争中，产品的质量是吸引用户的关键因素。要提高产品的竞争力，提高产品的质量、保证产品全面满足用户的需求是企业必须考虑的重要问题。因此，当前条件下的产品质量概念实质上是一种面向用户的质量，其内容应该包括以下几个方面：

（1）性能。即产品满足一定用途（使用目的）所具备的功能的反映，一般用一定的技术指标来表示。在产品的各项性能中，运行性能是产品在运行过程中所表现的外在特性，它与用户需求有着最直接、最密切的关系。产品的运行性能指标应该针对具体的用户需求来提出。在竞争形势下，运行性能不应只满足于达到用户的要求，而是要考虑合理的发展和提高。

（2）经济性。过去对产品质量的考虑主要是侧重于其技术性能。这种思想已难以适应市场竞争的要求，在当前形势下，产品的经济性也应作为产品质量考虑的重要指标之一。使用产品可创造的价值或投资收益率则是在当前形势下用户更为关心的问题。

（3）可靠性。即产品在规定时间内和规定条件下，完成规定功能的能力。可靠性反映了产品性能的持久性、精度的稳定性、耐用性，是在使用过程中逐渐表现出来的时间质量特性。特别对于机电产品，可靠性是使用过程中主要的质量指标之一。可靠性常用可靠度、故障率、平均无故障工作时间等指标表示。

（4）寿命。即产品在规定的使用条件下完成规定功能的总工作时间，常称为使用寿命。从科学技术发展的角度来看，产品的使用寿命并不是越长越好，因而需要区别产品的使用寿命与“技术寿命”。在科学技术迅速发展的今天，产品的技术寿命越来越短。因此，追求很长的使用寿命是没有必要的，理想的做法是使产品的使用寿命与技术寿命尽可能一致。

（5）安全性。即产品在流通和使用过程中保证人身安全的程度。一般来说，对产品的安全性的要求是十分严格的，往往作为关键特性而需要绝对保证。

（6）外观形态。指产品的外形、尺寸、美学、造型、装潢、款式、风格、色彩、包装等。这一方面的特性与用户的个人喜好具有密切的关系。

（7）环境适应性。一是指产品适应其使用环境条件的能力，包括对资源的要求、对气候条件的适应性、对运行环境的要求、不同国度、地区、城乡等条件对产品的影响等。第二个方面是指产品对环境的影响，如噪声、废气、粉尘等。这一方面的要求不应仅仅停留在满足相应法规的水平上，而是应尽可能使其影响最小。

（8）人文特性。即产品对用户和社会环境的要求，包括用户的基本情况、当地的民族传统与风俗习惯、地方法规、用户个人的特殊喜好等，它们常常影响到用户对产品的选择。

（9）竞争性。竞争性是指本产品与市场上现有产品相比较所具有的独特特征。一方面表现为产品的创新性所在，另一方面表现为本产品在一些其他指标上明显优于其他产品。

（10）环保性。首先必须考虑产品整个生命周期可能对环境造成的影响，达到环境污染最小化；其次，要保证资源和能源的充分利用，提高产品的可回收性；再次，从综合企业追求经济利益的本质来考虑。

以上是从用户角度考虑的产品质量特性，这里称之为面向用户的质量。这10项内容比较全面地描述了用户对产品质量要求的各个方面。分析各方面的质量特性所包含的内容，可以把它们归纳为四个大的方面，即技术性质量（含性能、可靠性、寿命、安全性）、经济性质量、市场适应性质量（含竞争特征、外观形态、人文特性）和环境适应性质量。这些方面都会直接反映用户需求，是产品的整体质量特性。为了在产品的设计制造中进行质量控制，必须结合产品的特点和设计制造条件，把这些质量特性转化为设计制造过程中可以直接进行控制的规范要求与技术参数，以便全面保证用户质量特性的实现。

4.1.3.2　面向用户的质量设计

从工程设计的角度看，产品开发的根本任务包括两个方面，即产品设计与产品质量设计。它体现了制造业的两大本质内容“做什么”和“怎么做”。产品设计解决“做什么”的问题，目标是设计出能够满足顾客质量要求的产品。与之相关的质量设计称之为产品质量设计。产品质量设计是，在产品设计中对产品提出质量要求。主要包括两个方面的内容：

（1）确定产品的质量水平或质量等级，即确定产品所需的质量。质量水平的确定，首先要考虑客户的要求即产品的适用性，同时也要考虑企业的生产能力和经济效益。这是带有确定产品战略性的一环。

（2）合理确定产品的主要性能参数的经济合理的容差，或制订公差标准和其他技术条件。

产品质量设计是设计过程中质量管理的关键一步。产品设计质量不好，达不到用户的要求，就谈不上经济效益的问题。在同时考虑产品技术和社会方面的影响，探讨面向用户的产品质量设计中应考虑的几个问题。

A 用户需求分析

如前所述，对产品的质量要求可归纳为技术性质量、经济性质量、市场适应性质量及环境适应性质量四大方面。在市场经济条件下，产品开发的高质量、多品种、小批量、更新换代周期加快、追求个性化的特征越来越明显。以全面满足某类用户的需求为出发点，以扩展质量要求为目标，已成为现代产品开发的必然趋势。因此，上述对产品质量要求的四个方面必须针对具体的用户群来确定，对用户群的需求分析已成为开展产品质量设计的前提和基础。

用户需求可以是用户自己提出来的，也可以是企业根据市场规划而确定的。在网络化制造环境下，企业主动开发市场，引导用户消费应作为企业产品开发的重要战略。因此，企业根据市场规划来确定用户需求应是用户需求的主要来源。最初提出的用户需求常常是多方面的或模糊的，是按用户或提出者本人的理解而描述的，但其中必然蕴含着对期望产品的主要功能需求，这正是产品开发的必要性和产品存在的意义。通过询问“为什么有这种需求”及“用产品去做什么”，可以找出对期望的产品的主要功能需求。在此基础上，再通过用户具体情况的分析进行必要的补充完善，便可以形成较完整的用户需求。

B 质量要求的内容

如上所述，产品的质量要求可分为技术性质量、经济性质量、市场适应性质量及环境适应性质量四大方面。前面所提出的面向用户的产品质量的 10 项内容可分别归入这 5 大方面。下面即对这 5 方面的内容具体予以叙述。

（1）技术性质量要求。技术性质量要求是质量要求的所有内容中最为主要的部分，它包括了产品的性能、可靠性、寿命、安全性等四个小项，其中最为主要的是产品的性能。一个新产品的性能能否满足用户的要求，是决定该产品能否存在的关键问题。产品的技术性质量要求与用户使用产品的目的关系最为密切，同时还与用户所在的地区特征、用户的经济背景、文化层次及其他特殊需要有一定的关系。一般来说，用户对产品性能的满意程度是随着产品性能值的增加而增加的。对于三种不同类型的性能（即：基本性能、期望型性能、意外型性能），用户满意度随产品性能值的增加而增加的程度不同。

（2）经济性质量要求。产品的经济性质量要求是指产品寿命周期总消耗费用的大小和使用产品可创造的价值两个方面。总消耗费用的大小是指实际支出的多少，主要包括产品的成本、使用及维修消耗、制造及使用资源的消耗等。而使用产品可创造的价值则是指使用该产品所得到的产出物的市场价值。由于高消耗、高产出或低消耗、低产出的产品并不一定是用户最为欢迎的产品，因此，产品的经济性质量要求可以用下式表示，对于以生产为目的的产品来说，其经济性可以用使用该产品的收益率来评价。

（3）环境适应性质量要求。环境适应性质量要求主要包括两个方面，一方面是指产品使用过程中对环境的要求，包括环境温度、湿度、含尘量、特殊资源供应等等；另一方面是指产品使用时对环境的影响，包括排出物、振动、噪声、热量等等。一般来说，对产品的环境适应性质量的要求是：在产品的使用过程中对环境的要求越宽松越好，而产品使用时对环境的影响越小越好。前者是扩大产品用户群的重要措施之一，而后者则是符合国家环保方面的有关法律法规的必然要求。产品的环境适应性质量要求与用户所在的地区特征、用户使用产品的目的具有密切的关系，同时还与用户的文化层次和其他特殊需要有一定的关系。

（4）市场适应性质量要求。市场适应性质量要求包括有关产品的市场法规、产品的外观形态、包装运输、供货、销售价格、人文特性以及产品的竞争性特征等方面。这些方面主要与用户的文化层次及地区特征有比较密切的关系，另外还与产品的使用目的、用户的经济背景和其他特殊需要有关。值得一提的是，即使在具有相同特征的用户群中，由于个人的爱好有所差异，对产品的风格、外观形态及色彩也有不同的要求，因而成为用户对产品的个性化要求最为突出的方面。在市场竞争日趋激烈的今天，特别要分析可能的竞争对象的特征，明确产品自己的竞争性特征，以求在市场中占有自己的地位。在产品的设计过程中，对用户在市场适应性方面的要求要予以充分重视。

（5）环保质量要求。环保质量要求，首先在产品的整个生命周期内，要基于环境净化能力和 ISO14000 标准考虑产品的功能、性能、质量和成本。考虑产品应有的环保属性，然后考虑产品应有的基本属性。其次，在设计上应尽可能保证所选资源和能源在产品的整个生命周期内最大限度地被利用，以使非预期产出（如废气、废水、废渣等）达到最小，接近“零排放”。最后，要充分考虑产品一级各种材料、能源回收再利用的可能性、回收处理方法、回收费用等同产品回收有关的一系列问题。

4.1.4 网络化制造环境下的协同质量设计

在网络化制造环境下，产品的质量已经涉及到产品的整个生命周期。这一周期大体上可分为三个大的阶段，即产品规划阶段（主要是市场调研与分析、产品开发立项）、产品形成阶段（设计、制造与检验）、产品使用阶段（销售、使用、服务及回收）。这些阶段都与用户有着密切的关系。前一阶段以确定合理的用户与社会需求为目标，第二阶段以已确定的需求为基础，形成满足需求的产品，后一阶段则是用户需求是否得到满足的实际检验。

目前，制造企业对第二阶段的质量往往都比较重视，产品开发过程中的质量管理大多是针对这一阶段而进行的，对市场调研和用户需求的分析、产品使用过程中的质量问题重视不够，结果造成所开发的产品用户不愿用、使用时不好用，严重影响了产品在市场上的竞争力。

网络化制造模式下，产品制造向网络化、全球化的分布式制造模式转变。产品质量设计应不受地理位置的约束限制，不仅限于本地、本企业，而且扩大到异地、动态的虚拟企业。因此，从产品整个生命周期来看，迫切需要构造一个面向用户的、支持跨部门、跨地域协同工作的质量设计平台，是确保产品在使用过程中所表现的质量特性满足用户的要求、提高产品竞争力的关键所在。

4.1.4.1 协同质量设计的基本概念、内涵与特征

协同技术一直是国内外学者研究的热点问题，关于协同技术的研究也成为各国网络化制造发展的战略。而协同技术至今还没有一个权威的定义，但人们普遍认同下述观点，即为了完成某一目标或任务，由两个或两个以上成员（或称专家小组），通过一定的信息交换和互相协同机制，分别以不同的任务共同完成这一目标[121,122]。其特点：

（1）多主体性。是指协同活动由两个或两个以上专家参与的项目，而这些专家通常是相互独立的，各自具有领域知识、经验和一定的问题求解能力。

（2）协同性。具有一种协同各个专家以完成共同项目目标的机构，这一机构则包括各专家间的通讯协议、通讯结构、冲突检测和仲裁机制。

（3）并行性。该项目的目标和上下文是共同的，即各专家小组要实现的目标是共同的，而且他们所在的工作环境和上下文也是一致的。

（4）动态性。指参与协同的专家和专业领域的数目，是动态地增加或减少，而且协同工作的体系机构也是动态的、可变的。

（5）异地性。指专家协同工作小组是由不同的组织内、不同的地域内的专家组成，他们所在的位置，物理上可能是分离的。

基于以上协同技术的特点，为了很好地解决前面网络化制造环境下的质量设计所存在的问题，本书将协同技术引入 NMPLCQMS 系统的质量设计模块中，并提出网络化制造环境下的协同质量设计概念，是指分布在异地的顾客通过网络环境（包括 Internet、Intranet 和 Extranet）与网络化制造企业的质量设计人员，共

同参与同一产品的质量设计任务，使用不同的质量设计工具，在基于计算机的虚拟协作的共享环境中，承担相应的部分质量设计任务，与质量设计人员并行、交互、协作地进行质量设计，以最快的速度、最好的质量共同完成该产品的质量设计，最大限度地满足顾客需求。

根据 NMPLCQMS 的主要实施战略思想和网络化制造环境下的质量设计特点，协同质量设计的主要内涵有：

（1）协同质量设计是一个协同工作的过程。协同质量设计是指在计算机的支持下，各成员围绕一个产品的质量设计，承担相应的部分质量设计任务，并行交互地进行质量设计工作，最终共同完成该产品的质量设计。因此，协同质量设计可以纳入到 CSCW 的计算框架之中，将协同质量设计视为 CSCW 的应用，即各专家共同合作的质量设计过程。

（2）协同质量设计是一个通信处理过程。在这一过程中，通信与协调是最重要的问题。协同质量设计应遵循相应的通信规则，通信语言机制和规则有利于整个质量设计过程的通信监控。

（3）协同质量设计是一个知识共享和集成的过程。各个质量设计小组必须共享数据、信息和知识。各协同小组内部必须能共享质量知识和设计经验，还要能从其他小组获得共享的质量数据、质量设计信息和质量设计结果；各协同小组间应能相互传递对质量设计背景与目标的理解；各协同小组不单单是共享知识与信息，而且要把它们集成并产生新的观点和方案。

（4）协同质量设计是一个管理过程。这一观点强调了在协同质量设计中的管理任务，如规划、监控、协商、调度和决策支持。规划考虑要执行任务的协同性，监控则考虑如何实现这些目标的决策。

基于协同质量设计概念的建立及其内涵的分析，除了具有协同技术的特点外，还具有如下特征：

（1）以“顾客”为中心。以“顾客”为中心是 NMPLCQMS 系统的核心思想，这在协同质量设计中可得到充分体现。顾客通过协同质量设计提供的基于计算机的虚拟协作的共享环境，与网络化制造企业的质量设计人员进行功能需求、技术需求的交互，最大限度地满足了顾客需求。

（2）支持面向产品全生命周期的并行质量设计。协同质量设计提供的基于计算机的虚拟协作共享环境，产品设计、工艺、制造、销售、服务与维修等生命周期的各职能部门可以不受地理位置的约束，进行协同质量设计，从而实现了把质量设计到产品及其全生命周期过程中（即在设计阶段就考虑产品全生命周期的质量问题），从而减少因制造、维修等环节的质量问题而进行的重复性设计修改。

（3）动态性。协同质量设计的动态性主要表现在两方面：一方面参与质量过程的成员企业是根据市场机遇动态重组的，另一方面多功能质量小组也伴随着市场机遇和产品对象而组建或重组，并伴随产品对象的消失而解体。

（4）分布式、异构性。网络化制造环境下，顾客与成员企业之间、成员企业本身在地域上是分散的，而彼此的工作环境也是异构的，所以也就决定了协同质量设计具有分布式、异构性的特征。

4.1.4.2 协同质量设计的意义

目前，一些企业在一定程度上实现了计算机辅助质量设计，如质量策划、QFD、FMEA 等软件，并进行了一定的推广和应用，确实简化和改进了质量设计过程。但是，由于它们只是针对企业内部的设计部门或其他职能部门，并不能完全实现面向产品全生命周期的质量设计，尤其在网络化制造环境下，生产的网络化、分散化，这些软件根本无法满足网络化制造的需求。

因此，网络化制造企业需要将产品生命周期的各个职能部门有机的、系统的结合到一起，实现面向产品全生命周期的质量设计，并能有效地加以管理。在此机制下，不但产品开发时间能大幅缩短，节省可观的资源，而且企业也能更紧密地结合上、中、下游各环节之产品开发体系，缩短反应时间，有效控管生产资源，进而增强市场竞争力。

协同质量设计是 NMPLCQMS 系统的核心模块之一，是网络化制造企业全面实现设计、制造和服务等全生命周期质量管理的重要组成部分。协同质量设计能够提高企业的敏捷性，快速响应不断变化的市场压力和竞争态势。所以，协同质量设计对于制造企业实现产品生命周期质量管理有着极其重要的作用：

（1）最大限度地满足顾客需求。协同质量设计一方面能够充分获得并分析顾客需求，同时顾客可直接参与产品开发人员共同完成产品的质量设计，可以在满足各种约束条件下选择顾客最满意的产品设计方案。

（2）面向产品全生命周期的质量设计。网络化制造企业通过 NMPLCQMS 系统的协同质量设计模块将设计过程与制造过程、销售服务等全生命周期过程紧密联系在一起，实现了网络化制造企业各部门、人员之间的及时交流与反馈。

（3）缩短产品开发周期。网络化制造企业应用 NMPLCQMS 系统的协同质量设计模块将设计、供应、制造、市场销售和服务等人员通过各种形式共享和分析产品质量数据，充分交流和协调工作，实现并行工程，从而减少因制造、维修等环节的质量问题而进行的重复性设计修改，从而使制造企业尽快将产品推向市场，获得投资回报。

（4）降低成本。NMPLCQMS 系统的协同质量设计模块使企业能够更有效地进行质量信息交互，最大限度地减少资源的浪费，从而降低设计、制造和管理过程中返工次数和废品率，提高产品质量和效率。

（5）提高产品质量。NMPLCQMS 系统的协同质量设计模块将质量设计覆盖到产品设计、工艺、制造等生命周期全过程，同时将企业各个相关职能部门有机协调起来，在设计阶段尽量考虑生命周期可能产生的质量问题，从而全面提高产品质量，增强企业市场竞争力。

4.2 计算机支持的协同工作技术（CSCW）

针对前面 NMPLCQMS 系统的分析和协同质量设计的需求，本书将计算机支持的协同工作技术引入 NMPLCQMS 系统中，使网络化制造模式下的质量管理系统，在构造上可以不受地理位置的约束，进行跨部门乃至跨企业的质量协同管理，从而实现企业间质量信息的共享。

计算机技术的发展把人类社会带入信息时代，随着信息化进程的深入，通信技术与计算机及其网络技术相融合，产生了一个新的研究领域——计算机支持的协同工作（Computer Supported Collaborative Work，CSCW），简称计算机协同工作，它是信息化进程发展的必然产物。

CSCW 代表一类支持用户群体以合作方式共同工作的计算机系统。人们在群体或组织中采用协调、互相合作的手段进行工作，目的在于完成其最高工作目标，诸如获得最大利润、生产优质产品和圆满完成设计任务等。

人们关心 CSCW 主要有以下几点：

（1）人们如何以小组（工作组）的形式工作；

（2）人们以小组的形式一起工作，做些什么；

（3）怎样将计算机和通信技术发展到支持人们完成共同的工作。

4.2.1 CSCW 的概念

计算机网络通信技术和多媒体技术的飞速发展，不但给社会许多领域带来了深刻的影响，也给计算机领域带来了新的机会和新的课题。德国斯图加特大学理论物理学教授赫尔曼·哈肯（Hermann Haken）在 20 世纪 60 年代研究激光理论的过程中，经过十几年的努力逐步形成了“协同学”的基本理论和观点。赫尔曼·哈肯教授本人还把协同学思想扩展到计算机科学和认知科学，在 1991 年发表了一本重要著作《Synergetics Computers and Cognition——A Top-Down Approach to Neural Nets》（协同计算机和认知——神经网络的自上而下方法），从而奠定了协同学的基础。

1984 年，美国 MIT 的 Irene Grief 和原 DEC 公司的 Paul Cashman 两位研究员正式提出了 CSCW 的概念[201]。这是他们在描述有关如何用计算机支持来自不同领域与学科的人们共同合作的课题时提出来的。我国清华大学史美林教授等[201]把“计算机支持的协同工作”定义为：地域分散的一个群体借助计算机及其网络技术，共同协调与协作来完成一项任务。它包括协同工作系统的建设、群体工作方式研究和支持群体工作的相关技术研究、应用系统的开发等部分。通过建立协同工作的环境，改善人们进行信息交流的方式，消除或减少人们在时间和空间上的相互分隔的障碍，节省工作人员的时间和精力，提高群体工作质量和效率，从而提高企业、机关、团体、乃至整个社会的整体效益和人类的生活质量。

CSCW 是一个多学科交叉的研究领域。不仅需要计算机网络与通信技术、多媒体技术等计算机技术的支持，还需要社会学、心理学、管理科学等领域学者共同协作。计算机协同工作将计算机技术、网络通信技术、多媒体技术以及各种社会科学紧密地结合起来，向人们提供了一种全新的工作环境和交流方式。

可以从 CS 和 CW 两个方面来认识 CSCW 这个概念：在计算机技术支持的环境下（CS），特别是在计算机网络环境下，一个群体协同工作完成一项共同的任务（CW），它的目标是要设计支持各种各样的协同工作的应用系统。

CSCW 概念的引入，使计算机的工作方式发生了根本性转变。CSCW 作为一种群体工作和决策的新的手段，对于企业产品开发过程、组织管理、各部门的协调工作具有重要意义：

（1）各个开发人员不再受地理位置的限制，更加方便各个开发小组成员之间的交流和合作；

（2）可以更好地利用各种共享资源，各个设计人员和专家的设计知识；

（3）减少产品开发的周期，进而减少产品推向市场的时间；

（4）可以更加灵活的组织开发人员、管理人员，提高设计决策过程的效率和效果；

（5）让用户在开发过程中参与设计工作，可以提高客户满意度。

4.2.2 CSCW 协作理论

协作是 CSCW 的关键，群组协同效果的好坏直接取决于群组成员活动的协作。因此，必须进一步深入了解群体内成员间的协作模式，用以指导协同工作技术和方法研究。CSCW 中对群体协作模式的研究，是利用社会科学的研究成果，进行跨学科研究，概括出人类群体在信息社会环境下的协作模式，用于指导协同工作技术研究。

下面对 CSCW 领域中出现的四种协作模型进行分析，并运用 UML 建立其相关模型，通过分析比较，综合它们的优点，对一种通用的模型——扩展活动理论模型进行论述。这里使用 UML 的类图来描述模型的静态结构，它能够表示模型的各种类及类与类之间的关系[203]。

4.2.2.1　协调理论

协调理论（Coordination Theory）[204]是 MIT 协调科学中心的 Malone 提出的一种管理一组协同工作的活动及其相关性的科学。协同过程的组成元素包括共同的目标、完成目标需要执行的活动、活动的执行者以及活动之间的相关性。协调理论的主要研究内容是如何管理活动之间的相关性。

运用 UML 建立的协调理论模型如图 4-3 所示。

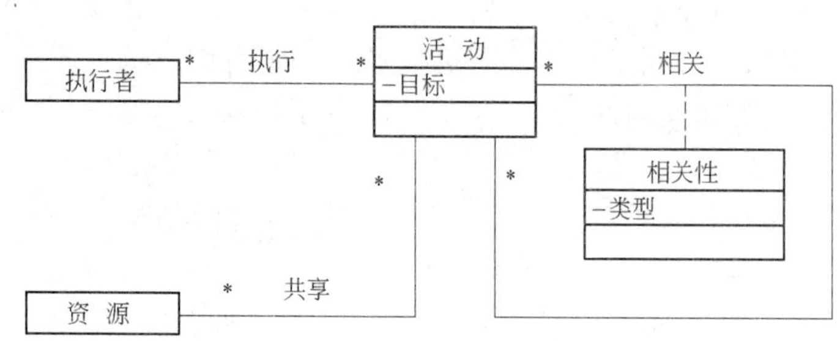

图 4-3　协调理论模型

4.2.2.2　活动理论

活动理论（Activity Theory）起源于 20 世纪 30 年代，最初提出该理论的是俄国精神学家 Lev Lygotsky，后来北欧的学者对活动理论加以修正，并进行了公式化的表述[205]。同时这一理论被应用到人机交互设计领域，并引入到过程建模中来。活动的组成分为项目、目标、规则、团体、任务划分、结果和工具。活动可视为人类从事某一事件的过程集合，即利用工具从某一项目出发，在目标的指引下，在相关规则的约束下通过团体，最后得出所需要的结果。一个活动可以包含几个项目，每一个项目可以有一个或多个动机。就其实际应用而言，“团体”相当于一个开发小组；而规则是表明小组成员如何与全局工作相联系，并限制其内部关系；任务划分则是如何将各种活动通过开发小组划分出去。

运用 UML 建立的活动理论模型如图 4-4 所示。

4.2.2.3　任务管理器

任务管理器（Task Manager）是针对协同工作的规范和管理而开发的一种工具。任务管理器的核心概念是任务。其基本思想是：为了完成某一任务，人们利用共享的文档或服务，并且通过交换信息来进行通信。

一个任务，从不同的角度，有不同含义：可以是一个项目；可以是具有相互

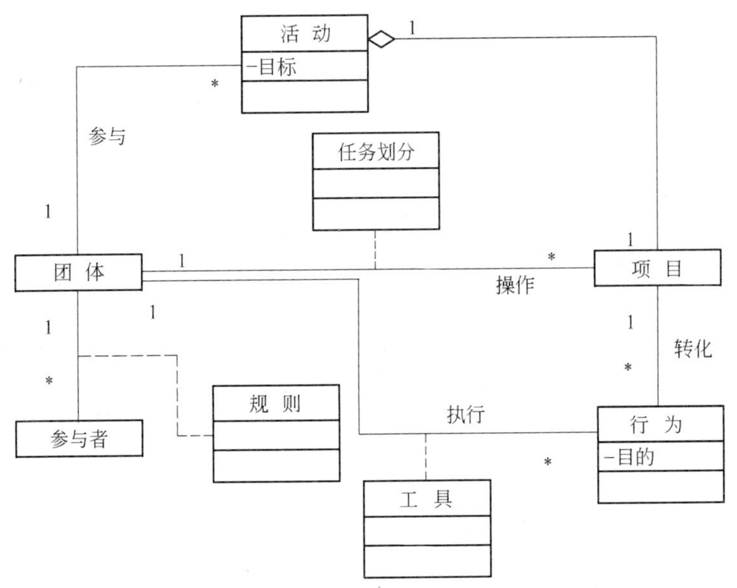

图 4-4 活动理论模型

依赖关系的子任务集；可以是文件夹，作为类似于子任务、文档和消息等共享目标的容器。

资源包括计算机化的资源和非计算机化的资源。前者是指参与同一任务的协同人员所共享的计算机化文档；后者是指类似于车间、机器等非计算机化的广泛对象。

根据不同人员在任务的执行过程中所起的作用不同，将任务管理器的人分为参与者和观察者两类。参与者对任务的属性、文档、服务和消息拥有访问权限；观察者只能浏览与任务相关的信息。参与者还可根据所拥有的访问权限不同，分为责任人和不同的协同工作者。所有相关人员都可交换电子邮件。

运用 UML 建立的任务管理器模型如图 4-5 所示。

4.2.2.4 面向对象活动支持模型

面向对象活动支持模型（Object-Oriented Activity Support Model，OOActSM）的目标是为 CSCW 系统提供集成框架[206]。

OOActSM 的核心概念是活动。一个活动就是一个结构化对象，它可能包含任意个子活动。活动由执行者来执行，执行者可能是一个人或一组人或自治 Agent。活动有上下文，它表示多种元素：一种是由活动创建或操纵的元素，比如文档；一种是用来完成活动的元素，比如工具或文档；一种是活动所牵涉其他的人员；一种是活动所需求的信息。

运用 UML 建立的面向对象活动支持模型如图 4-6 所示。

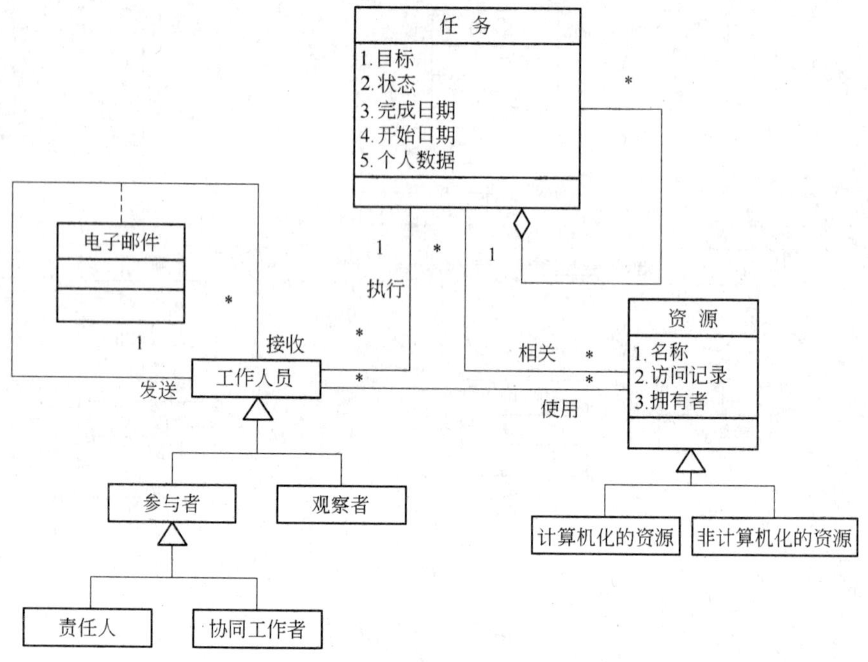

图4-5　任务管理器模型

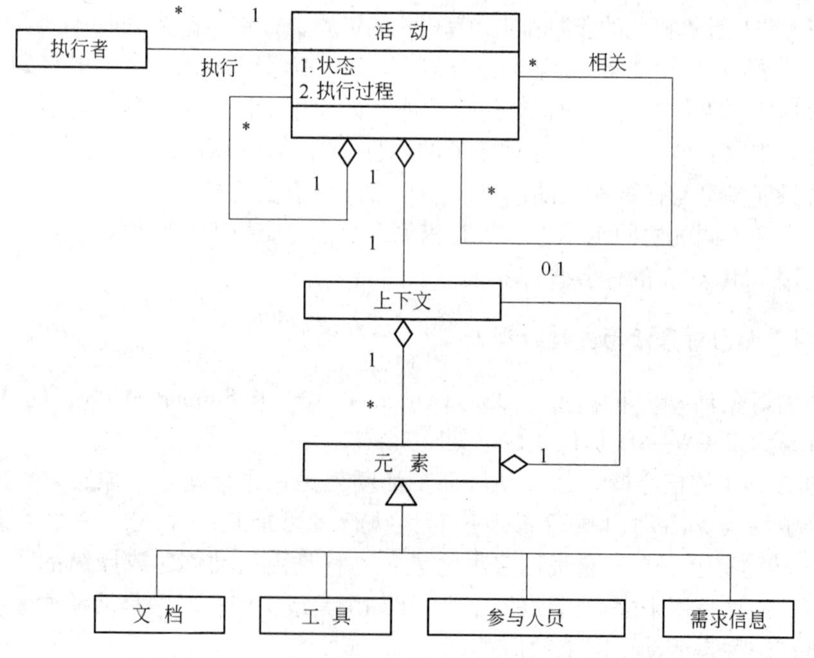

图4-6　面向对象活动支持模型

4.2.2.5 扩展活动理论模型

通过对上述四种模型的分析，可以看出，它们都包含四种基本概念：活动、执行者、资源和工具。同时，它们都有各自的优缺点。综合上述四种模型的优点，本书建立了一种对构建原型系统有指导意义的通用 CSCW 模型，并称这种 CSCW 模型为扩展活动理论模型。

运用 UML 建立的扩展活动理论模型如图 4-7 所示。

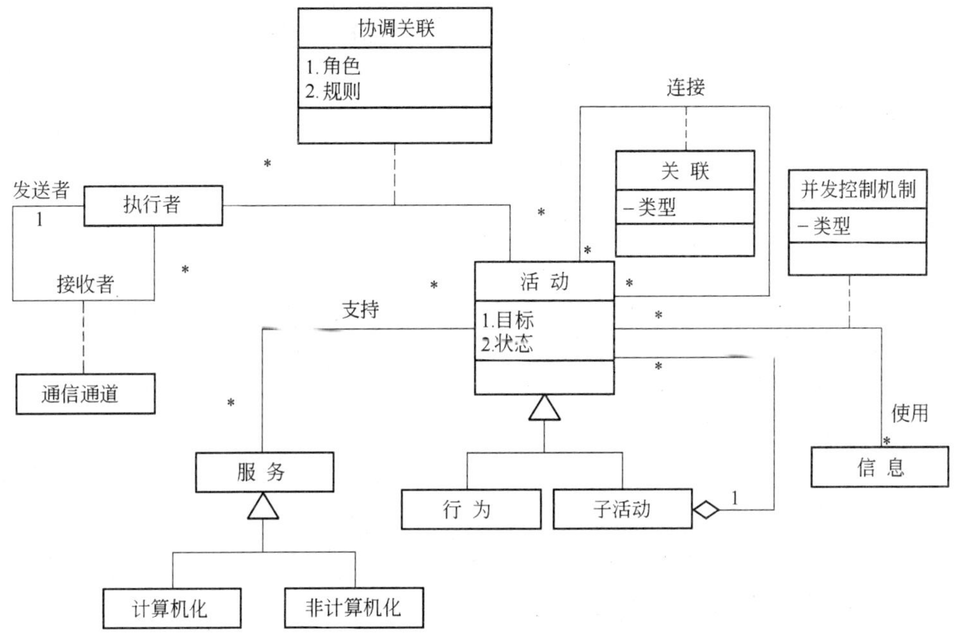

图 4-7 扩展活动理论模型

扩展活动理论模型主要包括四种基本概念：活动、执行者、信息和服务。另外，该模型通过指定的关系对这些概念进行连接，其中主要的连接关系是以活动为中心的各种关系。

活动是扩展活动理论模型的基本单元，它表示协同工作进程。其基本属性有目标和状态。一个活动可分解为多个子活动和行为。子活动能进一步分解，而行为是不能分解的基本单元。活动之间通过关联关系予以连接，这些关系包括：父子关系（包含关系）、顺序关系、同步关系等。

执行者是负责完成活动的实体。执行者在协作完成活动的过程中，通过通信通道交换各自的意见，这些通信通道包括：E-mail、电话会议、网络会议或者面对面交流。在交换意见的过程中，执行者的角色将发生改变：发送意见的称为发送者，接收意见的称为接收者。另外，在协作活动和执行者之间建立一种称为协调关联类，该类的属性主要包括角色和一系列的协调规则。

信息表示活动所涉及的任何一种电子数据，比如文档、消息或数据库记录等。通过并发控制机制来处理多个活动同时访问同一信息的情况。服务表示任何一种支持活动执行的计算机化或非计算机化的服务。

4.2.3 CSCW 系统的体系结构

根据前面 CSCW 理论模型的分析，CSCW 系统实现上述协同工作模式的重要手段就是构建相应的 CSCW 环境，而 CSCW 环境往往是由相应的 CSCW 工具组成的。CSCW 基本工具可归类于 4 个层次：通信层、信息层、协同工作层以及应用层，如图 4-8 所示。

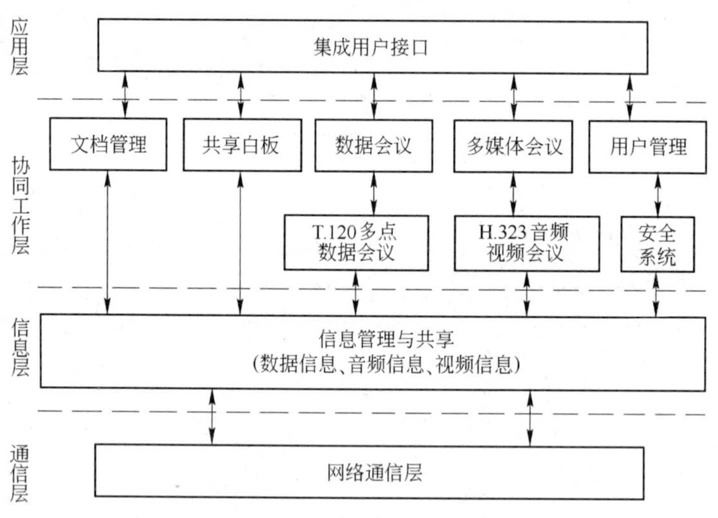

图 4-8 CSCW 系统框架

（1）通信层为协同质量设计人员对某一产品进行多方协同工作或决策时提供了异步通信工具和同步通信工具集，实现异步的产品浏览与批注、召开计算机会议、BBS 等。

（2）信息层在产品设计开发的全过程中，能记录设计的进程并允许协同设计人员很容易查阅相关的共享信息。实施时，还应充分考虑传统的产品资料，以及安全机制。

（3）协同工作层为各协同成员提供共享的工作空间，使他们能就某一共同的目标实现协同工作、协同管理、协同讨论等。

（4）应用层作为面向多层次、多群体协同设计活动模型的用户界面，有机地将各个功能和应用程序组合起来，为用户提供方便的协同环境。

4.2.4 CSCW 的关键技术

在计算机技术支持的环境下，特别是在计算机网络环境下，一个群体协同完成一项共同的任务就是计算机支持的协同工作。由此可看出 CSCW 关键技术主要包括群体协作模式、同步机制、应用共享技术。

4.2.4.1 群体协作模式

在对 CSCW 的研究中，利用社会科学的研究成果，进行跨学科研究，概括出人类群体的协作模式，用于指导协同工作技术的研究。

人类群体的协作具有层次结构的特征，如高层次的总体目标协调和具体任务协作就是在两种不同层次上的协同工作。“总体目标协调”的主要内容是任务划分和分工细化，没有很强的时间限制。“具体任务协作”要求群体各成员针对具体的任务目标进行协同工作，通常有较强的时间限制。

人类群体的协作模式是多种多样的。按协作成员的关系，可以分为集中控制下的协作和平等协作。“集中控制下的协作”是通过一个集中控制方，协调其他各成员间的工作，如在一个企业内各层次机构内的协作都是这种方式。“平等协作”过程中各成员间的关系是平等的，他们之间既有协作关系，又存在一定的相互独立性。这种协作关系存在于各类以共同兴趣为基础的协会机构中。按协作过程的时间限制特征，可分为同步协作和异步协作。同步协作的各成员之间需要实时的信息交流，如现代战争中参战各兵种间协调行动。异步协作的各成员间信息交流没有很强的时间限制，如政府机构间关于城市规划的协调配合。

4.2.4.2 同步机制

群体成员协作的一个基本要求，是向各成员提供一致的工作环境。各类协作事件的产生也要遵守一定的时间关系，这些时间关系的维持是通过同步机制实现的。同步机制讨论协作过程中产生的各类协作事件之间的时序关系。

CSCW 系统中的同步可分为实时事件同步和连续媒体同步两类。“实时事件同步”描述一个或一组相关事件的发生和由此引起的相应动作之间的时序关系，如一个成员对共享对象的实时操作对其他成员状态的实时影响。“连续媒体同步”描述音频、视频等连续媒体流内或多个连续媒体流之间的时序关系，如音频流平稳播放和音频流与视频流之间的同步。

4.2.4.3 应用共享技术

应用共享是指由一个群体的各成员，通过各自的机器共同控制在一台机器上执行的应用程序。应用共享的目的是扩展已有大量单用户应用程序，使之可由多个用户共同控制，实现协作。应用共享的基本方法是把单用户应用程序的显示输出分发到各用户的机器上进行显示，并按一定策略合并各用户的输入对应用程序进行控制。

4.3　网络化制造模式下协同质量设计的工具

协同质量设计的工具是将质量通过设计过程融合到产品中去的系统技术，在设计过程中强调质量的目标作用。协同质量设计工具的应用是设计过程中提高设计质量的有效方法。在产品质量设计的过程中，要提高设计质量、满足用户需求，需要采用一定的质量设计工具。根据前面所述的质量设计方法和网络化制造环境下质量设计的特点，本书采用的质量设计工具主要包括：VOC 获取与分析、质量功能展开 QFD、故障模式与影响分析 FMEA。

4.3.1　顾客需求（VOC）获取与分析

客户需求是企业产品开发的驱动力，应在产品开发中最大程度地满足顾客需求（Voice of Customer，VOC），进行创新设计是企业生存的基础和关键。因此，VOC 的有效获取和分析是企业正确制定产品开发战略的基础和关键，是企业进行产品开发的依据和源头。

卡诺博士（NORITAKIKANO）的质量模型，即 KANO 模型（如图 4-9 所示）定义了三种类型的 VOC：基本型、期望型和兴奋型[113]。

基本需求是顾客认为在产品中应该有的需求或功能。在一般情况下顾客是不

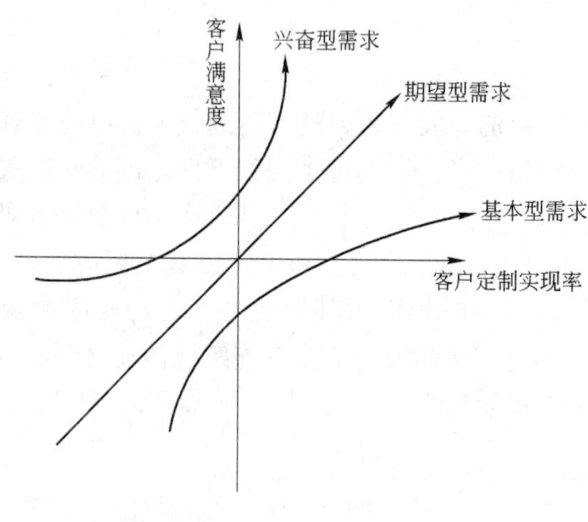

图 4-9　卡诺模型

会在调查中提到基本需求的，除非顾客近期刚好遇到产品失效事件。如果产品没有满足这些基本需求，顾客就很不满意；相反，当产品完全满足基本需求时。顾客也不会表现出特别满意。因为他们认为这是产品应有的基本功能。一般顾客不会注意到这种需求，因为他们认为这是理所当然的。

在市场调查中顾客所谈论的通常是期望型需求。期望型需求在产品中实现的越多，顾客就越满意；当没有满足这些需求时顾客就不满意。这就迫使企业不断地调查和了解 VOC，并通过合适的方法在产品中体现这些要求。以汽车为例，驾驶舒适和耗油经济就属于期望型需求。

兴奋型需求是指令顾客意想不到的产品特征。如果产品没有提供这类需求，顾客不会不满意，因为他们通常没有想到这些需求；相反，当产品提供了这类需求时，顾客对产品就非常满意。兴奋型需求通常是在观察顾客如何使用你的产品时发现的。

制造企业已经逐渐认识到，随着时间的推移，兴奋型需求会向期望型需求和基本型需求转变。因此，为了使企业在激烈的市场竞争中立于不败之地，应该不断地了解 VOC（包括潜在 VOC），并在产品设计中体现这些需求。

VOC 的提取是质量设计过程中最为关键的也是最难的一步，包括决定 VOC、VOC 重要度以及顾客对市场上同类产品在满足他们需求方面的看法。它是通过市场调查获得原始的顾客信息，然后再对此进行整理、分析得到的。其具体步骤如图 4-10 所示。

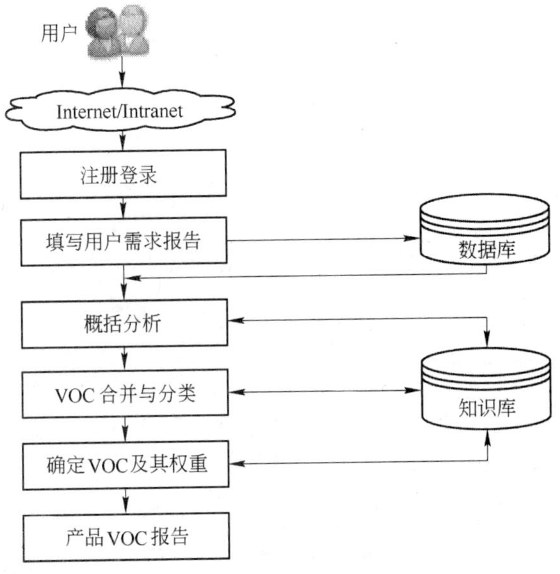

图 4-10 VOC 获取流程

4.3.1.1　合理地确定调查对象

一般来说，在开发新产品时应重点调查与开发产品类似的产品用户；在对现有产品进行更新换代时，应重点调查现有产品用户。在确定调查对象时，还应考虑调查对象的地理位置分布、年龄结构、教育程度、家庭收入等因素，因为这些因素都有可能影响 VOC。

4.3.1.2　市场调查

VOC 的获取，必须运用科学的方法。市场调查方法很多，各有其优缺点，必须对它们进行了解并结合实际情况进行合适选择。常见的市场调查方法有询问调查法、观察调查法等，本书通过 Internet 技术实现网上调查。用户通过 Internet 登录 VOC 模块填写用户需求报告的方式进行市场调查，用户填写的需求报告直接保存到后台服务器中。

4.3.1.3　VOC 的整理和分析

对调查所取得的所有信息资料，要进行“去粗取精，去伪存真”和整理、分析工作，以求全面地、真实地反映 VOC。

（1）概括 VOC。顾客对其需求的描述经常很长。为了便于在 QFD 矩阵中输入它们，必须对它们进行概括。在概括 VOC 时，注意不要歪曲顾客原意。这样，当产品设计人员在阅读 QFD 产品规划矩阵时就像在同顾客进行交谈一样。

（2）VOC 的合并与分类。在用简洁明了的语言概括 VOC 后，应将表达同一含义或相似含义的 VOC 进行合并，用户 VOC 获取工具调查得到的多个用户的 VOC 报告，按其 VOC 特征项分成若干个用户群，针对不同的用户群确定相应的产品开发策略。

（3）确定 VOC 及其权重。VOC 及其权重是质量设计最基本的输入，它们都是通过市场调查获得。在确定 VOC 时应避免主观想象，注意全面性和真实性。最终生成一个能反映全体用户看法的能有效地指导产品质量设计的产品开发需求文档（产品 VOC 报告）。

4.3.2　质量功能展开（QFD）

质量功能展开是一种用户为驱动的产品质量设计方法，即采用系统化、规范化的方法调查和分析用户需求，并将其转换成产品特征、零部件特征、工艺特性、质量与生产计划等技术需求信息，使所设计和制造的产品能真正地满足用户需求。它将注意力集中于规划和问题的预防上，而不仅仅集中于问题的解决上。它代表了从被动的、反应式的传统产品开发模式即“设计—试验—调整”到一种主动的、预防式的现代产品开发模型的转变，是系统工程思想在产品质量设计过程中的具体应用。

4.3.2.1 QFD基本原理

国内对Quality Function Deployment（QFD）先后有三种译法，即“质量功能展开”、“质量功能配置”和“质量机能展开”。由于现在第一种译法较为通用，故本书采用该译法。

QFD作为质量设计中质量目标制定的主要方法和工具，是一种用户驱动的产品开发方法，即采用系统化的、规范化的方法调查和分析顾客需求，并将其转换成产品特征、零部件特征、工艺特征、质量与生产计划等技术需求信息，使所设计和制造的产品能真正地满足顾客需求。代表了从被动的、反应式的传统产品开发模型即“设计—试验—调整”到一种主动的、预防式的现代产品开发模型的转变，是系统工程思想在产品设计和开发全过程中的具体应用。它将注意力集中于规划和问题的预防上，而不仅仅集中于问题的解决上[113,114]。

自从QFD的概念提出至今，无论是理论还是实践都取得了显著发展。QFD目前已经形成三种被广泛接受的模式[115]。

第一种是日本的综合模型，其代表人物是水野滋、赤尾洋二和田口。这种综合的模型由两部分组成，即质量展开（quality deployment）和功能展开（function deployment）。质量展开是把顾客的需求展开到设计过程中去，保证产品的设计、生产与顾客需求相一致功能展开是通过建立多学科小组，把不同的功能部门结合到生产的各个阶段，促进小组成员的有效交流和决策。综合的模型具体包括质量展开、技术展开、成本展开和可靠性展开。

第二种是美国供应商协会（American Supplier Institute，ASI）的四阶段模型，简称ASI模型。该模型首先由L. P. Sullivan提出，后经J. R. Hause和DonClausing加以改进。ASI模型的四个阶段与产品开发全过程的产品计划、产品设计、工艺计划和生产计划相对应（如图4-11所示）。通过这四个阶段，顾客需求被逐步展开为设计要求、零件特性、工艺特性和生产要求，该模型的最大优点是有助于人们对QFD本质的理解，有助于理解上游的决策是如何影响下游的活动和资源配置，其缺点是不适合复杂的系统和产品，由于其结构简明，抓住了QFD的实质，因而迅速成为欧美企业实践的主流模型，在理论研究上，许多学者也立足于该模型。

第三种是由劳伦斯成长机会联盟/质量与生产力中心（Growth Opportunity Alliance of Lawreace/Quality Productivity Center，GOAL/QPC）的创立者Bob. King提出的QFD模型。

该模型包括30个矩阵，涉及产品开发过程诸方面的信息，对于QFD系统中

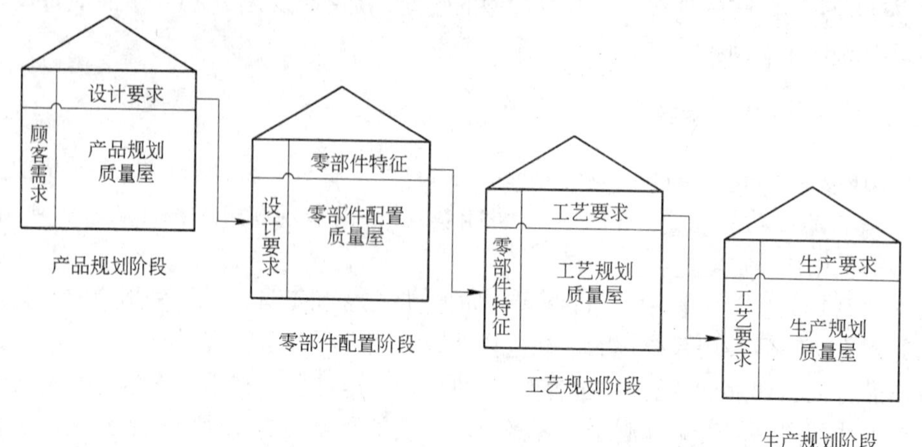

图 4-11 用户需求分解过程

的各种活动提供了良好的支持。Bob. King 在他的《Better Designs in Half the Time》书中对该模型有更详细的理解。GOAL/QPC 模型的优点是比较适合复杂的系统和产品，比 ASI 模型具有更大的灵活性。其缺点是使人们难以理解，其中各种活动之间缺乏逻辑的联系，在应用上缺乏可操作性。

三种模型代表了研究和实践的基本形式，它们之间既有联系又有区别。综合模型是起源，而 ASI 模型和 GOAL/QPC 模型则是由此演变而来的。这种演变是合理的，反映了东西文化的差异，严格地讲，三种模型的本质是相同的，都采用了直观的矩阵展开框架。由于 ASI 模式恰好与企业的设计、制造流程相对应，因而成为理论研究和企业实践的主流模式。本书的研究立足于 ASI 模式。

（1）产品规划阶段。利用产品规划矩阵，可以根据用户需求信息、用户需求和产品技术特征的关系矩阵、技术特征的自相关矩阵、用户竞争性评估及技术竞争性评估信息，确定各技术特征的相对重要度，明确应重视和优先考虑的技术特征项目。同时，可以通过目标规划，确定各技术特征的性能指标值。产品规划质量屋对应总体方案设计阶段，输出关键的设计要求或关键的质量特性。

（2）零部件配置阶段。零部件配置矩阵以上一阶段输出的设计要求作为用户需求，采用适当的优化设计方法确定满足技术要求的零部件特性，如技术参数、关键尺寸、材料等，形成产品的设计方案，并筛选重要的、对最终产品影响大的零部件特性用于建立下一阶段质量屋。零部件配置矩阵用于指导产品的详细设计。

（3）工艺计划阶段。工艺计划矩阵以上一阶段输出的关键零部件特性为用户需求，确定相应的工艺变量，形成工艺方案。选择重要的工艺变量作为工程措施建立质量屋、进行量化评估。以保证生产过程的稳定，使关键的零部件特征值保持在允许的波动范围内。

（4）生产计划阶段。通过工艺/质量控制矩阵将关键工艺参数转换为具体的、可操作的生产/质量控制方法和要求。生产计划矩阵对应生产控制阶段。

可见，QFD 方法按照并行工程原理，在产品开发初期，通过四个阶段的瀑布展开方式，将用户需求分层转化为产品技术特征、零部件特性、工艺特征和生产要求。在转化过程中，上一层的输出就是下一层的输入，逐级将“做什么”转换为“如何做”，然后“如何做”又演变为下一个阶段的“做什么”，保证重要的用户需求不失真地传递到产品开发的各个阶段，使开发人员的注意力始终关注于影响最终用户满意度的重点内容，实现了用户驱动的产品开发。

4.3.2.2 质量屋的基本结构

QFD 的各阶段转换是通过称做“质量屋”（House of Quality，简称 HOQ）[113]——一种直观的矩阵展开框架来实现的。质量屋是 QFD 基本原理的核心，是实现 QFD 过程转换的可视化工具，它提供了一种将用户需求转换成零部件特征并配置到制造过程的直观结构，如图 4-12 所示。

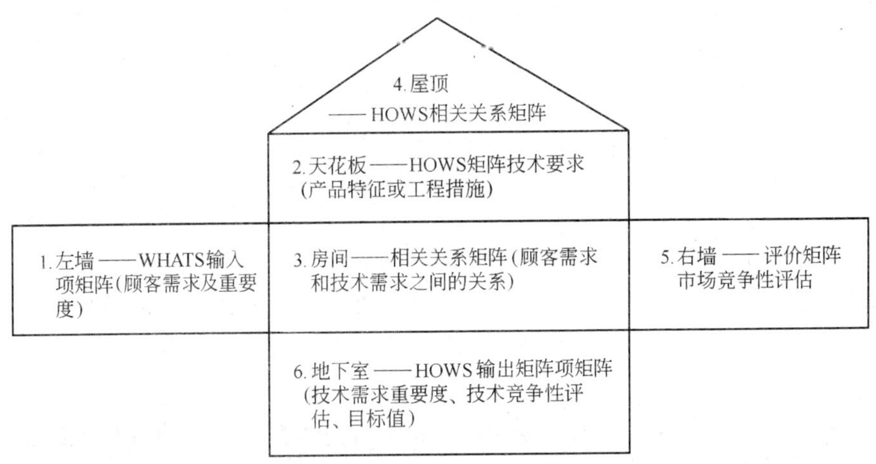

图 4-12 质量屋的构成

A 顾客需求（customer requirement）[114]

这是质量屋的“什么”（what）部分，是用户通过语言描述的对产品的实际需求和期望。开发人员通过上节所述的 VOC 模块整理出对产品的顾客需求导入 QFD，评定各需求的重要程度。顾客需求项是“质量屋”的左墙。

B 产品技术特征

这是质量屋的“如何”部分，是实现用户需求的产品技术特征列表，是用户需求赖以实现的手段和措施。产品技术特征是用工程语言表达的产品具体要求，需满足针对性、可测量性和全局性的原则。产品技术特征项是“质量屋”的天花板。

C 关系矩阵

用户需求和产品技术特征之间的关系矩阵表明产品各技术特征对各个用户需求的贡献和相关程度，反映了从用户需求到产品技术特征的映射关系。关系矩阵是一个二维矩阵表格，记录了“什么”和“如何”之间的关联性，体现了目的和手段的关系。关系矩阵是“质量屋”的房间部分。

D 相关矩阵

相关矩阵表示改善产品某一技术特征而对其他技术特征所产生的影响。由于技术特性之间存在正的或负的相关性，确定技术特性时，需进行必要的权衡与折中。正相关表示两项技术特征相互支持，改变方向一致；负相关表示两项技术特征相互矛盾和冲突，改变方向相反；不相关表示两项技术特征的改变不相互影响。相关矩阵是“质量屋”的屋顶。通常用双圆圈（◎）或5表示某技术需求与满足其对应的顾客需求强相关；用单圆圈（○）或3表示中等程度相关；用三角形（△）或1表示弱相关。如果关系矩阵中相关符号很少或大部分是弱相关，则表示技术需求没有足够地满足顾客需求，应对它进行修正。

E 用户竞争性评估

从用户的角度评估不同公司的同类产品的市场竞争力，用以了解本公司产品和其他公司产品在满足各用户需求方面的优势和弱点，以及产品需要改进的方面和程度。用户竞争性评估矩阵是一“质量屋”的右墙。

F 技术竞争性评估

从技术的角度对不同公司的同类产品进行对比，系统了解本公司产品与竞争对手在各技术特征上的优势和劣势，从而可以制定较为合理的产品技术目标，有效改进产品的竞争力。技术竞争性评估矩阵是“质量屋”的地板。

G 技术特征排序及目标值

根据用户需求的重要度及关系矩阵，可以计算各技术特征的绝对重要度、相对重要度，从而确定技术特征的优先次序。另外，通过综合考虑各方面的因素，利用优化方法，可以确定技术特征的目标值，为开发决策提供依据。这部分为质量屋的输出信息。

技术需求重要度是通过矩阵运算得到的。设 CIR_i 为第 i 个顾客需求的重要度，R_{ij}为第 i 个顾客需求和第 j 个技术需求之间关系符号所对应的数字值（3，2，1），TIR_j 为 j 个技术需求的重要度，则

$$TIR_j = \sum_{i=1}^{m} CIR_j \times R_{ij}(j = 1,2,\cdots,m) \quad (4\text{-}1)$$

在矩阵中，顾客需求、技术需求、关系矩阵、竞争性评估等项目是产品规划

矩阵的基本组成部分。其他项目如技术难度评估、技术需求重要度等虽然有助于产品规划的决策，但可根据实际情况进行选择和取舍。HOQ 反映了顾客需求与产品工程特性之间的关系。QFD 还包括其他矩阵，如零件配置矩阵、工艺规划矩阵和质量控制规划矩阵等，以进一步把顾客需求展开到产品的全过程。零件配置矩阵从产品规划矩阵获得技术需求，并作为零件配置矩阵的输入。零件配置矩阵主要包含技术需求、关键零件特性、技术需求与关键零件特性关系矩阵、关键零件特性目标值等。其质量屋的构成与产品规划相类似。工艺规划矩阵与零件配置矩阵类似。它从零件规划中获取关键零件特性，并作为工艺规划矩阵的输入。工艺规划矩阵主要包含关键零件特性、关键工艺特性、关键零件特性和工艺特性关系矩阵、工艺规范等。

质量控制规划矩阵以工艺规划矩阵输出的关键工艺特性作为输入，并将其转化为相应的质量控制要求和具体控制办法。它没有固定的格式，可视产品的具体情况自行编制。

4.3.2.3 QFD 的实施步骤

QFD 是系统化、结构化的方法，需要通过一系列规范化的步骤实施，才能达到预期的目的。

（1）确定 QFD 项目。原则上，QFD 适用于任何产品开发项目，既适合于老产品的改进，又适合于新产品的开发。然而开始时应选择规模适当的项目，如改型、改进项目，积累经验，由易到难，为大型复杂产品开发打下基础。

（2）成立 QFD 综合小组。QFD 开发小组由项目负责人领导，涉及产品生命周期的各个环节的人员，包括市场营销、设计、工艺、制造、计划管理、质量管理、财务、售后服务等有关部门的人员参加。QFD 综合小组形式有利于消除不同部门和专业之间的壁垒与隔阂，便于信息交流与沟通，实现产品的并行开发。同时，为了提高工作效率，QFD 小组成员一般不宜过多。

（3）用户需求分析。用户需求是企业正确制定产品开发战略的基础，是产品开发的依据和源头，是 QFD 的基本输入信息。需求分析主要包括用户需求的层次化分析和各个需求重要度的确定。

（4）工程措施的确定。QFD 开发小组针对每一项用户需求，系统分析产品应具有的技术特征，即工程措施。工程措施主要通过召开智慧风暴会议来确定。

（5）质量屋要素的量化评估。质量屋中的关系矩阵、相关矩阵、用户竞争性矩阵和技术竞争性矩阵都需要通过量化打分进行填充。由于量化评估是质量屋决策的基础，因此需要采用适当的方法保证评估的合理与正确。

（6）质量屋决策。质量屋决策是利用已经建立的质量屋确定每个技术特征的目标值和确定技术特征配置的优先次序，以使用户对所设计的产品满意度最大。

（7）质量屋的层次展开。建立 QFD 的瀑布式层次展开模型，形成产品开发的路线图。通常应按照并行工程原理，协调地、同步地建立四个阶段的质量屋。

（8）质量屋的迭代及设计文档的形成。四个阶段质量屋大致在初步设计结束后，随着产品开发工作的深入，需要根据逐渐增加的信息，对各阶段的质量屋不断进行迭代与完善，直到产品进入市场后，形成最终的四个阶段质量屋，作为产品技术资料的一部分，为今后产品的改进和类似产品的开发提供技术支持。

4.3.3 故障模式与影响分析（FMEA）

FMEA（Failure Mode and Effects Analysis，简称为 FMEA）是使用系统分析的方法对产品设计、开发、制造等过程进行有效的分析，找出过程中潜在的质量问题或失效模式，分析所造成影响的严重性，发生频率及现有控制手段所能检出的难易程度，以便及时采取有效的措施，最大限度地减少或避免质量损失，降低质量成本，提高效率。

4.3.3.1 FMEA 基本原理

FMEA 是分析系统中每一产品所有可能产生的故障模式及其对系统造成的所有可能影响，并按每一个故障模式的严重程度、检测难易程度以及发生频度予以分类的一种归纳分析方法，故障模式影响及危害性分析（Failure Mode，Effects and Critieality Analysis，简记为 FMECA）是故障模式影响分析（FMEA）和危害性分析（Critieality Analysis，简记为 CA）的组合分析方法[116]，目前，FMEA 应用最为广泛，与质量设计过程的结合最为紧密。

故障模式影响分析是一种定性分析方法，是在系统设计过程中，通过对系统各组成单元潜在的各种故障模式及其对系统功能的影响，与产生后果的严重程度进行分析，提出可能采取的预防改进措施，是提高产品可靠性的一种设计方法[117]。它是按照一定的失效模式，把一个个单元失效、分系统失效检出，是一种自上而下逐步寻查失效的归纳分析法，把未来将要产生的产品作为对象，通过各组成单元可能产生的失效模式，来推断该产品可能发生的失效模式及其原因，从而决定每个故障模式对系统功能的影响。其目的就是通过分析，了解影响系统功能的关键性零部件的故障情况，以便采取措施改进设计。这种故障分析方法在产品设计阶段得到了广泛使用。

FMEA 技术能够较为准确地描述系统与组成系统的各功能单元之间的逻辑关系，并判断功能单元的故障对系统产生的影响程度，使得这些在过去必须依靠人们的文化知识、经验、能力等才能完成的工作在一定程度上降低了对人为因素的依赖性，是一种非常有效的可靠性保障技术。

4.3.3.2 FMEA 方法类别

在产品生命周期内的不同阶段，FMEA 的应用目的和应用方法略有不同。在产品生命周期的各个阶段虽然有不同形式的 FMEA，但其根本目的只有一个，即从产品策划、设计（功能设计、硬件设计、软件设计）、生产（生产可行性分析、工艺设计、生产设备设计与使用）和产品使用角度发现各种缺陷与薄弱环节，从而提高产品的可靠性水平。

在实际工程中，FMEA 一般分为四类：系统 FMEA（SFMEA）、设计 FMEA（DFMEA）、过程 FMEA（PFMEA）、设备 FMEA（EFMEA），分别应用于产品开发中的产品策划、产品设计、工艺设计、产品投入运行阶段。FMEA 分析是一种面向产品全生命周期的质量设计方法，是一个循环持续改进的过程，因此不同阶段的 FMEA 并不是完全独立的。

（1）系统 FMEA 将研究的系统结构化，并分成系统单元，说明各单元间的功能关系从已描述的功能中导出每一系统单元的可想象的失效功能潜在缺陷确定不同系统单元失效功能间的逻辑关系，以便能在系统中分析潜在的缺陷、缺陷后果和缺陷原因。

（2）设计 FMEA 可以分为功能和硬件。前者用于方案论证阶段，此时各部件设计未完成，目的是分析研究系统功能设计的缺陷与薄弱环节，为系统功能设计改进和方案权衡提供依据。后者用于工程研制阶段，此时产品设计图纸及其他工程设计资料已确定，目的是分析研究系统硬件、软件设计的缺陷与薄弱环节，为系统硬件、软件设计的改进和方案的权衡提供依据。

（3）过程 FMEA 是由负责制造装配的工程师小组主要采用的一种分析技术，用以最大限度地保证各种潜在失效模式及其相关的起因机理已得到充分的考虑和论述。

（4）设备 FMEA 是在新设备的投入运行时，进行预先设备 FMEA 分析，主要是分析、考虑由于设备可能造成的产品品质问题及可靠度问题等原因，预防采取措施消除不良因素现有设备、特定的一种设备在运行中出现的设备故障等均可进行改善，以确保设备的正常运转。

4.3.3.3 FMEA 分析过程

FMEA 是系统化方法，为了有效实施 FMEA 必须遵循系统的方法，因此进行系统的 FMEA 分析一般按图 4-13 所示的具体步骤进行：

（1）明确分析范围。根据系统的复杂程度、重要程度、技术成熟性、分析工作的进度和费用约束等，确定系统中进行的产品范围。

（2）系统任务分析。描述系统的任务要求及系统在完成各种任务时所处的环境条件。系统的任务分析结果一般用任务剖面来描述。

（3）系统功能分析。分析明确系统中的产品在完成不同的任务时所应具备的功能、工作方式及工作时间等。

（4）确定故障判据。制定与分析判断系统及系统中的产品正常与故障的准则。

（5）确定故障模式。故障模式分析是找出系统中每一产品（或功能、生产要素、工艺流程、生产设备等）所有可能出现的故障模式。

（6）确定故障模式影响。故障影响分析是找出系统中每一产品（或功能、生产要素、工艺流程、生产设备等）每一可能的故障模式所产生的影响，并按这些影响的严重程度进行分类，根据故障判据确定故障模式影响的严重度。

（7）确定故障原因。故障原因分析是找出每一个故障模式产生的原因，根据故障判据确定故障原因的发生度。

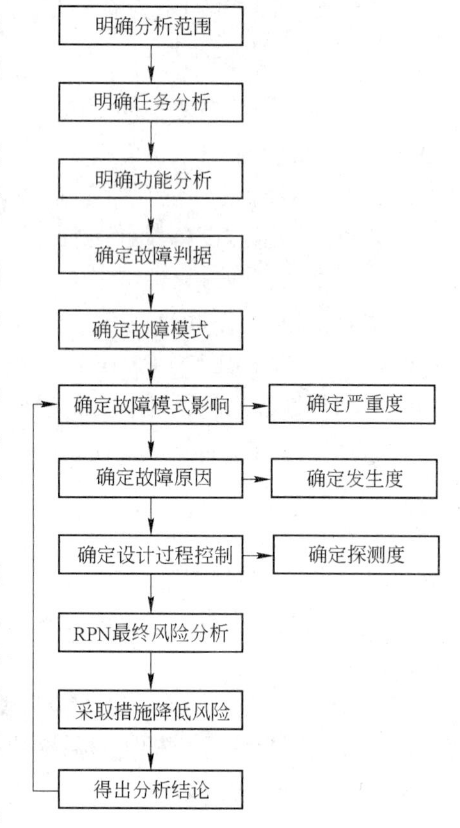

图 4-13　FMEA 分析过程

（8）确定设计过程控制。故障检测方法分析是根据每一种故障模式是否存在特定的发现该故障模式的检测方法，从而为系统的故障检测与隔离设计提供依据。

（9）最终风险评估。对系统中每一产品或功能、生产要素、工艺流程、生产设备等按其故障的发生概率和严重程度进行综合评估。

4.3.4　QFD 与 FMEA 综合分析

QFD 是用一种系统工程的观点将顾客的需求转化为工程特性[123]。根据前面分析，QFD 有时会过分的强调顾客需求，但是由于顾客需求的可变性及通过四个阶段的转换又极有可能被扭曲，所以顾客需求并不能真正得到反应；同时，在质量屋中，一些序列性的数字（如 1、3、9 等）无法准确地反映出技术要求之间，以及顾客需求和技术要求之间的复杂关系。

FMEA是在质量设计过程中找出潜在的质量问题或失效模式，分析所造成影响的严重性，发生频率及现有控制手段所能检出的难易程度，以便及时采取有效的措施[124]。但是，FMEA是一项繁琐，极耗时间的过程，对失效模式的列举本身就是应用头脑风暴法的一个过程，靠的是一种抽象的思维及对以往经验的总结，因此，对一种失效模式的遗漏可能造成难以弥补的后果。

如果将QFD与FMEA进行整合，建立一个集成模型，把四类FMEA嵌入到QFD四阶段模型当中，将有助于消除二者应用的局限性，从而减少产品设计次数的重复，及时发觉潜在的设计缺陷，收到良好的效果。因此，本书将FMEA技术与QFD相结合，必然可以更有效地支持协同质量设计。

4.3.4.1 QFD与FMEA的互补性

在产品质量设计过程中，QFD和FMEA的最终目的都是为了质量的持续改进，提高顾客满意度。QFD的本质就是基于并行工程的思想，强调跨职能团队的合作；而FMEA作为一种可靠性设计方法，其主要目的就是为保障与改进设计提供相关的依据，这同样也是一种并行设计的思想，因此，二者都是面向产品全生命周期的质量设计，在本质上是一致的。从根本上来说，在NMPLCQMS系统中，二者可以共享一个数据库，以实现最底层数据信息的共享与集成。

同时，二者也有一些差别，并且二者如果单独使用，彼此都存在着很大的局限性：

从两种质量工具的出发点来看，虽然最终目的都是顾客满意，但是QFD从正面的角度出发，通过对产品特性的一层层展开、与竞争对手的基准评价来达到客户需求；而FMEA则换了一个角度，从预防产品或过程失效的方式，来消除顾客可能产生的不满。

对于QFD来说，有时会过分的强调顾客的需求，但是由于顾客需求的可变性及通过四个阶段的转换又极有可能被扭曲，所以顾客需求并不能真正得到反应；同时，一些序列性的数字（如1、3、9等）无法准确的反映出工程特性之间，以及顾客需求和工程特性之间的复杂关系。因此，QFD与其他质量改进方法或数学工具的集成成为一种必然的发展趋势。

而对于FMEA来说，是一项繁琐，极耗时间的过程，对失效模式的列举本身就是应用头脑风暴法的一个过程，靠的是一种抽象的思维及对以往经验的总结，因此，对一种失效模式的遗漏可能造成难以弥补的后果。

虽然二者在实现最终目的的角度和出发点有很大差异，而且在独立使用时都存在一定的局限性。但是，从功能的角度而言，二者存在着很大的互补性。

根据前面的分析，FMEA则恰好可以消除传统QFD的一些局限性：

（1）尽管顾客需求可能会发生改变，但对各功能单元其失效的模式及原因一般不会有大的变动，通过分析发生失效的原因是由那些工程特性没有满足所造成的，可以达到：在顾客需求发生变化的情况下，使相应的工程特性不会有大的变动，达到“万变不离其宗”的目的，消除由于顾客需求变化所造成的障碍。

（2）通过设计 FMEA 对各个功能单元失效模式及原因的分析可以减少由于序列性数字对相关性矩阵评价所造成的影响。具体说来，QFD 的第二阶段是将工程特性展开为零部件特性的阶段，是将整个产品展开为零件的一个分解过程，因此评价零部件特性之间的关系时容易孤立地考虑，造成误差。FMEA 在分析失效模式时需要考虑破坏零部件之间的连接这样一种失效模式，这本身就是一个将零部件结合成整体的过程，因此，可以将信息反馈到 QFD 中，有助于对相关性矩阵的评分。FMEA 的结果可以用于重新评价 QFD 中的质量屋（HOQ）和质量计划中的目标值。

FMEA 可以消除 QFD 的一些局限性，反之，QFD 也可以帮助 FMEA 克服一些障碍，这是因为：

（1）通过 QFD 的逐级展开，不断细化分解的过程，可以确保 FMEA 尽可能详尽的列举出大量关键的失效模式。

（2）在进行 FMEA 分析之前可进行 QFD 展开，结果对于跨职能设计开发小组在 FMEA 分析中有如下帮助：

1）确定关键的质量特性；

2）分析产品的可靠性和安全性与工艺特征之间的关系；

3）分析失效模式的严重度和顾客需求之间的关系；

4）使系统 FMEA 的开展有一个整体的视野；

5）减少在评价故障的严重性(S)、发生可能性(O)和可检出性(D)中的主观偏差。

4.3.4.2　QFD 与 FMEA 综合分析模型

为解决 QFD 与 FMEA 在产品设计阶段单独使用的局限性，在分析了二者的互补性的基础上，提出 QFD 与 FMEA 综合分析模型，将四类 FMEA 嵌入到 QFD 的四阶段模型之中。同时它们在 NMPLCQMS 系统中，可以共享底层数据库，同时结合使用。

这种分析是基于产品生命周期的，即 QFD 的四阶段模型始于客户的需求，止于对生产制造过程的详细设计，而四类 FMEA 始于对产品概念设计的失效分析，止于对产品到达顾客手中之前的服务失效分析。它们将产品的各种故障模式同产品设计、制造、装配等各个环节中的所有因素都联系在一起，将系统的可靠性同产品的开发过程紧密地联系在一起，指引设计的方向，有助于设计者及时分析、改进产品的功能、结构和工艺。

具体来看，该方法以采用 QFD 分析为主，以 FMEA 为辅的策略。以 QFD 信息合理地确定 FMEA 对象，将 FMEA 所得到的预防措施反馈到 QFD 的相应阶段，辅助 QFD 过程的深入进行[118]。QFD 与 FMEA 综合分析模型如图 4-14 所示。

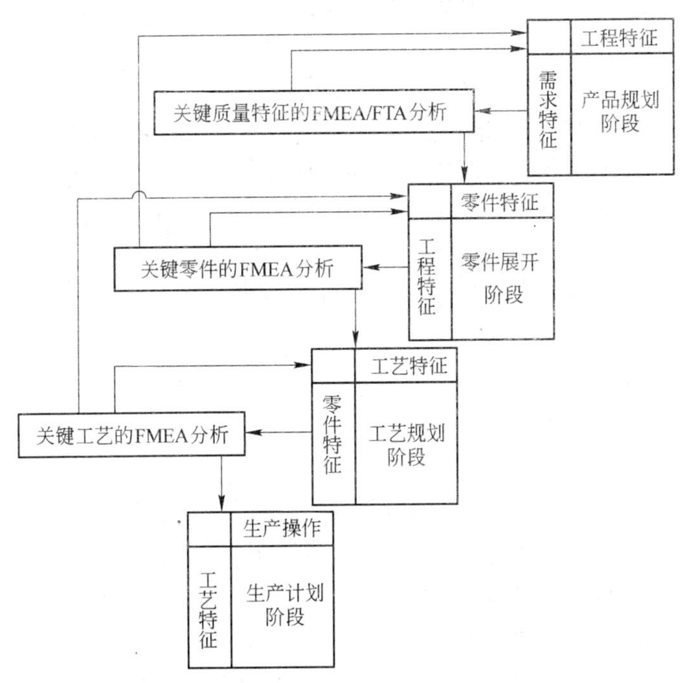

图 4-14 QFD 与 FMEA 综合分析模型

根据 QFD 的展开阶段，这里把故障分析分为三类：需求故障分析——找出产品功能、性能方面可能存在的缺陷，采取 FMEA 分析；硬件故障分析——找出产品零件或组件可能存在的缺陷，采取 FMEA 分析；工艺故障分析——找出产品工艺过程、制造过程方面可能存在的缺陷，采取 FMEA 分析。这三类故障分析分别对应 QFD 的前 3 个矩阵分析。每一阶段找出质量功能配置中关键的“什么”项，从故障的角度出发，对保证它的关键的“如何”项进行相应的故障分析。

如果故障问题是上一阶段决定的，则将预防措施反馈到 QFD 的上一阶段，修改矩阵配置内容或目标值；如果问题在本阶段能解决，那么就在本阶段的“如何”项中添加新内容或给对应的“如何”项制定正确的目标值；如果问题不能在本阶段解决，就要将对应的“如何”项连同权重及目标值向下一阶段作传递，为下一阶段的用户要求，即“什么”项，通过 QFD 分析，提出对应的“如何”项，以采取相应的措施、手段保证实现该目标。

4.3.4.3　QFD 与 FMEA 综合分析的具体步骤

QFD 与 FMEA 综合分析是系统化方法，为了保证其实施的有效性，必须遵循系统的方法，因此进行系统 QFD 与 FMEA 综合分析的具体步骤如下：

（1）首先建立 QFD 分析的产品规划矩阵，进行市场竞争力评价，根据原有产品或类似件的现场使用经验研究、用户的抱怨等进行需求层上的 FTA/FMEA，分析结果反馈回 QFD 作为新产品市场定位的依据并辅助工程特征的配置，或作为 FTA 的顶事件反馈到下一阶段，以便进行更详细的分析与配置。

（2）在零件/子系统配置阶段，根据 QFD 质量功能配置的重要程度，结合故障树的底层事件，选择优先权大的进行零件 FMEA，提出预防措施按照故障模式优先程度予以解决。根据故障原因可分为 3 种处理方式：

1）如果故障是由于上一阶段制定的目标值不合理则将故障分析的信息反馈到 QFD 配置矩阵的上一阶段，指导 QFD 的重新配置。

2）如果故障可以在本阶段解决，则将预防措施反馈到 QFD 配置的同一阶段为相应的“如何”项制定合理的目标值或增加新的“如何”项。

3）如果故障必须通过下一阶段采取措施予以保证，则将有关的“如何”项连同权重及目标值向下一阶段的 QFD 配置矩阵传递，作为对下一阶段的用户要求，即“什么”项通过 QFD 分析提出对应的“如何”项。

（3）在工艺规划阶段根据 QFD 质量功能配置的重要程度及上一阶段的故障信息，对优先权大的进行工艺 FMEA，结果同样分三种情况分别反馈到 QFD 的上一阶段、本阶段或下一阶段帮助纠正设计存在的问题，制定工艺方案、在线质量控制计划和作业指导。

4.4　基于 CSCW 的协同质量设计平台

CSCW 研究的目标之一是提高协同成员间的协调配合和协同工作水平[129]。基于协同工作模式是能够支持网络化制造环境下协同质量设计的一种使能技术，它支持多用户同时工作，并提供访问共享信息的接口。通过通信网络，实现文本、图形、语音、视频等信息交流，使得分散的质量设计人员能组成多个产品开发团队，形成一个虚拟的协作群，广泛地共享各种产品质量数据，加快产品开发的进度。

因此，本书根据网络化制造模式下协同质量设计的特点，提出基于 CSCW 的协同质量设计平台，它将质量设计工具 VOC 获取与分析、QFD、FMEA 集成，实现顾客参与、面向产品全生命周期的质量设计，最大限度地满足了顾客需求。

4.4.1 基于 CSCW 的协同质量设计平台框架结构

基于 CSCW 的协同质量设计是指在计算机网络环境下，分布在异地的设计人员，在基于 CSCW 协作环境中，围绕同一个产品设计任务，承担相应部分的质量设计任务，并行、交互、协作地进行设计工作，共同完成质量设计任务。

根据上节面向用户的产品质量设计体系与方法的研究，在 CSCW 技术的基础上，本书提出基于 CSCW 协同质量设计的框架结构[118]，如图 4-15 所示。该框架结构主要由三部分组成：CSCW 协同平台、VOC 获取与分析和 QFD 与 FMEA 综合质量设计。

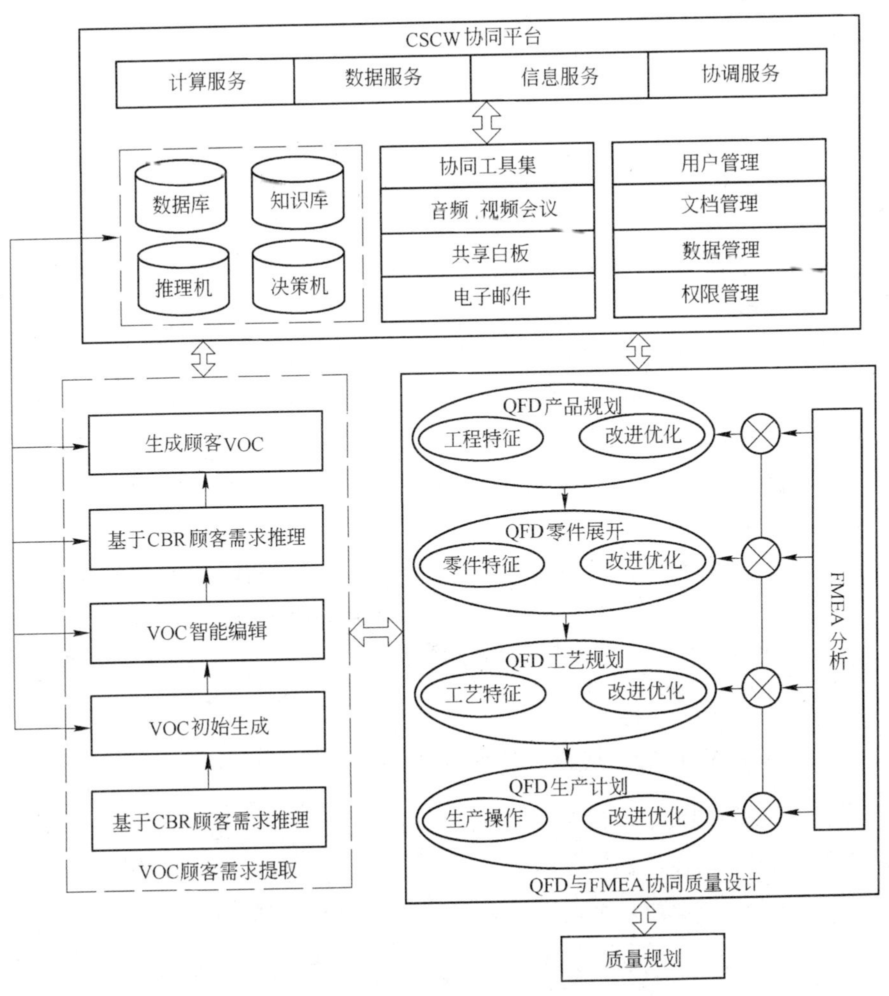

图 4-15 基于 CSCW 的协同质量设计平台框架结构

4.4.1.1　VOC 模块

通过用户登录 VOC 模块填写用户需求报告的方式进行市场调查，用户填写的需求报告直接保存到 CSCW 协同平台中。然后应用 VOC 的智能编辑和 CSCW 协同平台提供的知识库和推理机生成最后的 VOC 报告，同时 CSCW 协同平台还为 VOC 模块提供文档（VOC 报告）管理、用户管理等功能。

4.4.1.2　QFD 与 FMEA 综合质量设计模块

通过 CSCW 协同平台导入 VOC 模块最终生成的 VOC 报告，作为 QFD 配置矩阵中的“什么”项，然后进行自上而下的 QFD 逐级展开与 FMEA 分析，将 VOC 报告中的顾客需求有效转化为产品质量特征，最后确定产品关键零部件的关键工序及其质量要求，即产品质量规划。

4.4.1.3　CSCW 协同平台

该模块主要有三部分：协同服务、协同工具、协同管理。其中协同服务主要包括协调服务、信息服务、数据服务、计算服务等，协同工具主要包括共享白板、音频视频会议、电子邮件等，协同管理主要包括用户管理、权限管理、数据管理、文档管理等。

该平台为 QFD 和 FMEA 综合质量设计提供了良好的协同环境：

（1）支持由不同领域、地理上分布于各地的专家组成的多功能 QFD 小组，并行的、一体的进行产品设计和故障模式分析，并提供了良好的协同工作环境。

（2）具有自动生成文档和进行文档处理的功能，并能同时编辑矩阵的内容。很好地解决了复杂产品 QFD 分析时庞大矩阵的操作及大量读写的麻烦。

（3）提供同步式协同工具和异步式协同工具，实现同步操作和异步操作，使 QFD 的 4 个相关阶段展开与 FMEA 分析有机地结合在一起。

（4）QFD 与 FMEA 为产品开发各个环节的用户使用，因此系统平台应具有统一、友好的用户界面，简单易用。

4.4.2　基于 CSCW 的协同质量设计平台功能

根据前面对协同质量设计平台的需求分析，将协同质量设计平台的体系结构与网络化制造企业实际需求相结合，确定协同质量设计平台实现功能目标。该平台的目标与任务是系统开发设计的前提，功能设计是本平台初步设计的主要内容。

4.4.2.1　基于 CSCW 协同质量设计平台的功能目标

基于 CSCW 质量协同设计平台需要协同的内容比较广泛，因此该平台比一般的 CSCW 系统要复杂得多，应具有以下几大功能：

（1）支持基于任务分解的多层次、多群体协同设计工作模型。

（2）以 Internet/Intranet 为网络平台，实现一个能够支持产品设计的辅助协同环境。

1）支持多点视频会议，支持多人同时参加会议；

2）支持多点数据会议。多点数据会议可以通过多种协作工具来实现，如电子白板、在线聊天、文件传输等；

3）提供接口来集成现有的 Internet/Intranet 协作工具。如 NetMeeting 中的应用程序共享和电子白板；

4）辅助协同质量设计功能；

5）与 Internet/Intranet 有效集成，共享网上资源。

（3）提供协同信息管理（任务管理、协同管理、文档管理和成员管理等）功能，处理用户对资源的访问请求、为用户分配可用资源，维护资源的并发访问，保证资源及时回收，保证协作能有序、安全、高效和顺利进行。

（4）通过协同环境，可以方便地在网络中组建虚拟的协同工作组，为企业中的协同质量设计提供全方位的支持，包括设计资料的异地协同共享与操作，协同用户之间实时的交流与讨论、电子资源的随处共享与传输等等。并且能够在线对产品进行质量设计与修改。

（5）具有有效的协作过程控制手段。

1）对协作任务、协作成员、成员权限、协作方式等信息进行查询；

2）协作发起（通知、登记、启动）和结束；

3）协作过程管理（登录、撤离）；

4）共享设计资源及参考信息。

（6）具有清晰、简洁、直观、真实的用户界面，操作简便，使用直观。

4.4.2.2 基于 CSCW 协同质量设计平台的功能模型

根据系统功能的需求分析，将基于 CSCW 协同质量设计平台划分成如图 4-16 所示的功能模块。系统主要由用户管理、任务管理、QFD、FMEA、协同工具、协同管理等模块组成：

（1）用户管理：由于该平台支持多用户协同参与同一任务。由于各用户在协同工作中承担的任务不同，对信息的需求也不同，通过该功能模块进行用户的角色、权限管理。

（2）任务管理：主要包括任务规划、任务分配、任务下达以及在协同质量设计过程中的任务监控。

（3）QFD：是质量设计的核心工具，主要通过四阶段的逐步展开来完成产品的

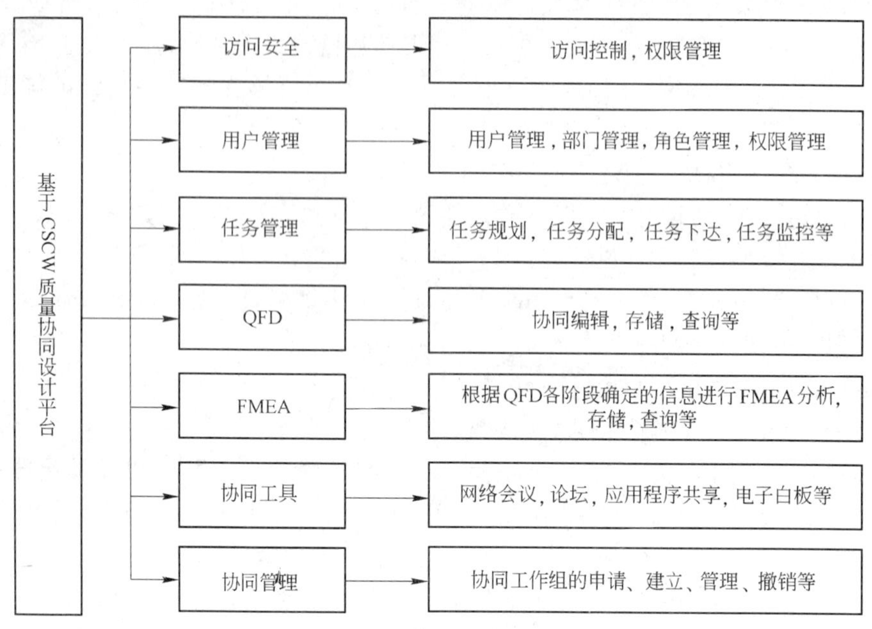

图 4-16　基于 CSCW 协同质量设计平台功能模块

质量设计。顾客和企业的质量设计人员进行协同质量设计的主要质量设计工具。

（4）FMEA：根据 QFD 各阶段确定的产品质量设计项目进行 FMEA 分析，分析结果返回到相应的 QFD 展开阶段。

（5）协同工具：为用户在协同质量设计过程中提供交互工具（如：电子白板、网络会议、音频、视频等），协助用户完成质量设计任务。

（6）协同管理：主要针对协同工作组进行管理，负责协同工作组的申请、构建和撤销等，还包括整个协同质量设计过程的管理。

4.4.3　基于 CSCW 协同质量设计的工作流程

客户首先通过 Internet 登录 VOC 模块，系统接收到服务请求信息后根据不同的权限进入到相应的模块。客户进入到 VOC 模块填写产品需求调查表，如果需进一步参与产品的协同质量设计，必须申请得到管理员的批准后才能进入到产品协同质量设计模块。

而企业的质量工作人员登录系统后，根据顾客需求召开质量功能小组会议选择当前产品质量设计任务，并邀请客户进行产品的协同质量设计。在协同质量设计过程中，质量功能小组成员通过 CSCW 协同平台的协同工具进行相关的信息交流。而协同工具包括同步式协同工具和异步式协同工具。同步式协同工具是指可以使质量功能小组成员同步看到相同内容的交流工具，即共享型协作，如屏幕共享、共享白板等；异步式协同工具是指质量功能小组成员间不是同步看到相同内容的交流工具，是交互式协作，如文件传输、电子邮件等。在完成本次质量规划时，将退出或者进行下一次质量设计。

具体工作流程如图4-17所示。

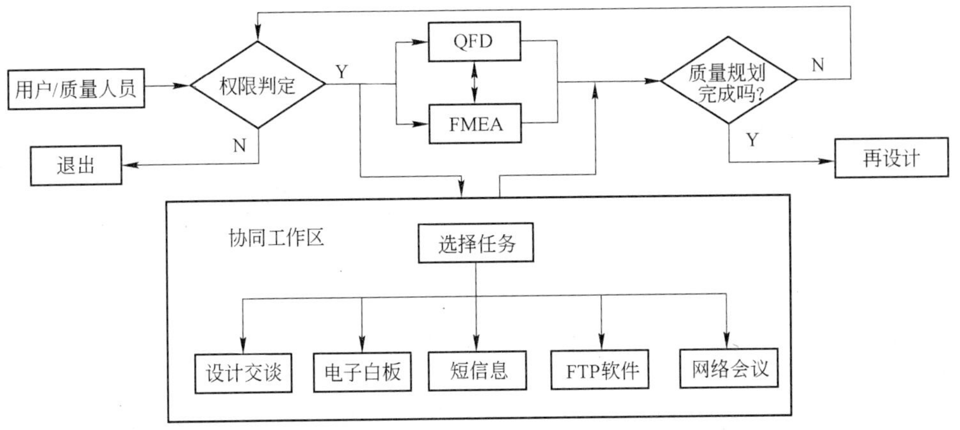

图4-17 协同质量设计工作流程图

5 网络化制造模式下的动态工序质量控制技术研究

质量控制是质量管理的一部分，是指为达到质量要求所采取的作业技术和活动，目的在于确保质量能满足顾客、法律法规等方面所提出的质量要求（如适用性、可靠性、安全性等），质量控制是以预防为主，是产品生命周期的一项重要内容，它对提高产品的市场竞争力，降低产品的生命周期成本具有极其重要的意义。

工序质量控制是质量控制的重要组成部分。在产品质量形成全过程中，生产制造过程是从设计质量到产品实物质量的实现过程，也是涉及职能部门最广及参与人员最多的重要过程。构成生产过程的基本环节是工序。每一道工序质量的好坏，最终都直接或间接地影响到产品质量[131,132]。所以，工序质量是形成产品质量最基本的环节，工序质量控制成为生产制造过程质量控制的核心。因此，研究现代企业，特别是制造型企业在网络化制造环境下的动态工序质量控制问题对于提高企业的竞争力有着重要的意义。

5.1 质量控制方法

在过去的一个世纪里，随着质量的概念不断发生变化，质量控制的理论与方法也不断得到完善和发展。从质量方法论上来看，已经历了质量检验（Quality Inspect）、统计质量管理（Statistical Quality Control，SQC）、全面质量管理（Total Quality Management，TQM）、田口质量理论（包括：离线质量工程学和在线质量工程学）和计算机辅助质量控制等五个阶段。目前，国内外针对网络化制造环境下质量控制的理论、方法方面的研究主要集中在以下几方面。

5.1.1 统计过程控制

统计过程控制是用来诊断分析加工过程异常变化的，消除加工异常因素，以达到加工稳定并提高工序能力的工序质量控制方法。早期的统计过程控制（Statistical Process Control，SPC）也称为统计质量控制，而休哈特所提出的过程控制理论及监控过程的工具——控制图，已为工业化大生产的质量控制作出了巨大的贡献，至今仍然是制造质量控制中最有效的工具。

SPC 理论只能对加工过程是否异常进行判断和预测，并不能获取关于什么是异常、异常产生于何处及产生异常的原因等信息，即不能进行诊断。而统计质量诊断（Statistical Process Diagnosis，SPD）就是用来诊断处于失控状态下的加工过程存在何种异常及其发生的原因与部位的理论和方法。

目前，统计过程控制已经发展到统计过程调整阶段。SPA 不仅要对加工过程的失控进行诊断，诊断之后还要决定对加工过程进行如何调整，使生产过程能够稳定下来。SPA 还处于研究阶段，尚无实用性的成果。

5.1.2 质量方法论

质量方法论是质量设计与分析的指导思想，是建立集成质量系统的理论基础。最早的质量方法论是上个世纪初的质量检验，紧接着是到 20 世纪 40 年代，为了满足二战军品生产的需要，美国企业界发展了统计质量管理的方法；到 20 世纪 60 年代初，美国企业界又提出了全面质量管理的概念。美国是质量管理的发源地，从最早的质量方法论三阶段到 CIMS 环境下集成质量系统的广泛研究，美国质量方法学一直以来比较偏重技术。日本在质量方法上的研究以偏重质量管理为特色，提出了一系列质量分析与管理方法，如实验设计法、稳健设计法和公司范围质量控制方法等，推动了日本工业的发展。

5.1.3 集成质量系统

集成质量系统（Integrated Quality System，IQS）研究如何实现产品生命周期与质量有关信息的有效集成，包括：确定质量目标和制订质量保证计划；在企业内部和外部通过各种方式采集质量数据；对质量数据进行分析评价，诊断加工过程是否失控及其存在的原因；将有关控制信息传递到相应的部门和设备；进行质量优化，为不同部门和不同层次的质量活动提供决策依据和知识。其目标是实现企业对市场需求的快速反应和产品质量的持续改进，如图 5-1 所示的质量环。

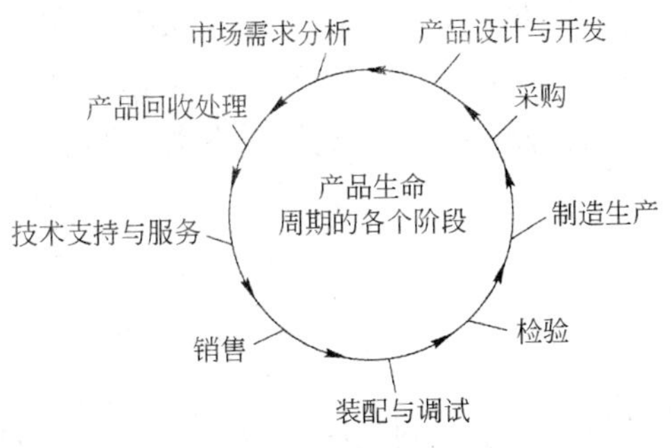

图 5-1 质量环

5.1.4 面向质量的设计方法

面向质量的设计要求把一系列的质量保证措施与设计系统（CAD/CAPP）有机地集成，在产品和过程设计阶段就开始实施质量控制。实现面向质量的设计关键是建立相应的产品与过程模型的信息交换模型。常用的面向质量的设计方法有：质量功能配置、故障模式与效应分析、稳健性设计以及优化设计等。

5.1.5 虚拟环境下的质量控制

虚拟制造就是利用计算机支持技术对所需的生产和制造活动进行全面的建模和仿真，而产品的建模与仿真技术是实现虚拟制造的核心技术。利用该技术能够动态地模拟集成质量系统中的各种质量过程，通过模拟可以观察其变化规律，检验其可行性与可靠性，将模拟信息结果反馈回产品设计阶段，对产品进行优化设计。虚拟环境下的质量控制可使产品的质量得到有效保证，可提高企业对用户与市场需求的快速反应能力，是成功实施集成质量系统的重要工具和手段。目前该方面的研究仍处于起步阶段。

5.1.6 制造过程质量控制的自动化与智能化技术

专家系统作为人工智能（Artificial Intelligence，AI）领域中的一个分支，在质量控制领域也有一定的应用。不过，由于存在着知识获取困难、推理能力差、智能水平低和知识组合爆炸等问题，其应用有较大的局限性。以非线性、并行分布处理为特征的人工神经网络理论的发展，为人工智能在质量控制领域的应用开辟了新的途径。在集成质量系统中广泛应用人工智能技术，可以实现集成质量系统的各个质量阶段的智能化，如智能数据采集、智能过程检测与控制、智能故障诊断、智能工序质量控制等，从而提高集成质量系统的功效。

综上所述，网络化制造环境下的质量控制正朝着集成化、自动化、智能化发展，而且主要集中在质量控制理论与方法、制造过程质量控制自动化与智能化技术方法、计算机辅助质量管理系统（Computer Aided Quality，CAQ）与集成质量系统（IQC）的研究与开发等方面。而作为质量控制的重要组成部分，工序质量控制已成为制造过程质量控制的核心，既而成为国内外学者在质量控制领域研究的热点问题。

5.2 工序质量控制

产品质量取决于其设计质量、制造质量和企业的工作质量。虽然不同的产品有其不同的生产过程，但它们都有一个相同的特点，都是由一道一道工序加工出来的，而每道工序的质量都会影响产品质量。尤其是产品关键零部件的关键工序，直接决定着产品的最终质量是否能够满足顾客需求，因此，加强对产品关键零部件的关键工序的质量控制，是控制产品质量的关键。目前，也是质量控制领域研究的热点与难点。

5.2.1 工序质量控制的主要内容

工序质量控制是维持工序长期处于稳定状态的活动，根据产品的工艺要求，安排合适的工人和配置适当的设备，组织有关部门密切配合，分析产品质量波动的规律，判断工序异常因素所造成的波动，并采取各种措施保证产品达到技术要求的活动。因此，工序质量控制的基本思路是：由于表征工序质量状况的工序质量特征值的分布有统计特性，因此通过数理统计方法分析质量数据的分布状况，再结合既定的质量指标要求，判定工序质量是否处于受控状态，最后根据工序质量状况对工序因素进行调整，从而达到质量控制的目的。

工序质量控制是根据产品质量设计中确定的关键零部件的关键工序控制规划面向加工过程，应用控制图理论对当前工序进行状态监控，经过控制图分析，一旦出现异常，判断异常模式；同时诊断分析失控原因，及时采取措施调整工序，从而保证产品质量，满足顾客需求。其主要研究内容：

(1) 对影响工序质量因素的控制。就是对人、机、料、法、测、环等六大影响工序质量因素（简称“5M1E”）进行控制，也就是要求生产技术及业务部门提供并保持合乎标准要求的条件，以工作质量去保证工序质量。同时，还要求每道工序的操作者对所规定的生产条件精心有效地控制，包括开工前的检查和加工过程中的监控，检查人员应给予有效监督。

(2) 对关键工序的控制。根据质量规划中关键工序的控制要求应用控制图理论对关键工序进行状态监视，若通过对控制图的分析，认为控制图中存在着异常，则须进一步识别异常模式，判定加工过程出现了何种异常。还必须对引起工序异常的加工误差源进行诊断分析，并提出调整措施。

(3) 对计量和测试条件的控制。计量测试条件关系到质量数据的准确性，必须加以严格控制，要规定严格的检定制度，计量器具应有明显的合格标志，超期未检定或检定不合格者，应严格禁用测试手段和方法必须适应先进工序质量控制技术的要求。

(4) 对不良品的控制。不良品的控制应有明确的制度和程序，不是仅仅局限于报表的统计和简单的返修品与废品的区别，而更重要的是根据统计信息进行预防性控制及正确评价，保持工序质量改进的持续性。

5.2.2 工序质量控制的方法

从工序质量控制理论与方法上来看，从统计过程控制发展到统计过程诊断，目前已发展到统计过程调整阶段。目前国内外针对网络化制造环境下工序质量控制的理论方法与关键技术主要有以下几个方面。

5.2.2.1　统计过程控制

统计过程控制是用来诊断分析加工过程异常变化，消除加工异常因素以达到加工稳定并提高工序能力的工序质量控制方法。早期的SPC也称为统计质量控制，其理论最早由休哈特（Shewhart）提出，1931年休哈特名著“Economic Control of Manufactured Products”的出版，标志着统计过程控制与诊断时代的开始。而休哈特所提出的过程控制理论及监控过程的工具——控制图，已为工业化大生产的工序质量控制做出了巨大的贡献，至今仍然是制造质量控制中最有效的工具。

统计过程控制的理论认为：在产品的制造过程中，产品的质量特征值总是波动的。虽然生产过程波动产生的机理很复杂，影响因素繁多，但总体上可将加工波动分为随机性和系统性波动两大类。随机性波动由偶然因素引起，加工余量的不一致、工件材质的不均匀、工件内应力引起的变形及工艺系统的随机颤振等偶然因素都会造成工件的随机性波动；系统性波动是按一定规律变化的质量特征数据波动，在统计过程控制中，通常将引起系统性波动的因素称为异常因素，这些因素包括机床的调整、工艺系统热变形、工艺系统力变形以及刀具的磨损等。它们的特点、作用和表现如表5-1所示。

表5-1　随机性因素与系统性因素的特性对比分析

影响质量波动的因素	特　点	影响结果	处理措施	特　征
随机性因素 （偶然因素）	1. 影响微小； 2. 始终存在； 3. 方向随机； 4. 难以控制	过程稳定 （过程受控）	不加处理	质量数据形成典型分布
系统性因素 （异常因素）	1. 影响很大； 2. 时有时无； 3. 方向确定； 4. 可以控制	过程失稳 （过程失控）	严加控制	质量数据分布偏离典型分布

因此，应用控制图可以及时判断加工过程是否异常，如果生产过程处于失控状态，必须立即查明造成加工失控的异常因素并加以排除，并保证它不再出现，如此逐个去除异常因素，最终使生产过程只受偶然因素影响，达到稳态。稳态是生产追求的目标，因为在稳态下生产，质量变异最小，产品的质量有绝对的保证，此时生产也是最经济的。若一条生产线的所有工序都达到稳态，则称之为全稳生产线，SPC正是依靠全稳生产线来实现生产全过程的预防。具体过程如图5-2所示。

5.2.2.2　统计过程诊断

休哈特的SPC理论只能对加工过程是否异常进行判断，它并不能告知是什么

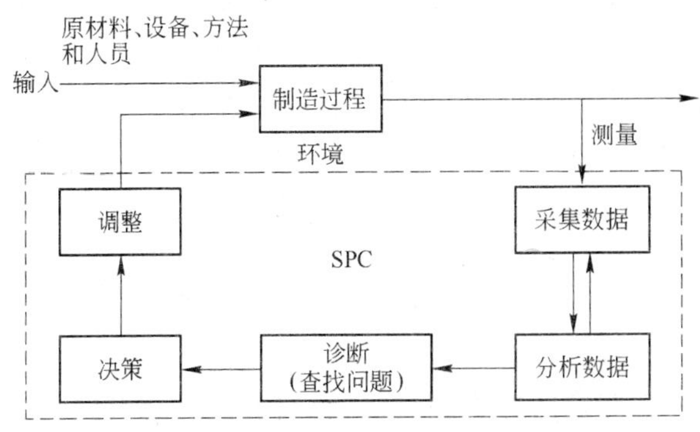

图 5-2 SPC 过程模型

异常，异常产生于何处，产生异常的原因是什么，即不能进行诊断。SPD 就是要用来诊断加工过程失控之后，其存在什么样的异常，异常发生于何处。多元 T^2 控制图的诊断问题一直是 SPD 理论研究的焦点，目前国内外学者对此做了大量的研究工作，提出了许多方法，其中主要有：

(1) 主成分分析法。主成分分析法由 J. E. Jackson 最早提出，此法将统——计——量分离成互相独立的主成分的平方和，其缺点是不能找出这些主成分与原变量之间的简单对应关系，诊断效果不好。

(2) Bonferroni 不等式法。阿尔特等人利用 Bonferroni 不等式对多元 T^2 控制图进行诊断，当控制图显示异常时，对每个原始变量应用一元休哈特控制图进行判断，以找出异常的变量。由于多变量间的相关性，此法容易导致错误的结论。

(3) 判别分析法。此法采用数理统计判别分析的思想，将多元 T^2 控制图的所有变量分为两组，一组是被怀疑为异常变量的集合，另一组则不含异常变量。然后根据设计的检验统计量来诊断。此法对如何找出异常变量集合的工作量很大，并且没有给出调整异常变量的方法。

(4) T^2 值分解法。将 T^2 统计量分解为相互独立的部分，每个部分的值都是正的，分别代表对产值的贡献程度，然后对每个部分进行检验，得出诊断结论。使用此法得到的结论不一定正确。

(5) 两种质量多元逐步诊断理论。该理论由张公绪提出，可成功应用于诊断上道工序的影响。该理论将工序质量分为总质量与分质量，分别用休哈特控制图和选控控制图加以控制，然后根据典型情况诊断表进行诊断。

5.2.2.3 统计过程调整

SPC 对加工过程进行判断，判断加工过程是否处于控制状态；SPD 对处于失控状态的加工过程进行诊断，诊断出加工异常的出处和原因；SPA 不仅要对加工过程的失控进行诊断，诊断之后还要决定对加工过程进行如何调整，使生产过程能够稳定下来。SPA 发展于 20 世纪 90 年代，目前尚无实用性的成果，还处于研究发展阶段。

综上所述，以休哈特控制图为代表的传统统计过程 SPC 质量控制技术主要是针对品种少、批量大的生产模式，它是基于统计学的方法，以能采集到大量检测数据为前提的，才能得到过程分布参数的真值、计算出控制限，建立起控制图，实现过程控制。

随着顾客对产品的需求日益多样化和个性化，使得产品生命周期不断缩短，促使企业打破了传统的单一品种和大批量的生产模式，越来越多的企业开始转向多品种、变批量生产，这就对企业的工序质量控制提出了新的要求。

5.2.3　面向多品种、小批量的工序质量控制方法

网络化制造环境下，为了满足客户多样化、个性化的需求，网络化制造企业的生产模式由少品种、大批量的生产模式转为多品种、变批量生产模式。这对于传统的 SPC 方法似乎存在一个难以逾越的困难：没有足够的样本数据来精确估计过程参数，从而无法绘制出控制图。对于不同类型的零件，其数据来自不同的总体，它们都包含了反映该过程分布规律的信息，如何把各自不充分的信息综合成足以揭示规律的充分信息，诸多学者对此进行了研究。对国内外现有的面向小批量制造过程的 SPC 方法进行分析和总结，大致可以将其归纳为数据变换法、过程建模法、改变控制图控制界限法。

5.2.3.1　数据变换法

在有相似的生产工序的质量信息参考的情况下，数据变换法的基本思想是设法从相似的生产工序中获取更多的质量信息，通过数据变换手段来构造服从同一分布的统计量以增加样本容量，从而直接使用传统的 SPC 方法对各生产工序进行控制。其中最常用的是利用成组技术的方法对数据进行变换，如图 5-3 所示。

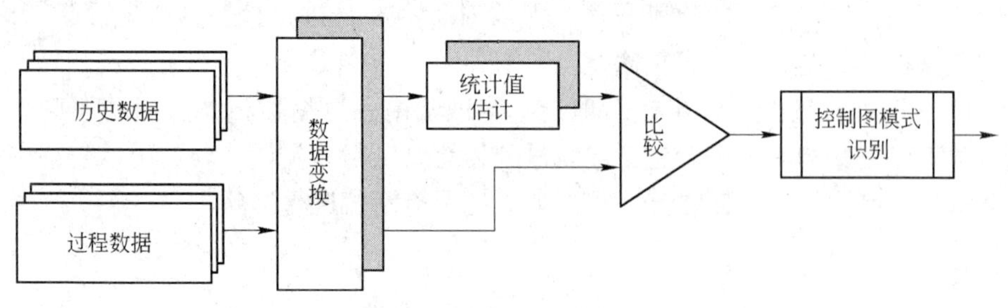

图 5-3　数据变换法模型

如果是一些新的工序或者很少有类似工序参考时，则不可能采用上述数据变换方法来增加样本容量，用以估计工序均值和工序方差，为此，久森伯瑞（Quesen Berry）提出了 Q 控制图。Q 控制图的前提是工序质量特性值服从同一总体分布，利用 T 分布来降低对数据量的要求。上述这类方法的出发点是将各类相似的工序经过数据变换，映射成具有相同总体分布的工序，以增加样本容量，以便借用传统的 SPC 方法。但如何选用合适的变换方式，以及如何及时验证变换后的效果，将是这类方法在应用时面临的关键问题。

5.2.3.2 过程建模法

休哈特控制图从本质上来讲，进行质量控制的焦点在于产品（或工序输出的质量特性），仅把工序过程视为独立的过程，缺乏对过程本身固有变化规律的描述。近年来，SPC 发展的一大趋势就是把质量控制的焦点从产品转移到了生产过程。基于过程建模的质量控制技术得到了较快的发展，而累积和（Cumulative Sum，CUSUM）控制图、指数加权移动平均（Expotentially Weighted Move Average，EWMA）图、时序分析法等技术已经引起了人们的重视。图 5-4 为过程建模方法的模型。

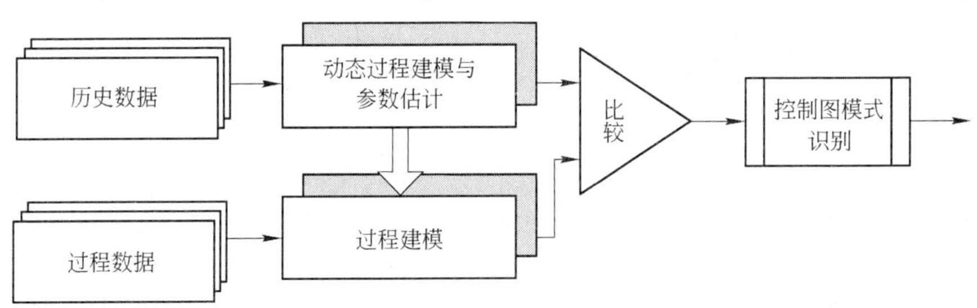

图 5-4 过程建模方法的模型

（1）累积和控制图。累积和控制图首先是由佩基（Page）于 1954 年提出的，它的设计思想就是对数据的信息加以累积，它主要用来发现过程的微小偏移。由于累积和控制图使用方便、判断准则简单，便于操作，它在国际上广为流传。

（2）时间序列分析法。所谓时间序列，就是按照时间顺序排列的一组数据。在时间序列中蕴涵着系统及其变化的信息，利用序列的过去值和现在值的相关性，来建立一个合适的差分方程，用它可以描述系统的状态和描述系统的未来发展趋势。时间序列的参数模型可以分为 3 种：自回归（AR）模型、滑动平均模型（MA）和自回归滑动平均（ARMA）模型。

（3）改变控制图控制界限法。改变控制图控制界限的方法是利用改变控制界限的方法来使误发警报的概率保持在一个比较小的固定值，使其不受样本量大小的影响，在生产过程中建立动态的、变化的控制界限。根据传统的休哈特控制理论，当样本数较少时，误发警报的概率就会增加。

休哈特控制图中的均值控制图为 $a = 0.0027$，这在生产过程中将表现为错误的频繁报警，使无谓的停机检查和调整次数增多，降低了生产效率，造成了不必要的经济损失。为了使误发警报的概率保持在一个比较小的固定值，同时又不受样本量的影响，必须改变控制界限的值，使之随样本数量的变化而变化，即建立动态的、变化的控制界限。随着采集的样本数量增多，对工序的分布参数以及控制限的估计趋于合理和精确。动态控制界限控制图比传统的休哈特控制图应用更为广泛，它不但可以应用到产品批量较少或取样较为困难的生产过程，以及刚刚开始的试验阶段，或是失去控制后经调整回到控制状态的初始阶段，而且当样本数量比较大时，用此方法得到的控制界限与传统方法得到的控制界限一致。可以说传统方法是本方法的一种特例，具有一定的通用性，但是也存在一些问题。

5.2.3.3　贝叶斯方法

基于贝叶斯的 SPC 方法如图 5-5 所示。它试图将有关生产过程的历史检验数据与人们对过程的主观评价、预测和判断相结合，通过综合主、客观信息来对过程变化作出预测，从而在保证预测精度的同时，大大减少了对样本容量的要求，因此，它特别适用于小样本的质量控制。

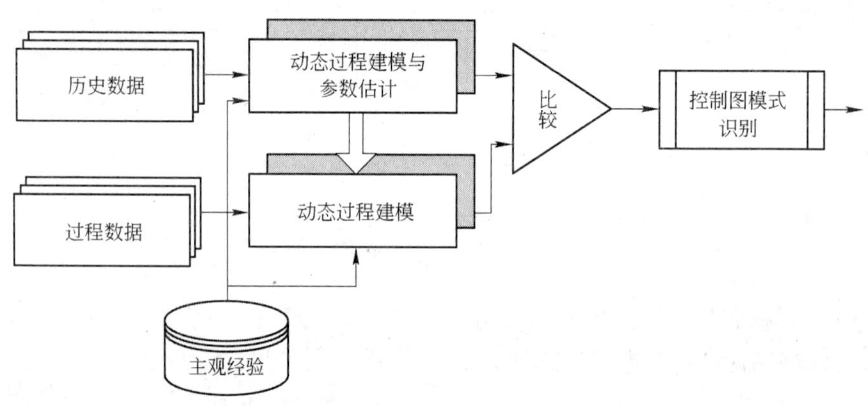

图 5-5　基于贝叶斯的 SPC 方法

但是，从目前的研究现状来看，上述一些方法虽然能够应用在一些特定的场合，但它们都具有一定的局限性，尚没有出现通用的 SPC 方法可以解决所有的多品种、小批量的制造过程的质量问题。这些方法虽然在某种程度上解决了小批量生产中的部分工序质量控制问题，但是只能对加工过程是否异常进行判断，并不能告知是什么异常，异常产生于何处，产生异常的原因是什么，即不能进行诊断，更谈不上调整了。因此，要解决小批量制造过程质量问题，需要结合具体的应用特点，分析各种方法的特点，博采众长，加以灵活应用，探索小批量工序质量控制新方法。

5.3 网络化制造模式下的动态工序质量控制

在网络化制造环境下，企业的生产模式已由少品种、大批量的生产模式转为多品种、变批量生产模式，致使影响产品质量的因素大大增多，极大地增加了工序质量控制的难度。而传统的工序质量控制通过后序生产检验和质量统计报表等形式进行的静态质量管理和控制，没有实现实时的动态生产质量控制和质量预测，控制效果和效益受到很大限制，从而影响产品的最终质量。因此，如何加强工序质量控制，提高企业的生产效率成为网络化制造企业急需解决的一大难题。

5.3.1 网络化制造环境下动态工序质量控制的概念

针对传统的工序质量控制在网络化制造条件下存在的问题，本书以重型机械行业为背景，在网络、数据库等信息技术支持下，提出了质量预防、分析、诊断、调整于一体的网络化制造模式下的动态质量控制方法。该方法以零缺陷为目标，能够在网络化制造企业进行多品种、变批量生产中实现对工序质量的实时动态分析、诊断和调整，确保将工序质量长期保持在稳定状态，有效地提高企业的产能柔性和产品质量，为网络化制造企业在激烈的市场竞争中取得胜利奠定了基础。

根据前面的分析，网络化制造模式下的动态工序质量控制与传统的工序质量控制相比，有如下新特点：

（1）动态性。网络化制造环境下，多品种、变批量生产一般生产周期比较短，计划变动快，联盟企业间信息交换频繁，信息量大，需求反应敏捷，工序质量信息具有较强的动态性。

（2）分布式并行作业的环境。网络化制造环境下，工序质量信息在物理上分布在不同的部门、地区和国家，只有通过数据库系统及计算机网络，才能实现各盟员之间及各企业内部加工质量信息共享和远程交互访问的能力。

（3）柔性化与敏捷化的快速响应能力。由于市场需求，产品和组织结构等都是不断变化的，所以要求动态工序质量控制系统能够对各种变化迅速做出反应。其表现为结构上的快速重组，性能上的动态易变，数据库的不断更新，以适应不断变化的制造环境。

（4）智能化。动态工序质量控制系统中引入了神经网络和专家系统技术，实现了工序质量智能诊断与调整，为各成员企业提供自动智能的监视制造系统的运行状态，能够通过自动调整自身参数来适应外部环境。

5.3.2　网络化制造模式下动态工序质量控制的意义

在网络化制造环境下，企业在产品生产工序加工过程中，进行关键工序的动态工序质量控制的目的，就是要最大限度地减小工序质量波动，使工序长期处于稳定状态，实现产品在质量设计阶段的质量特性，进而满足顾客需求。所以，动态工序质量控制对网络化制造企业的产品质量保证有着极其重要的作用：

（1）制造过程质量问题的预防。通过动态工序质量控制，可以预测网络化制造环境下产品的制造质量和制造过程的状况、能力的发展趋势，以便对可能发生的质量问题预先采取相应的预防措施。

（2）对动态工序的实时控制。网络化制造环境下，由于顾客需求的动态、多变和网络化制造企业组织的动态性，使产品的生产工序也是动态的。动态工序质量控制系统能够对各种变化迅速做出反应。其表现为结构上的快速重组，性能上的动态易变，数据库的不断更新，以适应不断变化的制造环境。

（3）实现对网络化制造环境下多品种、变批量生产的工序质量控制。动态工序质量控制引入了相似工序技术，很好地解决了传统的工序质量控制因为样本不足而无法控制的难题，实现了多品种、变批量生产的动态分析、诊断与调整。

（4）对成员企业实时远程工序质量控制。网络化制造环境下，工序质量信息在物理上分布在不同的部门、地区和国家。动态工序质量控制在数据库系统与计算机网络支持下，实现了各成员企业之间及各企业内部工序质量信息共享和远程交互访问的能力。

（5）与企业信息系统的集成。动态工序质量控制是 NMPLCQMS 系统的重要功能模块，其作为 NMPLCQMS 系统的子系统可有机地融合到企业的大系统中，从而使网络化制造企业的质量管理更加完善有效。

5.3.3　动态工序质量控制的基本框架

从工序质量控制理论与方法上来看，工序质量控制实际是对生产过程的一种质量控制。通过质量设计对顾客的个性化需求逐步转化为产品生产过程中的关键工序及其质量特征，由质量规划根据该质量特征制定关键工序的质量控制目标形成关键工序的质量控制规范和过程控制参数；在生产过程中，不断测量生产系统的质量特性，并借助各种质量统计分析手段和控制方法，与关键工序的质量控制目标进行比较分析、质量决策和质量评估，不断把决策信息和评估结果反馈到生产系统的各个阶段，以对生产过程进行前馈式和反馈式质量控制。其基本框架如图 5-6 所示。

根据前面的分析和图 5-6 所示的基本框架，动态工序质量控制方法主要由四

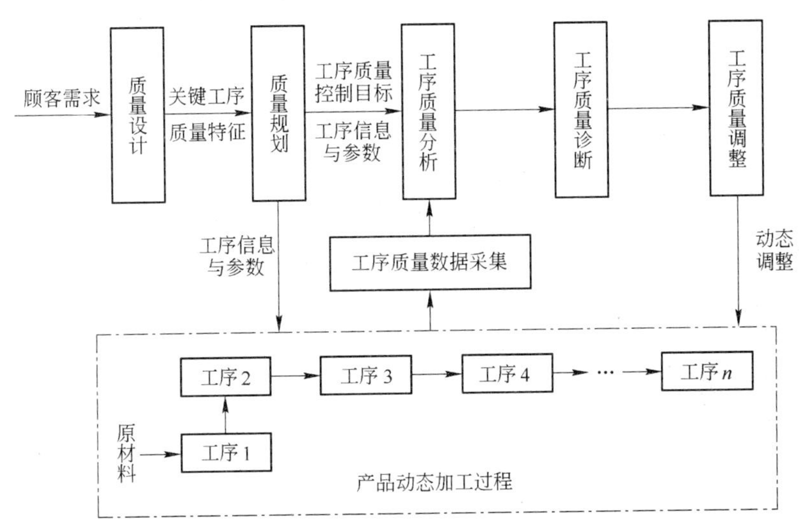

图5-6 动态工序质量控制基本框架

部分组成，即工序质量预防、工序质量分析、工序质量诊断以及工序质量调整，实现动态工序质量控制是以这四个重要组成部分实现为前提的，因此下面就重点叙述这四个重要组成部分的实现方法。

5.3.4 工序质量预防

工序质量预防使用零缺陷理论。“零缺陷”作为质量的工作准则，是工序质量控制所追求的目标和最高境界。零缺陷的核心是第一次就把正确的事情做正确。为了保证第一次就做正确，质量预防控制系统构建显得尤为重要。

要实现对工序质量的预防控制就要进行管理上的规范和理念上的统一。首先应该建立一种零缺陷企业文化，让零缺陷理念深入人心；其次，预防控制要从源头抓起，就制造过程而言应认真做好技术准备工作；再次，以历史缺陷数据为依据，探寻占销售额20%～25%的隐性损失之原因，进行控制与改进。

5.3.5 工序质量分析

工序质量分析是工序质量控制的基础。传统的工序质量分析方法是应用Shewhart统计过程理论（SPC）和控制图，通过收集大量的质量特性数据进行正态分布的参数估计，并以此为基础建立控制图的控制界限，科学地分出制造过程中产品的偶然波动与异常波动，从而对过程的异常及时预测以便人们采取调整措施，消除工序异常。在大批量多样本生产情况，可以有效地进行质量控制。

但是在网络化制造环境下，生产方式已经转换为个性化的多品种、小批量生产。要想直接利用控制图法，会使I类统计错判概率增加，导致无谓的停机检查和调整次数增多，降低了生产效率，不能很好监控过程质量。相似工序为解决这个问题提供了一种思路。

5.3.5.1　相似工序分析

影响工序质量的因素是多方面的，通常可将这些影响因素归结为设备（machine）、材料（material）、方法（method）、人员（men）、环境（environment）和测量（measurement），即5M1E。这六大因素又包含着众多的小因素。如设备就是一个大因素，它包含了加工机床、加工刀具、夹具、测量量具等（见图5-7），加工机床又有诸如结构、功能、精度等许多因素构成。如果按照这样的思路将影响工序质量的因素逐层分解，工序相似性判断条件将十分复杂，很难应用到实际[143]。

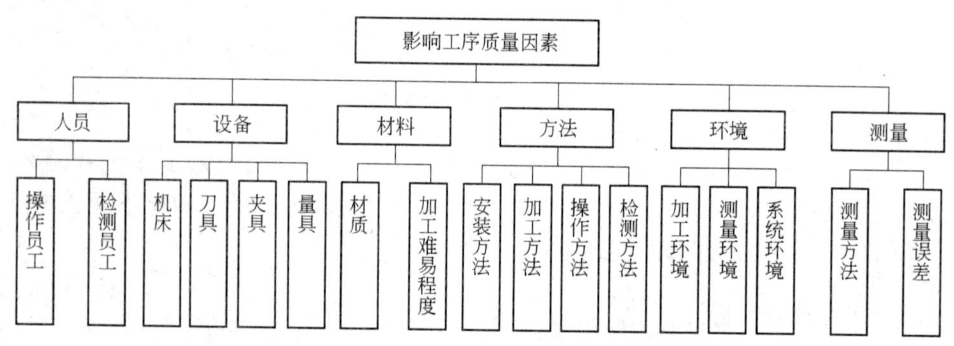

图5-7　影响工序质量的主要因素

在相似制造论中，现有的分类方法基本上是针对零件的，主要有视检法、生产流程分析法、编码分类法等。本书是针对工序加工过程中影响质量因素的分类方法，相似要素是确定不变的（5M1E为质量特征信息的组合），相似性标准是明确的（表5-2中的判断条件），所以比较适合选用编码分类法对工序进行分类。

表5-2　编码规则

人员	设备	材　料		方　法				环　境				测　量	
1	2	3～6	7～8	9～10	11～12	13～14	15～16	17～18	19～20	20～21	22～23	24～25	25～26
操作员工等级	检测员工等级	经济精度范围	材质	加工难易程度	安装方法	加工方法	操作方法	检测方法	加工环境	系统环境	测量环境	测量方法	测量误差

编码方案必须要考虑质量特征是否为同一类型，把分类的对象从工序层面降到质量特征并加入对“质量特征”的编码。因为有些工序虽然质量因素

相似，但是要控制的质量特征却不完全相同。如果在工序成族时，不考虑质量特征的不同，则会出现虽然是一个工序族，但是某些质量特征却不同（无法将不同质量特征的数据应用在同一个控制图上），也就没有起到划分工序族的作用。

同时在分析中发现影响环境的参数很多，包括温度、湿度、光照、振动与噪声等，每一个参数又都是在某一个范围内，不是一个具体值。如果全部考虑，势必造成码位过长，而且在一个具体的加工过程中，并不是所有参数都会有较大变化，所以只取其中变化较大的两个参数并对其编码，如表 5-2 所示。为了区别是哪两个参数，将每个参数用一个数字表示选取的是哪两个参数（数字从小到大排列，保证唯一性）。

利用编码分类方法对相似工序分类时，通常采用特征码位法，或对不同码位赋予不同权重，从而计算相似的方法，这些方法在零件分类成族中都各自起到了重要的作用。但是，对相似工序分类，尤其是基于质量特征值的分类，考虑到每个质量因素对质量变异都不可忽略，而且每个因素本身都是一个变化范围（如经济精度应该是 5 ~6 或 6 ~7 等。虽然操作人员等级是一个具体的数字，如 4 级，但是实际上能力也是在其对应的范围内），任何因素的不同都可能导致质量变异规律的不同。因此，考虑基于质量特征值的相似工序条件为所有码位都必须相同。

5.3.5.2 相似工序的质量特征数据变换

一般情况下，相似工序所包含的信息只是相似，并不完全相同，必须根据适当的方式从这些不同的样本中估算当前样本的统计参数[150]。从统计学的角度来看，它们是不能直接看成一个样本来分析的，必须经过数据的变换，将同一相似工序的不同工序中的质量特征数据转换为服从标准化母体的统计子样，由统计理论可知，实施母体标准化最简捷的途径是将全部原始数据转换为服从标准正态分布的母体，再根据需要构造各种统计变量。数据变换的方法有很多，在常规应用中，一般可以把相似工序的质量特征数据化为同分布指标，从而扩大样本容量。一般情况下，可以选择多个统计量作为变换的对象，本书选择均值和标准差作为统计的变量。具体的算法如下：

定理[151]：正态分布中，如果随机变量 $X \sim N(\mu,\sigma^2)$，$Y = ax + b$。式中，a、b 是常数，$a \neq 0$，则 $Y \sim N(a\mu + b, a^2\sigma^2)$。

假设有 m 种收集的质量数据，在正常情况下，加工后的实测尺寸：$X_{ij} \sim N(\mu_i,\sigma_i^2)$，（$i=1, 2, \cdots, m$；$j=1, 2, \cdots, n$）。进行标准化处理得：

$$Z = \frac{\text{测量值} - \text{控制界限均值}}{\text{控制限}}$$

利用上面变换公式可得：

$$X_{ij}^{(Q)} = \frac{y_{ij}^{(Q)} - \frac{1}{2}(USL^{(Q)} + LSL^{(Q)})}{USL^{(Q)} - LSL^{(Q)}} \tag{5-1}$$

式中　$X_{ij}^{(Q)}$——$y_{ij}^{(Q)}$相对应的标准化后的值；

$USL^{(Q)}$——$y_{ij}^{(Q)}$的尺寸规格上界限；

$LSL^{(Q)}$——$y_{ij}^{(Q)}$的尺寸规格下界限。

由于多品种、小批量生产中生产重复性小、生产一致性差，因此要检验标准化后的各组数据是否服从正态分布。如果数据不服从正态分布，那么就要检验各组数据是否服从同一分布，以及归类的全体数据的分布情况。

A　方差一致性检验

它是检验相似工序中不同工序的数据经过转化后，方差是否相同。如果转化后第一种产品和第二种产品方差没有显著差异，则：

$$\sigma_1^2 = \sigma_2^2$$

$\overline{Z_i}$、S_i^2 分别是样本均值和样本标准差，则有：

$$\frac{(n_1 - 1)S_1^2}{\sigma_1^2} \sim \chi^2(n_1 - 1), \frac{(n_2 - 1)S_2^2}{\sigma_2^2} \sim \chi^2(n_2 - 1) \tag{5-2}$$

式中，$S_1^2 = (n_1 - 1)\sum_{j=1}^{n_1}(Z_{1j} - \overline{Z_1})^2, S_2^2 = (n_2 - 1)\sum_{j=1}^{n_2}(Z_{2j} - \overline{Z_2})^2$ 则：

$$\frac{S_1^2}{S_2^2} \sim F(n_1 - 1, n_2 - 1) \tag{5-3}$$

给定显著水平 α，若 $F > F_{\alpha/2}$或 $F > F_{1-\alpha/2}$，则拒绝原假设。

若两两对比后，都不能拒绝原假设，则认为相似工序的不同工序数据经过转化后方差相等。

B　均值一致性检验

它是相似工序中的不同工序数据转化后第一种产品和第二种产品均值没有显著差异，即 $\mu_1 = \mu_2 = \cdots = \mu_m = \mu$。

这实际上是检验同方差的多个正态总体均值是否相等，可利用单因素方差分析法进行，如表 5-3 所示。

表 5-3　单因素方差分析表

差　异	不 同 工 序	同 一 工 序
方差和	$S_D^2 = n\sum_{i=1}^{k}(\overline{Z_i} - \overline{Z})^2$	$S^2 = \sum_{i=1}^{k}\sum_{j=1}^{n}(\overline{Z_{ij}} - \overline{Z_i})^2$

续表 5-3

差 异	不同工序	同一工序
自由度	$k-1$	$k(n-1)$
均方差	$MS_{D}^{2}=\frac{S_{D}^{2}}{k-1}$	$MS^{2}=\frac{S^{2}}{k(n-1)}$
F 值	MS_{D}^{2}/MS^{2}	

经过检验后，进行相似工序的均值可估计：

$$\overline{X}=\frac{1}{\sum_{i=1}^{m} n} \sum_{i=1}^{m} \sum_{j=1}^{n} X_{ij}^{(Q)}=\frac{1}{\sum_{i=1}^{m} n} \sum_{i=1}^{m} \sum_{j=1}^{n} \frac{y_{ij}^{(Q)}-\frac{1}{2}(USL^{(Q)}+LSL^{(Q)})}{USL^{(Q)}-LSL^{(Q)}} \tag{5-4}$$

式中，n 为相似工序的零件数；k 为同一组中的零件个数。由此，相似工序的标准差估计值为：

$$S=\sqrt{\frac{1}{m \times n-1} \sum_{i=1}^{m} \sum_{j=1}^{n}(X_{ij}^{(Q)}-\overline{X})^{2}} \tag{5-5}$$

$$\overline{\overline{X}}_{c}=\overline{X}(USL^{(Q)}-LSL^{(Q)})+\frac{1}{2}(USL^{(Q)}+LSL^{(Q)}) \tag{5-6}$$

$$S_{c}=S(USL^{(Q)}-LSL^{(Q)}) \tag{5-7}$$

式中 $\overline{X}$——根据相似工序族估算的样本总体的均值；

S——根据相似工序族估算的样本总体的标准差；

$\overline{\overline{X}}_{c}$——当前工序中质量特性值的均值的估计值；

S_{c}——当前工序中质量特性值的标准差的估计值。

通过上面的转化，可以使得同一相似工序中表征不同质量特征值的数据化为具有正态分布的统计量。由上面的变换可以知道，这些数据通过变换得出的均值和标准差不带有原来零件的工序质量特征值的大小，变换后的值只是一种相对值，这些相对值表征了相似工序所固有的特征，是 5M1E 影响的结果。

5.3.5.3 基于相似工序的质量控制图

上节的数据变换估计统计量，对当前数据进行转换。为了更进一步表明同一相似工序的变换趋势，为了把不同工序的质量特征值表现在同一张控制图上，对工序质量特征数据进行变换，把具有相似工序的质量数据转换成服从同一分布的标准化数据，消除过程输出本身特征的影响，同时得到的数据服从同一正态分布的随机序列。

在统计变量标准化后，利用选定的统计参数，作常规休哈特控制图。本书选

择 $\overline{X}-S$ 图。其中均值图（$\overline{X}$ 图），主要用来监控工序平均值的变动；标准差图（S 图）主要用来监控工序标准偏差的变动，如图 5-8 所示。控制图的控制界限的计算公式如下：

$$
\left.\begin{aligned}
&\text{均值上控制界限：}\quad UCL=\overline{\overline{X}}+A_1\overline{S};\text{标准差上控制界限}:UCL=B_4\overline{S}\\
&\text{均值中心线：}\quad CL=\overline{\overline{X}};\text{标准差中心线}:CL=\overline{S_X}\\
&\text{均值下控制界限：}\quad LCL=\overline{\overline{X}}-A_1\overline{S};\text{标准差下控制界限}:LCL=B_3\overline{S}
\end{aligned}\right\}\qquad(5\text{-}8)
$$

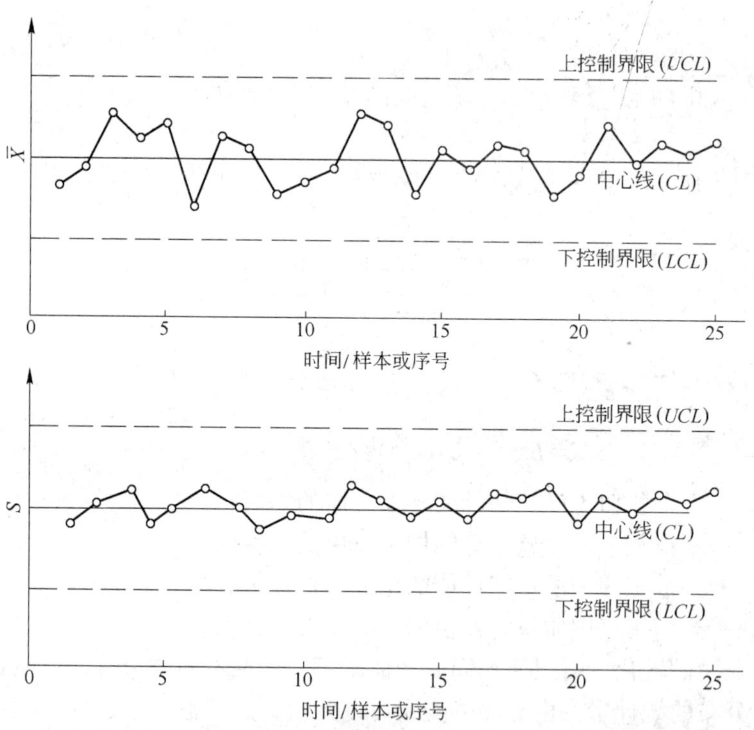

图 5-8 $\overline{X}-S$ 控制图

上一节的数据变换估计统计量，利用历史信息估算过程参数，对当前数据进行一次转换。本次转换只是利用历史相似信息重新估算当前统计量，为了更进一步表明同一工序族内相似工序的变换趋势，把不同工序的质量特征值表现在同一张控制图上，本节再一次对工序质量特征数据进行变换，把具有相似工序的质量数据转换成服从同一分布的标准化数据，消除过程输出本身特征的影响，同时得到的数据服从同一正态分布的随机序列。具体的变换算法如下：

将相似的历史数据的总体均值和标准差分别作为当前的均值和标准差，控制量用样本的均值 $\overline{X}$ 和标准方差 S 表示。

均值控制图变化为：

如果控制量在控制界限内根据式（5-6）则：

$$LSL < \overline{X} < USL$$

即

$$\overline{\overline{X}} - A_1 \overline{S} < \overline{X} < \overline{\overline{X}} + A_1 \overline{S}$$

简单变形可得到：
$$-A_1 \overline{S} < \overline{X} - \overline{\overline{X}} < A_1 \overline{S} \tag{5-9}$$

进一步简化得到：
$$-A_1 < \frac{\overline{X} - \overline{\overline{X}}}{\overline{S}} < A_1 \tag{5-10}$$

这样可以把$(\overline{X} - \overline{\overline{X}})/\overline{S}$作为控制量

同样，标准差控制图变化为：

如果控制量在控制界限内根据式（5-8）则：

$$LSL < S < USL$$

即

$$B_3 \overline{S} < S < B_4 \overline{S}$$

简单变形可得到：
$$\frac{B_3 \overline{S}}{\overline{S}} < \frac{S}{\overline{S}} < \frac{B_4 \overline{S}}{\overline{S}} \tag{5-11}$$

进一步简化得到：
$$B_3 < \frac{S}{\overline{S}} < B_4 \tag{5-12}$$

这样可以把$S/\overline{S}$作为控制量。

总结上面的转换，绘制的$\overline{X} - S$图，控制变量化为：

均值图：
$$Z_i(\overline{X}_i - \overline{\overline{X}}_c)/\overline{S}_c \tag{5-13}$$

标准差图：
$$Y_i = S/\overline{S} \tag{5-14}$$

式中，$\overline{\overline{X}}_c$为目标的总体均值；$\overline{S}_c$为目标的标准方差

控制界限变化为：

均值图：
$$UCL = A_1,\ CL = 0,\ LCL = -A_1 \tag{5-15}$$

标准差图：
$$UCL = B_4,\ CL = 1,\ LCL = B_3 \tag{5-16}$$

这里的A_1、B_3、B_4是与每组的样本有关的常数[52]。通过上面的变换可看出，改变后的$\overline{X} - S$图的控制界限只与统计样本的大小有关，这样极大地方便了控制图的应用，历史数据不足的问题也得到了解决。

5.3.5.4 基于相似工序的能力分析

在多品种、小批量生产环境下，由于品种多、批量小，工艺要求有所差别，使生产稳定性差，因此很难取得足够的数据来测算工序能力[133,134]。应用相似工序计算过程能力指数，使工序的相对批量加大可以解决数据不足的问题，但是归

类的总体毕竟不是来自一种产品的大量数据，所以同样也存在是否服从正态分布的问题。因此，进行正态检验以及对非正态数据的处理显得尤为重要。在计算工序能力指数时，技术人员应该了解这一点。

本书采用 C_{pk}[135]指数作为进行过程能力的分析的指标。但是由于上面我们对于多品种、小批量的生产模式下的统计质量数据进行了标准化变换，所以原公式显然不再适用，我们对它进行了改进。

$$C_{pk} = \frac{T_U - T_L - 2|M - \mu|}{6\sigma} = \frac{\min\{T_U - \mu, \mu - T_L\}}{3\sigma} = (1 - k)C_p \tag{5-17}$$

式中，k 表示 μ 偏移 M 的偏移度，$k = |M - \mu|/\Delta$。

本文利用下式来计算过程能力指数：

$$C_{pk} = \min\left\{\frac{USL^{(Q)} - \overline{\overline{X}}_c}{3\hat{\sigma}}, \frac{\overline{\overline{X}}_c - LSL^{(Q)}}{3\hat{\sigma}}\right\} \tag{5-18}$$

式中，总体的偏差 $\hat{\sigma}$ 利用样本的标准差 S_c 来估算，估算方法为 $\hat{\sigma} = S_c/C_4$。S_c 由式（5-7）可算得，C_4 由附录 1[136]的控制图系数表可以查得。计算出来的过程能力指数在不同的范围可以说明不同的过程能力的高低，表明了过程的稳定程度以及应该采取的措施。

根据前面的理论，同一相似工序内的各工序能力指数是相似的。如果一工序可以划分到某一相似工序中，这一工序的工序能力指数就可以确定。在实际生产中，对每个工序进行能力分析的工作量很大，而且会导致工序能力指数繁杂。在产品设计阶段，也需要预先了解现有的生产能力能否满足设计、顾客的需求。可以通过相似工序来大致了解工序能力指数。

5.3.6　工序质量诊断

质量诊断[137]是指诊断人员运用现代科学技术和管理的方法，针对产品质量方面存在的问题，客观地进行独立的调研、评价，并为消除缺点、提高管理水平而提出改进建议和实施指导的全部活动过程。质量诊断主要包括质量管理诊断、产品质量诊断和工序质量诊断。

质量管理诊断是指对质量管理工作的诊断。它主要是对企业有关质量管理职能的有效性进行诊断，从组织上和策略上保证企业的质量始终处于受控状态。

产品质量诊断相似于检验，指的是定期对已交库的产品进行抽查试验，检查产品质量能否满足用户的需要。通过诊断检查，掌握产品的质量信息，以便及早采取措施加以改进。

工序质量诊断，指的是对工序质量进行检查，评价各工序能力是否达到要求，掌握工序质量信息，寻找影响工序质量的主要因素，以便采取对策加以改进。

工序质量诊断的目的就是考核各工序或工序中影响工序质量的各种因素是否处于受控状态。所谓“受控”就是要求：

（1）生产过程必须按规定的标准程序进行；

（2）随时监控质量动态，一旦发现“失控”，必须立即找出异常原因，尽可能把质量事故消除在发生之前；

（3）一旦发生质量问题，要能够及时发现，及时纠正，不出批量质量事故；

（4）产品质量具备可追溯性。

因此，工序质量诊断是实现在线动态工序质量控制的关键，是工序质量控制研究的重点。尤其是在网络化制造环境下的工序质量诊断技术，将是本小节叙述的重点。

5.3.6.1 工序质量诊断原理

在机械加工过程中，影响工序质量的因素极其复杂，零件的最终质量受制造系统中多种因素的影响，且各种因素在不同的条件下，以不同的程度和方式影响零件的加工质量。工序质量诊断的目的就是从众多影响加工质量的因素中，找到影响加工质量的主要因素，即诊断主要的工序质量误差源。

从分析人类专家的诊断思维可知，人类进行工序质量误差源的诊断一般采用3种方法：一是研究某一因素对加工误差形式、性质的影响，通过理论分析计算或实验测试等方法建立工序质量误差源和加工误差之间的理论或实验关系，为寻找产生某一加工误差的主要误差源提供理论依据。这种方法是从误差源出发，分析其产生的加工误差；二是根据加工误差的形式和表现的特征分析产生这种误差的主要原因，这种方法是从加工误差的现象出发，分析查找工序质量误差源的所在；另外一种方法是利用专家的联想记忆功能，根据以往处理类似问题的实例，来求解新的工序质量问题。在人类实际的质量诊断活动中，质量诊断人员是综合使用上述3种诊断方法的。

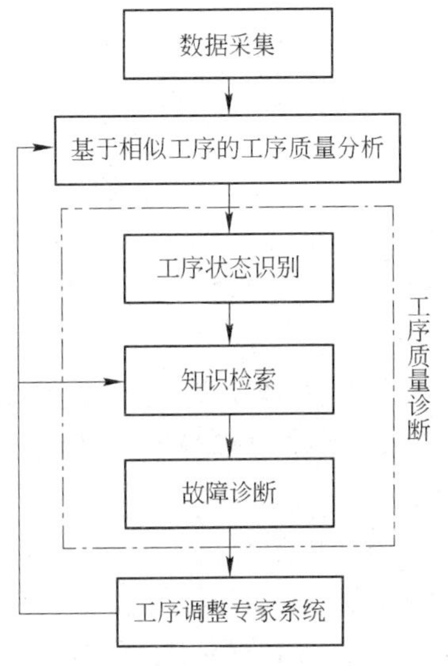

图5-9 工序质量诊断流程

工序质量诊断的流程如图5-9所示。其中最为关键的是工序状态识别、知识检索和故障诊断三个环节。工序状态识别通过对上节基于相似工序的工序质量分析对工序质量特征值转换处理得到相似工序的控制图进行工序状态识别，从而获得当前工序质量状态；根据识别结果，从人、机、料、法、环、测（5M1E）等角度进行检索，排查质量问题的可能故障源；最后依照相关准则对质量故障源给出诊断结果，将诊断结果送入工序调整专家系统，最后得到工序调整措施。

从数学角度看，质量诊断的过程实际上就是把症状空间的向量映射到故障源空间，即实现空间 X（症状空间）到空间 Y（故障源）的映射 F（映射关系）。映射关系 F 是未知的，质量诊断的实质也就是综合各种知识和方法，找出这种映射关系 F，进而应用这种关系，在以后发生质量问题时能快速找出问题根源，如图 5-10 所示。

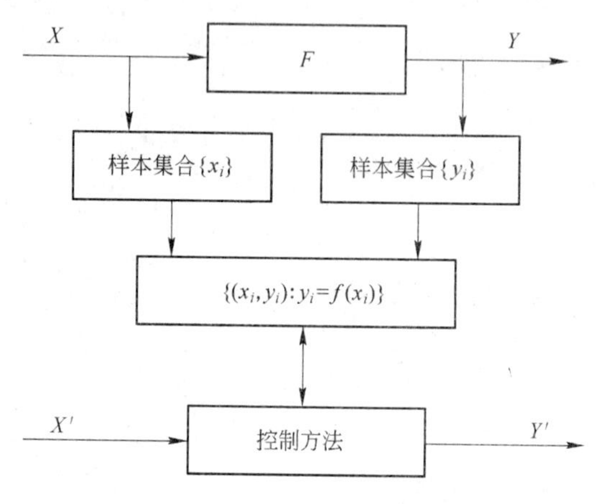

图 5-10　工序质量诊断原理

5.3.6.2　基于神经网络的工序质量诊断技术

目前在工序质量诊断方面的研究大多是设计质量诊断型专家系统（expert system）[146~149]。专家系统依据人类处理问题的方式构建，具有保存知识和积累相关经验以提供未来解决问题参考的功能，可以缓解专家缺乏和取代部分专家的功能。然而，当前这方面的研究尚停留在理论层面，研究内容多集中于故障诊断专家系统的体系构建，其应用效果难以仿真模拟。由于专家系统自身结构的限制，当前尚未出现应用于实际的成熟稳定的工序质量诊断专家系统。因此，本书结合人工神经网络技术的非线性特征、分布式处理、自学习能力强等优点，提出应用神经网络技术进行工序质量问题的推理诊断。根据神经网络技术的特点、应用流程以及工序质量诊断的原理，总结出神经网络技术与工序质量诊断有以下结合点：

基于以上分析可知，应用何种控制方法查找这种映射关系，是智能化工序质量诊断的关键问题所在。

（1）在机械加工过程系统中，影响工序质量的因素极其复杂，从故障现象到故障原因的推理过程是非线性的。神经网络技术的非线性特征能够满足这种要求。

（2）工序质量诊断系统不但能够对以往出现过的故障进行有效识别，还能够对初次出现的质量问题给出初步诊断，或提供参考信息，即诊断系统有一定的学习拓展能力。神经网络技术对复杂不确定问题具有自适应和自学习能力，能够按照以往处理的隐含规则给出进一步的分析结果。

（3）工序质量诊断过程中需要同时处理多种多样的质量信息，而且要求信息处理必须及时。神经网络技术信息处理的并行机制可以解决控制系统中大规模实时计算问题，而且并行机制中的冗余性可以使控制系统具有很强的容错能力。同时，神经网络技术还具有很强的信息综合能力，能同时处理定量和定性的信息，从而很好地协调多种输入信息的关系，这也满足工序质量信息多样性的特点。

（4）工序质量受到来自 5M1E 条件下多种因素的影响，有些甚至是异常干扰。通常当工序质量控制系统的某个非关键环节受到影响时，要求其他环节依然可以发挥作用，即要求系统有一定的抗干扰能力。神经网络的信息分布特点，使经过训练的神经网络具有强大的联想能力，对个别神经元和连接权值的损坏，并不会对信息特征造成太大的影响，因此神经网络具有很好的鲁棒性，即神经网络受干扰时具有良好的自动稳定特性和强大的容错能力。

根据以上分析，相对于专家系统，基于神经网络的工序质量诊断具有以下优点：

（1）网络计算过程实际是一种并行推理过程。神经网络同一层神经元在原理上是并行处理的，层间的处理是串行的，而每一层的神经元数目比神经网络的层数要大得多，因而可认为是一种并行推理，而传统专家系统的推理是串行递推过程。

（2）提高了推理速度。传统专家系统采用“递归”、“回溯”、“匹配”等简单手段来实现推理，速度很慢，而神经网络的推理则通过权值数据与输入数据的运算来完成，即由以前的符号运算转变为现在的数值运算，从而大幅提高了推理速度。

（3）克服了冲突。传统专家系统中，如果输入的事实与多条规则的前提相匹配，便出现了冲突问题，从而影响了专家系统的求解速度与准确性，而神经网络信息处理过程中，知识规则分布隐含于各神经元，通过神经计算进行求解的推理策略完全避免了冲突。

综上所述，将神经网络技术应用于工序质量诊断，充分利用了神经网络技术成熟强大的信息处理和自学习能力，有效避免了以往系统中“知识瓶颈”、“推理危机”等缺陷；可以很好地满足工序质量控制系统多方面的要求。基于以上分析，提出基于神经网络技术的工序质量诊断，其机理如图 5-11 所示。

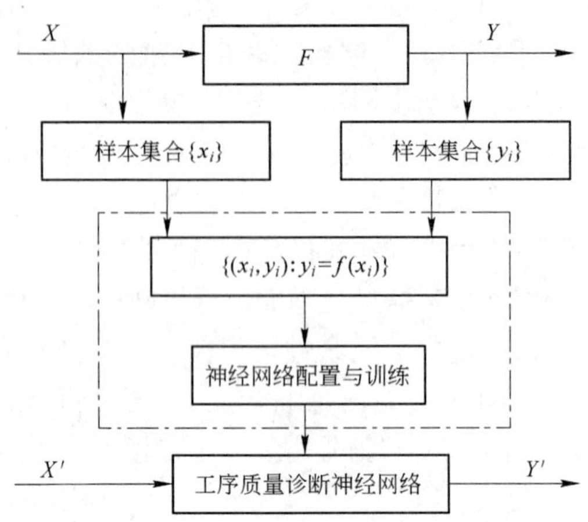

图 5-11　基于神经网络的工序质量诊断原理

在映射关系 F 未知的情况下，首先选择一定数量，具有代表意义的症状空间样本集合$\{x_i\}$和对应的故障原因样本集合$\{y_i\}$，组成训练样本集合$\{(x_i, y_i)\}$，应用训练样本集合对构造的神经网络进行训练，根据训练结果逐步调整神经网络参数，直到网络输出 Y' 与实际输出 Y 的误差 $\Delta = Y' - Y$ 在可接受范围内。训练完毕且符合要求后，即可用于工序质量诊断。

5.3.6.3　面向工序质量诊断的神经网络设计

A　工序质量控制图的异常模式

反映工序质量状况的信息来自多个方面，其中工序质量控制图是质量状况最直接、最确切的表现方式。工序质量控制图是对工序输出值的监视，可根据加工过程中不同的控制状态，呈现出不同的模式。模式的分类是我们通过质量控制图了解工序波动状况的基础，模式分类原则一方面要使它具有明显的物理意义，另一方面是分类后的模式要便于识别。

工序质量受随机误差和系统误差的双重作用，工序质量特征值在这两类因素的作用下，围绕特征均值上下波动，使得控制图上的点子表现出不同的分布。在实际生产过程中，除上述基本异常模式外，控制点的分布还可能出现趋势型（逐渐上升或逐渐下降）、阶跃型（向上或向下）、周期型等分布特征[138]，如图 5-12 所示。这些模式在具体的应用场合中常常映射出不同的失控原因，例如在外圆车削加工时，当工件尺寸在控制图上呈现出上升趋势型模式，则意味着可能由于刀具的急剧钝化所致；当呈现出周期型模式，则可能是由于温度、操作工人或机床等因素发生了周期性轮转所致。通过识别这些失控模式可以得到非常有价值的诊断信息，从而指导操作者进行调整，减少质量波动，达到预防性质量控制的

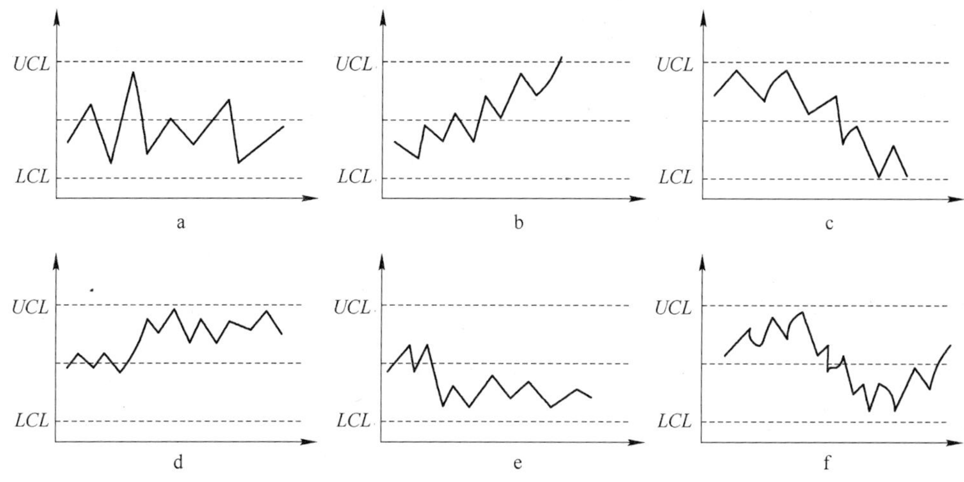

图 5-12 控制图的 6 种模式

a—正常模式；b—上升趋势模式；c—下降趋势模式；d—向上阶跃模式；
e—向下阶跃模式；f—周期模式

目的。

为了便于工序质量识别和控制，根据蒙特卡罗（Monte Carlo）模拟法[139]，可将控制图数据描述为：

$$y(t) = u + x(t) + d(t) \qquad t = 1,2,\cdots,T \tag{5-19}$$

式中，$y(t)$为工序质量参数值；u 为工序受控条件下的质量参数均值；$x(t)$为 t 时刻由偶然因素引起的随机性误差干扰，$x(t) \sim N(0,\sigma^2)$，σ^2 为工序受控时统计量的方差值；$d(t)$为 t 时刻系统性误差干扰，可通过使用不同的 $d(t)$ 函数来刻画各种特殊失控模式。为了讨论方便，不失一般性，取 $u=0$，$\sigma=1$，$T=20$，即每个样本含 20 维特征。

以均值控制图为例，正常模式是指控制图上点的分布呈现出随机性，或者说以中心线为均值，以控制限为界限的正态分布，这意味着过程仅受随机误差干扰的影响，说明过程是稳定的，即通过 $x(t)$来反映；异常模式是指控制图上点的分布呈现出某种系统性（或非随机性）特征，这意味着过程受到了系统误差干扰的影响，说明过程处于异常状态，即通过 $d(t)$ 来反映。

本书结合实际生产中出现的情况，根据控制图上点子的位置或造成分布可能的原因定义如下三类（共 5 种）特殊异常模式，即：趋势型异常模式（特征值分布呈逐渐上升或逐渐下降趋势）、阶跃型异常模式（特征值分布突然大幅上升或下降）和周期型异常模式（特征值分布变化呈周期特点）。进一步数学描述为：

对于周期型模式：　$d(t) = a\sin(2\pi t/T)$

式中，T 为循环变化周期；a 为幅值增益。定义幅值增益 a 的变化范围：$1.0\sigma \leqslant a \leqslant 3.0\sigma$，$2 \leqslant T \leqslant 9$。

对于趋势型模式：　$d(t) = \pm dt$

式中，+、-分别代表上升和下降趋势；参数 d 为倾斜度，定义 d 的变化范围：$1.0\sigma \leqslant |d| \leqslant 3.0\sigma$。

对于阶跃型模式：　$d(t) = \pm vs$

式中，+、-分别代表向上阶跃和向下阶跃；v 表示阶跃位置，在阶跃前取值为0，阶跃后为1；s 为阶跃幅值。定义 s 的变化范围：$1.0\sigma \leqslant |s| \leqslant 3.0\sigma$。

在控制图上，阶跃型模式表现为过程质量水平发生了突然的偏移。对应的原因一般有：引入新的工人、加工方法、原材料、机器、检验方法，改变了标准或操作者技术大幅改变等等；趋势型模式表现为质量特征值在总体趋势上向一个方向连续的增大或减小。其对应的异常原因一般有：刀具或工序关键部位缓慢的磨损或变差，工人疲劳或缺乏有效的监督，或温度的季节性变化等；周期型模式表现为质量特征值的周期性变化。一般可能是由于系统环境变化所致，如温度周期性变化，操作者和（或）机床有规律地轮转，生产设备中电压或其他变量的周期性波动等。

B 基于神经网络的工序质量控制图异常模式识别

准确识别工序质量的状态是工序质量诊断和控制的前提和基础。工序质量控制图集中反映了工序质量信息，通过对控制图信息的有效解读，可以使相关人员对工序质量状态具有清晰的认识，是工序质量诊断的核心。随着计算机在现代制造系统中的广泛应用，控制图的人工判别已被计算机所代替，智能化控制成为工序质量控制系统的主要特征。控制图模式的智能化识别方法也成为过程质量控制研究领域的一个热点。

工序质量控制图的模式识别是基于 SPC 的智能工序质量诊断分析系统的基础。早期这方面的研究工作主要集中于采用统计分类及专家系统方法，编制质量控制软件系统用来识别控制图所处的状态。统计分类及专家系统方法对控制图的分析和判断是基于通用规则或企业内部制定的判定规则，它存在以下一些问题：

（1）由于生产过程的复杂性和各企业生产的特殊性，各企业内部制定的判定规则不尽相同，而通用判定规则又很难涵盖生产过程可能出现各种异常状态，这使得所编制的软件系统通用性较差。

(2) 基于规则的识别系统需要对大量的规则推理进行描述，而混合引起的组合爆炸使得这种描述遇到困难。同时，这种大量的规则推理会使系统的识别效率降低，不利于生产过程的在线实时监控。

(3) 随机因素的存在使得控制图异常模式间的差异比较模糊，从而影响到基于规则的识别系统的判别精度。统计分类和专家系统方法存在的问题迫使研究人员转向寻找其他更加有效的方法来完成这类工作。

20 世纪 90 年代以来，随着神经网络技术的快速发展，国内外许多专家学者利用神经网络的自组织、自学习、联想记忆、分布式并行计算及良好的容错性能等特点，将其应用到控制图的模式识别中，展开了研究，并开发出一些实用系统。研究表明：采用神经网络的方法比基于规则的统计分类和专家系统方法具有更好的性能。

据统计，在控制图模式识别方面应用的神经网络，接近 90% 的网络模型采用误差方向传播（Back Propagation，BP）网络及其改进算法。应该说，基于 BP 网络的控制图模式识别比基于规则的统计分类和专家系统方法具有更好的性能，在对一些单模式或几种基本模式的识别应用汇总取得了较好的效果，研究中对这些模式的识别精度可以达到 90% 左右。但是，由于 BP 网络所固有的结构复杂、学习速度慢和自适应能力差的特点，使其在控制图模式识别应用中具有了一定的局限性。

相对于静态前向型神经网络，Elman 网络是一种典型的 RNN 反馈型神经网络，具有更强的计算能力，能够更生动、直接地反映系统的动态特征，且收敛速度较快。该网络是在 BP 网络基本结构的基础上，通过存储内部状态使其具备映射同代特征功能，从而使系统具有适应时变特性的能力。在网络的收敛性方面，从理论上证明了在阈值不为 0，多维输入的条件下 Elman 网络是全局收敛的。基于以上分析，Elman 网络能够很好弥补 BP 网络在工序质量控制图中应用的缺陷。因此，提出将 Elman 网络应用在工序质量控制图异常模式识别，能够更快速、更准确的识别出当前的工序状态，从而实现在线工序质量诊断。

C Elman 神经网络

a Elman 网络基本模型

Elman 网络[140,141]是一种典型的 RNN，它是在 BP 的基本结构基础上，通过存储内部状态使其具备映射同代特征功能，从而使系统具有适应时变特性的能力。Elman 型反馈 ANN（如图 5-13 所示）一般分为 4 层：输入层、中间层（隐含层）、承接层和输出层。其中，输入层、中间层和输出层的连接类似于前馈网络，输入层的单元仅起信号传输作用，输出层单元起线性加权作用，中间层单元的传递函数可采用线性或非线性函数，承接层用来记忆中间层单元前一时刻的输出值，可以认为是一个一步时延算子。因此，这里的前馈连接部分可以进行连接

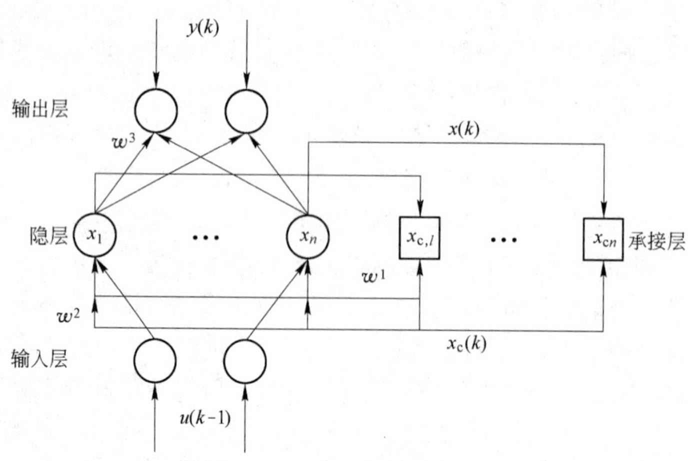

图 5-13　Elman 神经网络模型

权的修改，而递归部分则是固定的，不可以进行学习修改。因此这个 Elman 是一个部分递归的网络。具体地，结构单元 k 时刻的输出，等于隐层在 $k-1$ 时刻的输出加上结构单元 $k-1$ 时刻的输出值的 α 倍，即：

$$x_{c,l}(k) = \alpha \cdot x_{c,l}(k-1) + x_l(k-1) \quad l = 1,2,\cdots,n \tag{5-20}$$

式中，$x_{c,l}(k)$ 和 $x_l(k)$ 分别表示第 l 个结构单元和第 l 个隐层单元的输出，α 为自连接反馈增益因子。当 α 固定为零时此网络为标准的 Elman 网络，α 不为零时，为修改的 Elman 网络。

Elman 网络的非线性状态空间表达式[142]为：

$$x(k) = f(W^1 x_c(k) + W^2 u(k-1)) \tag{5-21}$$

$$x_c(k) = \alpha \cdot x_c(k-1) + x(k-1) \tag{5-22}$$

$$y_k = g(W^3 x(k)) \tag{5-23}$$

式中，$f(x)$ 多取为 sigmoid 函数，即：

$$f(x) = \frac{1}{1 + e^{-x}} \tag{5-24}$$

$g(x)$ 多取为线性函数，即：

$$y_k = W^3 x(k) \tag{5-25}$$

式中，y、x、u、x_c 分别表示 M 维输出节点向量、n 维中间层节点单元向量、N 维输入向量和 n 维反馈状态向量；W^3、W^2、W^1 分别表示中间层到输出层、输入层到中间层、承接层到中间层的连接权值。

b　Elman 网络的学习算法[143,144]

定义误差函数为：

$$E = \frac{1}{2}(y_{\mathrm{d}}(k) - y(k))^{T}(y_{\mathrm{d}}(k) - y(k)) \tag{5-26}$$

将 E 对隐层到输出层的连接权 W^3 求偏导，得：

$$\frac{\partial E}{\partial w_{ij}^{3}} = -(y_{\mathrm{d},i}(k) - y(k))\frac{\partial y_i(k)}{\partial w_{ij}^{3}} = -(y_{\mathrm{d},i}(k) - y(k))g'_i(\cdot)x_j(k) \tag{5-27}$$

令 $\delta_i^o = (y_{\mathrm{d},i}(k) - y(k))g'_i(\cdot)$，则：

$$\frac{\partial E}{\partial w_{ij}^{3}} = -\delta_i^o x_j(k) \quad i = 1,2,\cdots,m;\ j = 1,2,\cdots,n \tag{5-28}$$

将 E 对输入层到隐层的连接权 W^2 求偏导，得：

$$\frac{\partial E}{\partial w_{ij}^{2}} = \frac{\partial E}{\partial x_j(k)}\frac{\partial x_j(k)}{\partial w_{ij}^{2}} = \sum_{i=1}^{m}(-\delta_i^o w_{ij}^{3})u_{\mathrm{q}}(k-1) \tag{5-29}$$

令 $\delta_j^h = \sum(-\delta_i^o w_{ij}^3)f'_j(\cdot)$，则：

$$\frac{\partial E}{\partial w_{ij}^{3}} = -\delta_j^h u_{\mathrm{q}}(k-1) \quad j = 1,2,\cdots,n;\ q = 1,2,\cdots,r \tag{5-30}$$

类似地，对结构单元到隐层的连接权 W^1 求偏导，得：

$$\frac{\partial E}{\partial w_{jl}^{1}} = \sum_{i=1}^{m} = (-\delta_i^o w_{ij}^{3})\frac{\partial x_j(k)}{\partial w_{jl}^{1}} \quad j = 1,2,\cdots,n;\ l = 1,2,\cdots,n \tag{5-31}$$

注意到在上面的式子中：

$$\begin{aligned}\frac{\partial x_j(k)}{\partial w_{ij}^{1}} &= \frac{\partial}{\partial w_{jl}^{1}}\Big(f_j\Big(\sum_{i=1}^{n} w_{ij}^{1}x_{\mathrm{c},j}(k) + \sum_{i=1}^{r} w_{jl}^{2}u_{\mathrm{k}}(k-1)\Big)\Big)\\ &= f'_j(\cdot)\left(x_{\mathrm{c},j}(k) + \sum w_{jl}^{1}\frac{\partial x_{\mathrm{c},i}(k)}{\partial w_{ij}^{1}}\right)\end{aligned} \tag{5-32}$$

不考虑 $x_{\mathrm{c}}(k)$ 对连接权 w_{ij}^1 的依赖，则：

$$\frac{\partial x_j(k)}{\partial w_{ij}^{1}} = f'_j(\cdot)x_{\mathrm{c},l}(k) \tag{5-33}$$

代入式（5-27），得：

$$f'_j(\cdot)x_{\mathrm{c},l}(k) = f'_j(\cdot)x_l(k-1) + \alpha\cdot\frac{\partial x_j(k-1)}{\partial w_{ij}^{1}} \tag{5-34}$$

D　面向工序质量诊断的 Elman 网络设计

根据前面 3.1 小节对控制图异常模式的描述，可通过使用不同的 $d(t)$ 函数来刻画各种特殊异常模式，$d(t)$ 函数的几种形式前文已给出的定义。对控制图特殊异常模式的识别，也就是对 $d(t)$ 函数进行处理。可按照如下步骤构建 Elman 网络。

a　确定输入/输出属性

面向工序质量控制图异常模式识别 Elman 网络是对控制图上点子的分布状况进行分析。点子的分布状况又取决于它代表的质量特征值。因此，Elman 网络的输入定义为 5.3.3 节中基于相似工序的工序质量控制图上连续多个点的质量特征值。在进行网络运算之前，首先要对质量特征值进行预处理，以便符合网络的输入特性要求。Elman 网络输出定义为工序质量控制图特殊异常模式的识别结果。

b　确定 Elman 网络结构层次和各层神经元数量

网络结构层次的多少与计算量和计算效率密切相关。Hecht-Nielsen[145] 证明了当各节点具有不同的门限时，对于在任何闭区间内的一个连续函数都可以用一个隐含层的网络来逼近。由于单隐层的 Elman 网络的功能已经非常强大，因此这里采用单隐层的 Elman 网络就足够了。因而一个 4 层的 Elman 网络可以完成任意的 n 维到 m 维的映射。所以，本书确定 Elman 网络由以下 4 层组成：输入层、中间层（隐含层）、承接层和输出层。如前所述，网络的输入是经过预处理的质量特征值序列，针对特殊模式的特点，本书选择连续 20 个数据点的特征值，进行预处理后，作为网络输入。输入层的神经元节点数定为 10。

中间层神经元个数，至今为止还没有一个理想的解析式能够确定其神经元的数目，采用 Kolmogorov 定理[140,141]：对于任意连续的函数小，可以有一个三层网络来精确地实现它，若网络的输入层有 N 个单元，则隐含层有 $2N+1$ 个单元。确定出隐含层节点数的理论值后，再通过试凑法和隐含层节点数确定规则（即 $n_2 \leqslant \sqrt{m(k+3)+1}$，其中，$n_2$ 为隐含层节点数；m 为输入层节点数；k 为输出层节点数）进行仿真对比，从而得出神经网络模型的最佳隐含层节点数。

输出层节点数量与期望输出的结果有关。本文拟定输出为控制图的 5 种特殊异常状态模式和 1 种正常模式。即：输出层包括 6 个神经元，每个神经元代表一种模式类型，依次为：逐渐向上、逐渐向下、向上阶跃、向下阶跃、周期模式和正常模式。如果为该模式，对应神经元输出为 1，否则为 0。

c　确定网络算法

网络采用的算法是神经网络数据处理的核心环节。它直接影响网络计算的性能。网络算法包含两个方面的内容：一是网络权值的变化算法；二是网络传递函数的设定。Elman 网络采用 BP 神经网络的学习算法，是在有教师学习方式下，针对一定的输入，考察网络计算后所得到的输出是否与期望输出足够接近：即误差的代价函数 $E(\omega,\beta)$ 达到最小。这个问题转化为如何调整连接权值系数 ω，以使得误差 E 最小。

网络性能函数采用误差平方和函数：

$$E(w) = \sum_{i=1}^{n} [y_k(w) - Y_k(w)]^2 \tag{5-35}$$

式中，$y_k(w)$为目标输出向量。

网络预测性能以预测值和实际值之差的标准差 D 度量和最大误差 E 度量：

$$D = \sqrt{\frac{1}{M}\sum_{i=1}^{M}(y_i - Y_i)^2} \tag{5-36}$$

式中，y_i 表示实际值；Y_i 表示网络预测值。

采用S(Sigmoid)型函数（式5-34）作为网络的传递函数，这是因为S型作用函数的中间高增益区可处理小激励信号，而两边的低增益区正适合处理大的激励信号，因此它能有效处理较大范围的输入数据，适合应用于多模式识别的场合。

$$y = f(x) = \frac{1}{1 + e^{-x}} \tag{5-37}$$

由于网络中间层到输出层采用了对数Sigmoid函数作为传递函数，所以网络输出值的范围是（-1，1），因此当某一个神经元的输出不小于0.5，而其他神经元的输出小于0.5时就确定输入为这个神经元所代表的模式类型。

5.3.6.4 网络训练方案

A 训练方法与模式

首先应用蒙特卡罗方法模拟产生一批各种模式下的数据样本及其对应的异常模式，然后将输入/输出样本数据输入网络，由网络进行计算，并按照前文拟定的算法逐步调整权值，直到网络输出与期望输出之间的误差符合要求为止，即完成网络训练。

在网络的训练模式上有两种选择：递增模式和批处理模式。在递增模式中，当每个样本输入应用于网络之后，就对网络的权值和阈值进行调整。而在批处理模式中，只有当所有的样本输入都应用于网络之后，网络的权值和阈值才会得到调整。考虑到质量诊断样本类型众多，单个样本不足以反映整体特征，如果递增训练无法得到整体最优的权值匹配参数，应选择批处理训练模式。

B 训练样本

由于采用有教师训练方式，因此完整的训练样本包含两个部分：一是网络输入值；二是网络期望输出值。控制图原始数据是实数型数据，不同工序的特征值数据差别较大，为了提高网络的通用性，在不改变数据内在特征的情况下，简化实验数据表示的复杂程度，有效地提高了网络的训练速度和判别效率。因此，对每个观测点的原始数据进行输入网络前的预处理，使网络更容易收敛。

网络期望输出值是各种异常模式的数字表示序列。例如：向下阶跃型异常模式，其对应的期望输出为［0，0，0，0，1，0］，上升趋势异常模式对应的期望

输出为 [0，1，0，0，0，0]，具体的异常模式期望输出值如表 5-4 所示。

表 5-4　输出目标值

模　式	1	2	3	4	5	6
正常模式	1	0	0	0	0	0
上升趋势	0	1	0	0	0	0
下降趋势	0	0	1	0	0	0
向上阶跃	0	0	0	1	0	0
向下阶跃	0	0	0	0	1	0
周期模式	0	0	0	0	0	1

C　仿真计算

以 8 种不同零件车削外圆工序为例，说明网络的仿真过程。

某 8 种不同的零件先后由同一个操作人员在较短时间内、在同一套设备上加工，工序名称均为精车外圆，各工序质量特征均为外圆直径尺寸 ϕ，精度要求分别为 $40^{+0.020}_{+0.003}$，$100^{+0.024}_{+0.002}$，$160^{+0.029}_{+0.002}$，$200^{+0.031}_{+0.003}$，$80^{+0.023}_{+0.003}$，$120^{+0.028}_{+0.003}$，$225^{+0.033}_{+0.004}$，$125^{+0.021}_{+0.002}$。质量特征值均为外圆直径尺寸，操作人员和测量人员相同，用同一套设备，毛坯材料相同，工序名称均为精车外圆，而且满足同一个经济精度（h6 级），测量方法相同。可见，质量特征值编码的所有因素均相同，满足相似工序的条件，被划分为同一个相似工序。

将这一相似工序中的不同质量特征值转换为标准数据 Z_{ij}（如表 5-5 所示）按照时间窗为控制图上连续 28 个点来构造识别网络 Elman 的输入向量，即 $P=$ [−0.029， −0.088，0.265，0.029，0.147， −0.205，0.000，0.136，0.091， −0.182，0.056， −0.056， −0.129， −0.107，0.143， −0.250，0.050，0.200，0.000， −0.200， −0.180，0.140， −0.140， −0.121，0.086， −0.026， −0.155，0.155]。控制图的参数：$UCL=0.462$，$CL=-0.255$，$LCL=-0.513$。控制图如图 5-14所示。

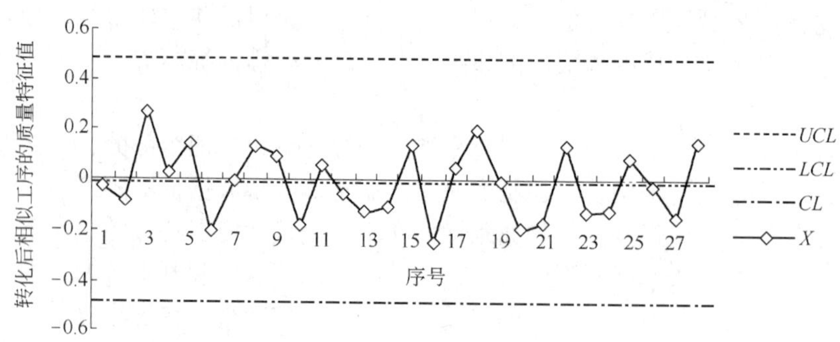

图 5-14　基于相似工序的控制图示例

表 5-5　$\overline{X}$ 数据转换计算

序号	X_{ij}	Z_{ij}	R_i	序号	X_{ij}	Z_{ij}	R_i
1	40.011	-0.029	—	15	200.021	0.143	0.250
2	40.010	-0.088	0.059	16	80.008	-0.250	0.393
3	40.016	0.265	0.353	17	80.014	0.050	0.300
4	40.012	0.029	0.236	18	80.017	0.200	0.150
5	40.014	0.147	0.118	19	80.013	0.000	0.200
6	40.008	-0.205	0.205	20	80.010	-0.200	0.200
7	100.013	0.000	0.205	21	120.011	-0.180	0.002
8	100.016	0.136	0.136	22	120.019	0.140	0.320
9	100.011	0.091	0.045	23	120.012	-0.140	0.280
10	100.009	-0.182	0.273	24	225.015	-0.121	0.019
11	160.017	0.056	0.238	25	225.021	0.086	0.207
12	160.014	-0.056	0.112	26	125.011	-0.026	0.112
13	160.012	-0.129	0.073	27	125.007	-0.155	0.129
14	200.014	-0.107	0.022	28	125.016	0.155	0.310

步骤 1：输入样本数据。样本数据包括初始化后的控制图质量特征值及其对应的期望输出代码。本例中向网络输入的是矩阵 $\boldsymbol{X}$ 和矩阵 $\boldsymbol{T}$；

步骤 2：网络计算。首先根据上节的网络设计中的结构和学习算法，从网络的第一层向后计算各个神经元的输出及神经元之间连接的阈值和权值向量；然后再从网络最后一层向前计算各个权值和阈值对总误差 $E(\omega,\beta)$ 的影响（梯度），据此对各个权值和阈值进行修改。网络计算反复进行，直到总误差 $E(\omega,\beta)$ 的值符合要求。本例设定总误差 $E<0.01$ 即表示符合要求；

步骤 3：根据网络计算过程，输出网络运算结果。本例中经过网络计算，输出值为 $\boldsymbol{T}'$ = [0.4610, 0.3925, -0.1356, 1.0199, -0.0615, -0.4283]，与向上阶跃模式的期望输出 $\boldsymbol{T}$ = [0, 0, 0, 1, 0, 0] 的误差符合要求。图 5-15

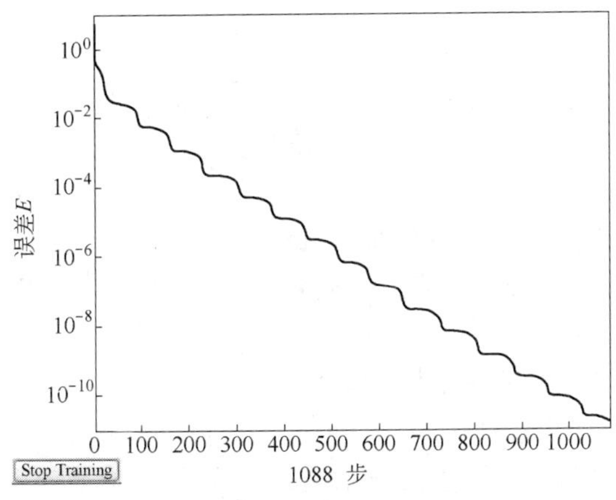

图 5-15　Elman 网络的训练仿真图

为 Elman 网络训练仿真图。

应用 Matlab 神经网络工具箱进行网络计算，计算细节在本书 5.4 节实例分析部分详细描述。

5.3.7　工序质量调整专家系统

工序质量调整主要应用工序质量调整专家系统，根据历史经验和收集到的工序质量控制信息以及工序质量诊断结果找出影响工序质量的因素，通过工序质量调整专家系统设计工序质量改进方案，对工序质量进行调整。

5.3.7.1　工序质量调整专家系统体系结构

工序质量调整专家系统应用基于知识的设计方法，将工序质量控制领域内的专家知识和工艺人员的先验知识转化为计算机内的专家系统，对工序质量进行有效控制，确保实现预定目标，使工序质量调整工作智能化。因此，建立了工序质量调整专家知识库和推理机构（如图 5-16 所示）。

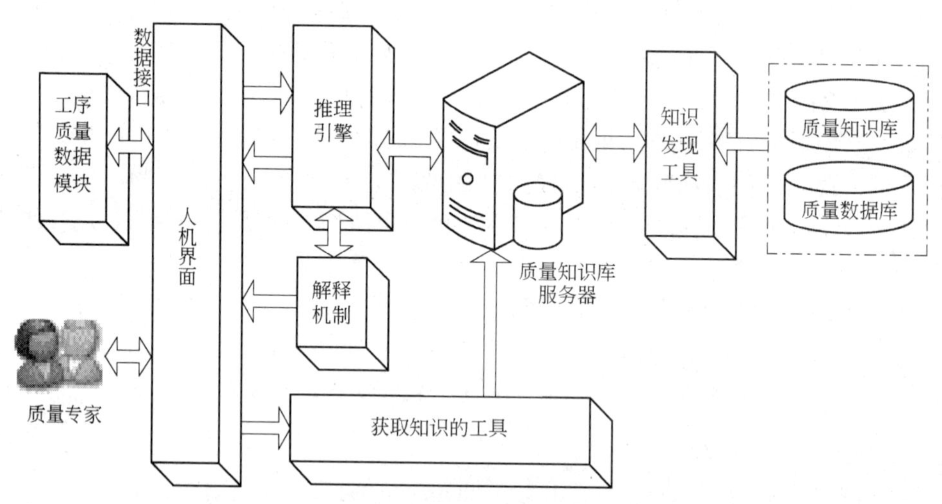

图 5-16　工序质量调整专家系统体系结构

系统采用产生式结构，主要由如下几个部分组成：

（1）质量知识库。用于存放工序质量控制、工序质量问题处理等专门领域知识。

（2）质量数据库。一组描述过程处理对象的符号、概念（或事实）集合，包含问题初始数据、求解过程的临时数据、诊断获得的工序质量异常模式、测试设备的测试数据以及最后结果等信息，该部分的信息处于不断更新变换的状态。

（3）推理引擎。根据工序质量诊断模块传入的工序质量异常模式，利用知识库中的知识，按一定的推理方法和搜索策略进行推理以得到问题的解决方案。

（4）知识的获取系统。将工序质量问题的事实性知识或专家的正确经验知识转化为计算机可利用的形式，输入知识库。

（5）解释机制。回答用户对系统的提问，解释推理过程。

（6）人机接口和测试仪器数据接口。专家输入知识，更新和完善知识库，其他模块向系统输入问题或将各种工序质量控制信息从工序质量数据接口输入，系统根据输入数据给出推理结果。

5.3.7.2 知识表示

工序质量调整专家系统中质量知识库的知识包括三部分：规则、事实、元知识。规则是质量知识库的核心，它反映了工序质量调整的基本规律，采用产生式规则表示，规则中允许与（AND）、或（OR）、非（NOT）等布尔型操作的任意连接形式，对不精确规则采用可信度描述；事实表示具体的工序异常模式（即工序质量诊断结果）、工序质量调整措施、工序质量因素等已知的源知识；元知识是控制规则应用、比较、行动的事实性知识，即按照某一给定的顺序执行规则，又称为规则执行的规则。影响控制图的因素主要是人员、设备、材料、方法、环境和测量等6个方面，在构造知识库时可根据这6个方面来建立相应的规则（如表5-6所示）。

表5-6 诊断结构对应的工序质量调整措施

诊断结果	工序质量调整措施
正常模式 点在或接近控制线	无需调整
	工序设置
	调整操作人员
	检测原材料是否变化
	检测零件是否有缺陷
上升趋势模式 下降趋势模式	更换刀具
	轮换工人
	检测车间温度
向上阶跃模式 向下阶跃模式	检查是否采用新的工装卡具、机床零部件等
	检查标准是否改变
	检查工人状态
周期模式	调整系统性环境，如控制温度变化、调整工人的轮换、改变维修周期、检测电压波动等

对于推理过程：IF 事实存在，THEN ORDER（规则 1；规则 2；…）［WITH CF =（可信度）］中包括的规则、元知识、事实等知识的描述如下：

规则可表示为：

规则 1：IF 上升趋势 OR 下降趋势
　　THEN 更换刀具 WITH CF = 0.8

规则 2：IF 周期模式
　　THEN 调整操作员 AND 检查环境设施 With CF = 1
　　⋮

元知识：ORDER 表示按某种规则执行规则表中的规则，规则 1 失败，则按 ORDER 规则选择下一条规则进行匹配，依此类推，一旦规则执行成功，规则的结论存入知识黑板，作为下一次推理的事实知识，直到所有规则匹配完成，结束推理。

事实知识由两种类型的知识构成：一是从零件图中抽取出的加工特征信息；一是根据上述特征信息，由规则匹配推导出的中间结果作为下一次推理的事实。

5.3.7.3　推理机制

推理机制是专家系统的核心。它主要取决于知识的表达方式，推理主要是依靠对知识库的搜索，通过符号的模式匹配实现的。常用的三种推理方法是：正向推理（数据驱动）、反向推理（目标驱动）和混合推理（混合驱动）。

正向推理，又称数据驱动控制、自下而上控制、前向链（forward chaining）控制、模式制导推理等。其基本思想是从已知数据信息出发，正向使用规则（让规则的前提与数据库匹配），求解待解的问题。它要求用户首先输入有关当前问题的信息作为数据库中的事实。对于推理过程而言，正向推理的优点是比较直观的，允许用户主动提供有用的事实信息，即根据工序质量诊断结果来查找工序调整措施，较符合人类的思维；缺点是推理时无明确目标，求解问题时可能要执行许多与解无关的操作，导致推理效率较低。

反向推理又称目标驱动控制、逆向推理、自上而下推理、逆向链（backward chaining）控制、目标制导推理等。其基本思想是：选定一个目标，然后在知识库中查找能导出该目标的规则集，如果这些规则集中某条规则前提与数据库中数据匹配，则执行该规则。否则该规则前提作为子目标，递归执行刚才的过程，直到总目标被求解或没有能导出目标（包括子目标）的规则时止。其优点是不必使用与总目标无关的规则，即先假设一个工序诊断结果，然后对其进行验证。这种作法避免向用户询问无关的证据，而且有利于向用户提供解释；缺点是推出的假设要尽量符合实际，否则就要多次提出假设，也会影响问题求解的效率。

而混合推理是将正向推理和反向推理结合起来。其基本思想是：先根据用户提供的事实进行正向推理，并检测相应规则，当推理到某个中间结论时，启动反向推理机，这时根据已得出的中间结论进行假设方案（目标）的选择，最后再根据该假设方案反向检测相应的规则。这种控制策略与知识库相结合避免了正向推理的低效率和盲目性以及反向推理中初始方案选择的无根据性，同时兼有正向推理和反向推理的优点。

工序质量调整专家系统是面向工序质量控制系统，由于要求进行实时在线控制，而影响工序质量的因素很多，因此，除了大量传感器测量数据外还大量应用到设备运行过程中产生的外部直接可观测的信号（如振动、噪声等），而这些信号无法通过硬件采集获得，只能靠现场观测人员手动输入以进行准确判断。因此，本系统采用混合双向推理，先根据工序质量诊断模块诊断出当前工序质量状态，找到部分匹配后提出假设影响工序质量的因素，并给出确认假设所需要的其他人员观测影响因素，提示现场监测人员手动选择输入，然后结合这些直接可观测信号进行进一步查找工序质量影响的因素。

本系统的推理过程主要分为三步：第一步，初诊阶段。专家系统获得当前工序质量状态（即控制图的异常模式），并根据异常模式进行诊断，提出可能引起该异常模式的质量因素；第二步，逼近和排除阶段。专家系统对第一步提出的可能工序质量影响因素逐一进行审查，如果工序质量影响因素符合系统设定的规则，就认为该故障得到进一步的证实，否则就对其实施排除；第三步，给出工序质量调整措施。不断地进行排除和逼近，直到审查完所有引起该模式的工序质量因素，最后根据审查结果给出工序质量调整措施。系统具体推理流程如图 5-17 所示。

5.3.7.4 知识获取

本系统知识获取主要有两种方式。一种方式是人工知识获取，从质量专家、工艺师等取得质量知识，然后把获取的知识转换成系统语言的形式，通过知识编辑器的转换作用，将这些知识工程师以某种语言表示的知识转换成计算机可以接受的内部形式，并送入专家系统和知识库中。对于知识库的测试、修改和确定是由系统管理员控制，在其他专家以及系统之间交互进行的。这种方法的不足是知识获取的速度慢，知识采集、提取、表示、编码以及调试修改都是由人来完成的。一种方式是系统的自学习模块，本系统运行时，首先采集用于诊断的知识、规则等必要信息，进行诊断推理。当系统发现工序质量故障时，判断是否是新质量故障，如果是新质量故障则当问题求解成功后，通过学习机制获取新的知识，并对知识库进行扩充；如果是已存在的质量故障，当完成诊断任务时，对照以前的模型作相应的修改；当问题求解失败时，将问题及求解状况存入问题库，待系统具备更多的知识时再进行解决。具体过程如图 5-18 所示。

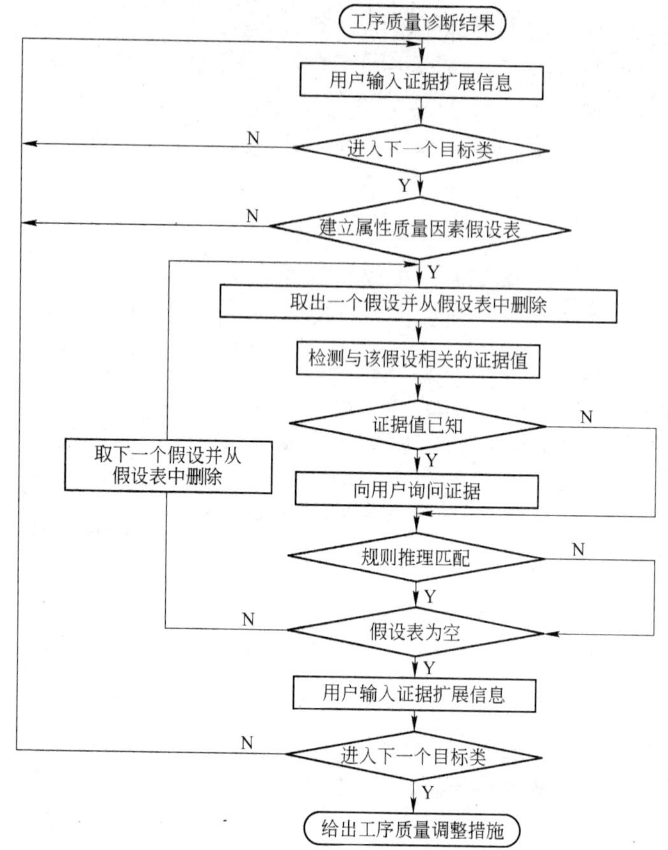

图 5-17　混合推理流程图

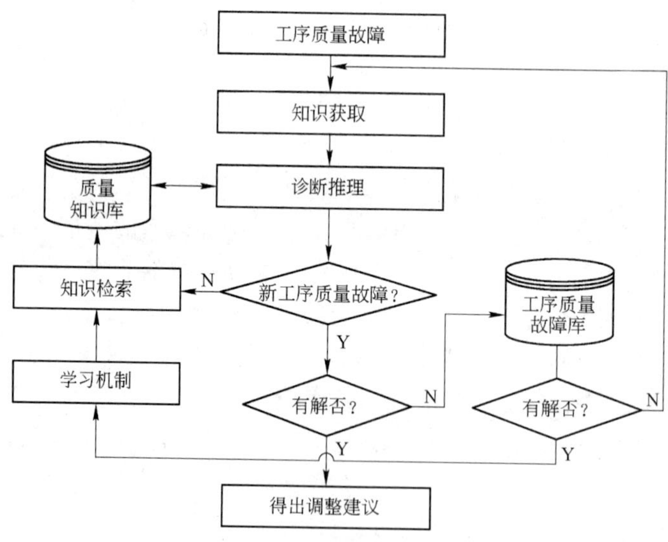

图 5-18　工序质量诊断与学习的流程

5.4 实例计算与分析

双进双出磨煤机是沈阳重型机械集团有限责任公司的主导产品，双进双出磨煤机是属于典型的订单式、单件小批量生产模式，该产品难以实现质量控制主要有两个原因：一是数据不足不能直接应用控制图理论；二是顾客的需求是动态变化的，而现有控制方法都是静态的。本实例选取磨煤机的“小齿轮轴，减速机低速轴和高速轴”的加工数据作为验证数据，进行工序质量分析、诊断与调整，从而进一步验证前面的动态工序质量控制方法。

5.4.1 实例仿真计算

5.4.1.1 工序质量分析

A 相似工序分析

选取磨煤机的“小齿轮轴，减速机低速轴和高速轴”与齿轮配合轴段的加工工序，都是它们的关键工序，直接影响磨煤机的传动质量，从而影响磨煤机的整体性能，即磨煤机的最终质量。为此，它们已纳入磨煤机的质量控制点，对其工序稳定性进行重点控制。

根据 5.3.5 节的编码方法，它们的编码分别是 11006001032461001，11006001032461102，11006001032461002，这三个加工工序的相似性符合要求，可以作为一个相似工序来处理，它们的工序简图如表 5-7 ~ 表 5-9 所示。按照加工工序时间的顺序，对每种规格的零件，随机抽取了 $n=5$ 的 9 个小齿轮轴数据样本 8 组减速机低速轴和高速轴的样本。它们具体测量数值如表 5-9 所示。

表 5-7 高速轴与齿轮配合轴段精车加工工序简图

工序名称	精　车	资料号	C2045. 25	数　量	
工件名称	高速轴	物　号	M1183. 18	工时额定	
材　料	45 号	毛　坯	铸	日　期	
夹　具	10-4213-1504-22	简　图 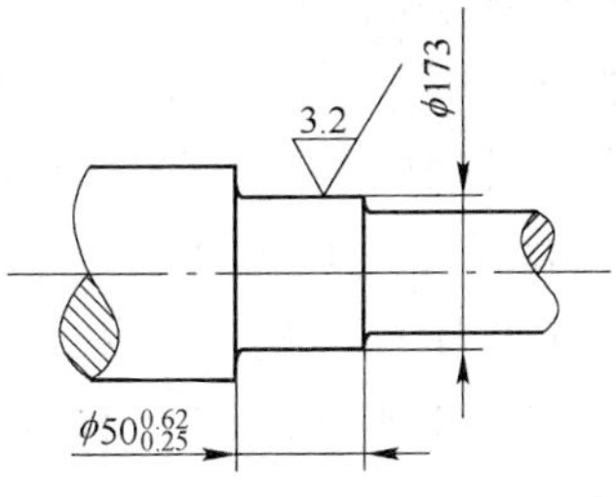 3.2　$\phi173$　$\phi50^{0.62}_{0.25}$			
附　具	10-2613-1542-22 10-2502-1421-22				
刀　具	10-3325-0024-22				
量　具	10-5613-0124-22				
机　床	C65				

表 5-8　低速轴与齿轮配合轴段精车加工工序简图

工序名称	精　车	资料号	C2045. 27	数　量	
工件名称	低速轴	物　号	M1183. 21	工时额定	
材　料	45 号	毛　坯	铸	日　期	
夹　具	10-4213-1506-22	简　图			
附　具	10-2613-1546-22 10-2502-1423-22				
刀　具	10-3325-0024-22				
量　具	10-5613-0124-22				
机　床	C65				

表 5-9　小齿轮轴与齿轮配合轴段精车加工工序简图

工序名称	精　车	资料号	C2045. 18	数　量	
工件名称	小齿轮轴	物　号	M1183. 25	工时额定	
材　料	45 号	毛　坯	铸	日　期	
夹　具	10-4213-1509-22	简　图			
附　具	10-2613-1559-22 10-2502-1532-22				
刀　具	10-3325-0024-22				
量　具	10-5613-0124-22				
机　床	C65				

B　质量特征数据转换

表 5-10 的（7）、（8）两列分别是相似工序族里的三种零件的规格上限和规格下限。根据式（5-1）将表 5-9 中的原始样本数据进行标准化，即得到表5-11中的(9)～(13)列。其中该表的后三列是标准化后数据样本的均值、样本标准差和总体的均值和标准差。表 5-12 中的（17）、（18）列是根据式（5-13）和式（5-14）计算得到本书所绘制的 $\overline{X}$-S 图的控制变量的值。

表 5-10 样本数据

样本号	原始样本数据						
	y_1	y_2	y_3	y_4	y_5	公差上限	公差下限
(1)	(2)	(3)	(4)	(5)	(6)	(7)	(8)
1	173.07	173.24	173.24	173.24	173.20	173.60	173.0
2	173.25	173.17	173.27	173.28	173.16		
3	173.26	173.12	173.22	173.30	173.36		
4	173.34	173.40	173.35	173.29	173.36		
5	173.24	173.28	173.28	173.34	173.29		
6	173.48	173.20	173.27	173.20	173.32		
7	173.25	173.36	173.21	173.31	173.22		
8	173.28	173.37	173.19	173.29	173.21		
9	173.18	173.20	173.22	173.30	173.36		
10	200.34	200.05	200.33	200.15	200.16	200.70	200.0
11	200.42	200.49	200.34	200.37	200.27		
12	200.34	200.21	200.17	200.20	200.25		
13	200.16	200.34	200.18	200.29	200.43		
14	200.24	200.18	200.35	200.26	200.23		
15	200.17	200.10	200.28	200.19	200.26		
16	200.21	200.21	200.23	200.35	200.28		
17	200.38	200.33	200.32	200.45	200.36		
18	335.27	335.41	335.15	335.22	335.21	335.8	335.0
19	335.37	335.19	335.39	335.21	335.30		
20	335.06	335.24	335.30	335.21	335.25		
21	335.13	335.32	335.35	335.36	335.45		
22	335.09	335.41	335.25	335.37	335.37		
23	335.15	335.27	335.34	335.37	335.42		
24	335.39	335.37	335.48	335.42	335.35		
25	335.37	335.36	335.42	335.36	335.35		

表 5-11 转化后样本数据

转化后的样本数据							
x_1	x_2	x_3	x_4	x_5	样本均值	样本标准差	总体均值、标准差
(9)	(10)	(11)	(12)	(13)	(14)	(15)	(16)
-0. 3833	-0. 1000	-0. 1000	-0. 1667	-0. 0833	-0. 1667	0. 1253	总体的均值：-0. 0918 总体的标准差：0. 1355
-0. 2167	-0. 0500	-0. 0333	-0. 2333	-0. 0667	-0. 1200	0. 0968	
-0. 3000	-0. 1333	0	0. 1000	0. 0667	-0. 0533	0. 1643	
0. 1667	0. 0833	-0. 0167	0. 1000	-0. 1000	0. 0467	0. 1050	
-0. 0333	-0. 0333	0. 0667	-0. 0167	0. 3000	0. 0567	0. 1422	
-0. 1667	-0. 0500	-0. 1667	0. 0333	-0. 0833	-0. 0867	0. 0845	
0. 1000	-0. 1500	0. 0167	-0. 1333	-0. 0333	-0. 0400	0. 1045	
0. 1167	-0. 1833	-0. 0167	-0. 1500	-0. 2000	-0. 0867	0. 1346	
-0. 1667	-0. 1333	0	0. 1000	0. 0667	-0. 0267	0. 1188	
-0. 0143	-0. 4286	-0. 0286	-0. 2857	-0. 2714	-0. 2057	0. 1792	
0. 1000	0. 2000	-0. 0143	0. 0286	-0. 1143	0. 0400	0. 1184	
-0. 0143	-0. 2000	-0. 2571	-0. 2143	-0. 1429	-0. 1657	0. 0940	
-0. 2714	-0. 0143	-0. 2429	-0. 0857	0. 1143	-0. 1000	0. 1607	
-0. 1571	-0. 2429	0	-0. 1286	-0. 1714	-0. 1400	0. 0889	
-0. 2571	-0. 3571	-0. 1000	-0. 2286	-0. 1286	-0. 2143	0. 1035	
-0. 2000	-0. 2000	-0. 1714	0	-0. 1000	-0. 1343	0. 0855	
0. 0429	-0. 0286	-0. 0429	0. 1429	0. 0143	0. 0257	0. 0738	
-0. 1625	0. 0125	-0. 3125	-0. 2250	-0. 2375	-0. 1850	0. 1226	
-0. 0375	-0. 2625	-0. 0125	-0. 2375	-0. 1250	-0. 1350	0. 1133	
-0. 4250	-0. 2000	-0. 1250	-0. 2375	-0. 1875	-0. 2350	0. 1137	
-0. 3375	-0. 1000	-0. 0625	-0. 0500	0. 0625	-0. 0975	0. 1472	
-0. 3875	0. 0125	-0. 1875	-0. 0375	-0. 0375	-0. 1275	0. 1636	
-0. 3125	-0. 1625	-0. 0750	-0. 0375	0. 0250	-0. 1125	0. 1308	
-0. 0125	-0. 0375	0. 1000	0. 0250	-0. 0625	0. 0025	0. 0634	
-0. 0375	-0. 0500	0. 0250	-0. 0625	-0. 0500	-0. 0350	0. 0347	

表 5-12　$\overline{X}-S$ 图控制变量的值

$\overline{X}-S$ 图控制变量的值			
(17)均值图控制变量	(18)标准差图控制变量	(17)均值图控制变量	(18)标准差图控制变量
-0.5521	0.9243	-0.3553	0.6557
-0.2078	0.7138	-0.9034	0.7637
0.2841	1.2123	-0.3132	0.6306
1.0219	0.7748	0.8673	0.5446
1.0956	1.0491	-0.6873	0.9045
0.0382	0.6234	-0.3184	0.8361
0.3824	0.7708	-1.0562	0.8387
0.0382	0.9929	-0.0418	1.0861
0.4808	0.8764	-0.2631	1.2067
-0.8401	1.3219	-0.1524	0.9650
0.9727	0.8736	0.6960	0.4675
-0.5450	0.6935	0.4193	0.2559
-0.0602	1.1854		

C　$\overline{X}$-S 控制图的绘制

图 5-19 便是运用表 5-8 变换后的数据由 Matlab7.0 绘制出的均值-标准差控制图。其中第一个图（上方）的是均值控制图。它的控制界限为：

$$CL = 0, UCL = 1.427, LCL = -1.427$$

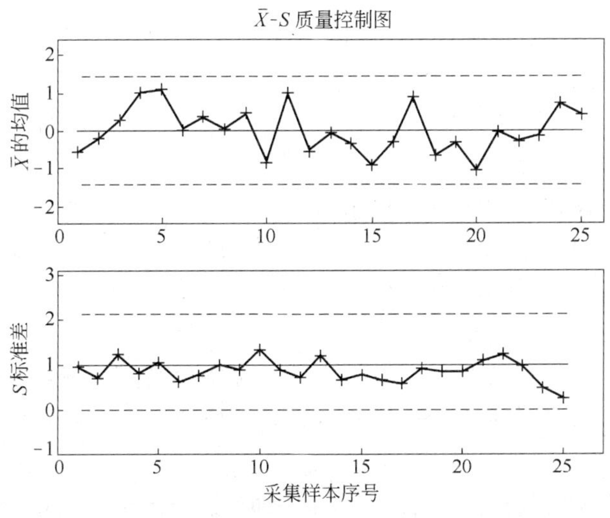

图 5-19　均值-标准差控制图

第二个图（下方）的是标准差控制图。它的控制界限为：

$$CL = 1, UCL = 2.089, LCL = 0$$

由附录 1 查得 $C_4 = 0.9400$，按照式（5-17）计算得到当前工序为能力指数：$C_{pk} = 0.99869$。图 5-20 也是由 Matlab7.0 所绘制出的工序能力图。

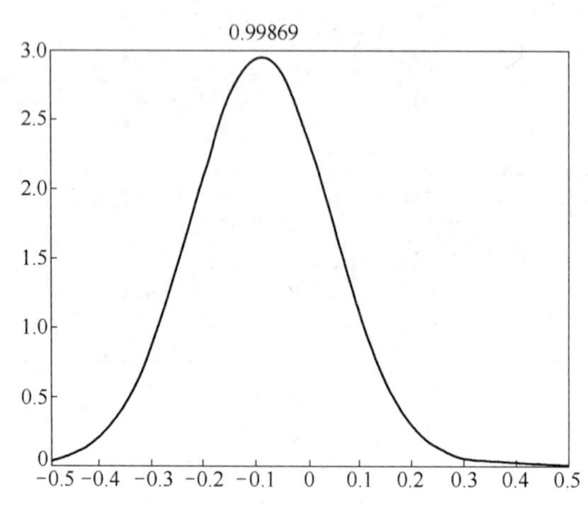

图 5-20　工序能力图

5.4.1.2　基于 Elman 网络的工序质量诊断

A　确定输入/输出属性

Elman 网络的输入定义为前面基于相似工序的工序质量控制图上连续多个点的质量特征值，即表 5-8 中的均值图控制变量值。在进行网络运算之前，首先要对质量特征值进行预处理，以便符合网络的输入特性要求。Elman 网络输出定义为工序质量控制图模式的六种情况：

Ⅰ正常模式［1 0 0 0 0 0］；

Ⅱ上升趋势模式［0 1 0 0 0 0］；

Ⅲ下降趋势模式［0 0 1 0 0 0］；

Ⅳ向上阶跃模式［0 0 0 1 0 0］；

Ⅴ向下阶跃模式［0 0 0 0 1 0］；

Ⅵ周期模式［0 0 0 0 0 1］。

对应于此，输出节点选为 6 个。并且对应每种模式，规定其中一个输出值 $L>0.5$ 并且其他输出值 $L<0.5$，这样便判定该控制图属于哪种模式。

B　训练数据的产生

根据模式识别的需要和原则，本文采取蒙特卡罗方法在 Matlab7.0 中模拟产生训练数据。训练完了再用这些数据进行验证，看看网络训练后的结果。表5-13便是在Matlab7.0中运用蒙特卡罗模拟方法模拟产生的用于训练网络的数据。

表5-13 Elman网络训练数据

数据号	Elman网络训练数据					
	Ⅰ（正常模式）	Ⅱ（上升趋势模式）	Ⅲ（下降趋势模式）	Ⅳ（向上阶跃模式）	Ⅴ（向下阶跃模式）	Ⅵ（周期模式）
1	-0.0611	0.5069	-0.4594	1.8660	-2.4865	-0.4783
2	0.3267	0.3703	0.1980	2.0318	-1.4554	2.1910
3	0.1868	0.6136	-0.2850	1.5084	-1.3729	0.2283
4	-0.0942	0.2243	-0.3239	1.6995	-2.8632	1.1357
5	0.4123	0.8915	0.1943	2.7109	-0.7341	1.2406
6	-0.2459	0.0450	-0.6046	0.5332	-3.2388	-1.5090
7	-0.0598	0.3689	-0.3463	0.2252	-2.3967	2.6575
8	-0.2242	0.3117	-0.6168	1.8039	-1.8157	0.3838
9	0.4579	0.8268	0.3338	1.6687	-0.0695	0.9857
10	-0.1071	-0.0225	0.6530	4.0805	-3.4565	-1.5275
11	0.0089	0.1501	-0.3573	1.5028	-1.2926	-1.2798
12	-0.0341	0.4026	-0.4401	1.6533	-1.4719	1.1421
13	-0.3324	-0.2906	-0.4981	1.5356	-1.7572	-0.8309
14	-0.4981	-0.3384	-0.7768	1.8446	-2.0069	0.5543
15	-0.1894	-0.1432	-0.4737	1.4027	-3.4523	-0.8858
16	-0.3384	0.1611	-0.7710	0.7412	-2.2545	-1.1398
17	0.3152	0.8631	0.1924	2.6366	-2.4443	1.3448
18	-0.0124	0.5664	-0.2885	1.3080	-1.7156	1.5067
19	-0.4022	-0.0655	-1.0876	1.3579	-1.6664	-0.2247
20	-0.1491	0.4465	-0.2751	1.3931	-1.3116	-0.4639
21	-0.2744	-0.0883	-0.7527	1.4903	-2.6263	-1.0242
22	-0.2320	0.0773	-0.8828	1.8201	-3.0859	1.7112
23	0.2867	0.5613	0.0405	2.0847	-2.6307	1.4361
24	-0.0671	0.1637	-0.3362	2.0461	-2.4795	0.6359
25	0.3387	0.6303	-0.2851	1.1638	-0.3980	1.1880

C Elman网络训练

在本次实例计算中BP神经网络为模式识别的网络类型，将通过数据变换后的成组数据作为神经网络的输入数据，目标输出为模式类型。选择参数：网络学

习率 =0. 2；网络学习率系数 =1. 08；下降梯度 =0. 6；网络训练次数 =5000；训练神经网络。图 5-21 是神经网络的训练图，表 5-14 是对训练好的网络进行验证的输出对比表。

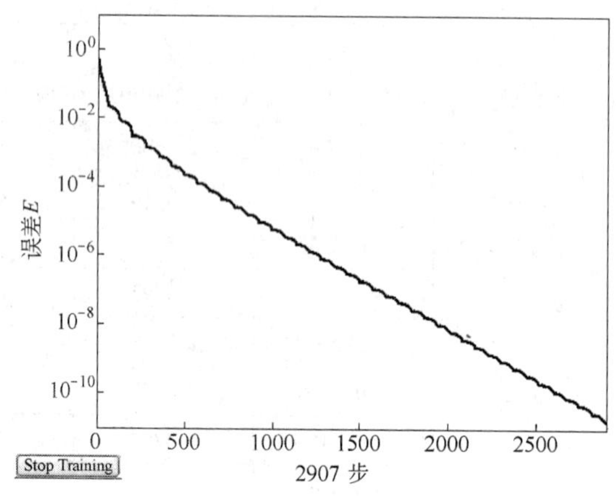

图 5-21　神经经网络训练图

表 5-14　神经网络验证的输出对比表

序号	期望输出	Elman 网络输出	模式类型
1	(100000)	(1. 0000， -0. 0005，0. 0165， -0. 0867，-0. 0000，0. 0213)	正常模式
2	(010000)	(0. 0108，0. 9419， -0. 0003， -0. 0093，-0. 0203，0. 0021)	上升趋势模式
3	(001000)	(0. 0012， -0. 0005，0. 9458，0. 0001，0. 0032， -0. 0106)	下降趋势模式
4	(000100)	(0. 0587， -0. 0004， -0. 0013，0. 9091，-0. 0408，0. 0001)	向上阶跃模式
5	(000010)	(0. 0001，0. 0185，0. 0191， -0. 0408，0. 9641，0. 0251)	向下阶跃模式
6	(000001)	(-0. 0169，0. 0004，0. 0812， -0. 0327，0. 0301，1. 0201)	周期模式

D　基于 Elman 网络工序质量诊断

应用训练完的网络对所绘出的均值——极差控制图（共 5 个）进行神经网络的模式识别，其结果如表 5-15 所示。

表 5-15 Elman 网络识别结果

序号	期望输出	Elman 网络输出	模式类型
1	(100000)	(2.1540, 0.1854, −1.0066, 0.3329, −0.9825, −0.0553)	正常模式
2	(010000)	(0.4108, 1.3429, −0.2803, 0.2993, −0.6373, 0.1121)	上升趋势模式
3	(100000)	(1.4012, −0.1005, 0.2058, −0.5461, 0.2372, −0.8106)	正常模式
4	(000100)	(−0.1867, 0.2674, −1.0514, 2.4011, −2.6408, −0.5771)	向上阶跃模式
5	(000010)	(0.1001, 0.2375, −1.4191, −1.9478, 1.7356, 0.4971)	向下阶跃模式

5.4.1.3 工序质量调整

它是利用工序质量调整专家系统对前面处于稳定状态的加工过程的能力指数作一个诊断与调整，使操作者很直接的知道当前加工过程能力，能够采取相应的调整措施，以保证加工能力。

对于第一组数据，我们可以知道它的加工过程是处在一个可控状态，即稳定状态。由前面工序能力指数的计算得 $C_{pk}=0.99869$。根据表 5-16 和听取专家意见，当前的工序能力级别为 $C_{pk}=0.99869$ 为三级水平，过程能力不足，应该缩小偏差，立即采取措施加以改善。

表 5-16 工序能力评定及处理

类型	C_p	$P/\%$	工序能力判断	处理
特级加工	$C_p>1.67$	$P<0.00006$	工序能力过于充足	即使质量波动有些增大，可考虑放宽管理或降低成本，可考虑收缩标准范围，可放宽检查
1 级加工	$1.67\geqslant C_p>1.33$	$0.006>P\geqslant0.00006$	工序能力充足	允许小的外来干扰引起的波动，对不重要工序可放宽检查；工序控制抽样间隔可放宽些
2 级加工	$1.33\geqslant C_p>1.00$	$0.27>P\geqslant0.006$	工序能力尚可	工序需严格控制，否则容易出现不合格品
3 级加工	$1.00\geqslant C_p>0.67$	$4.55>P\geqslant0.27$	工序能力不足	必须采取措施，提高工序能力；已出现不合格品，必要时全检
4 级加工	$C_p\leqslant0.67$	$P\geqslant4.55$	工序能力严重不足	立即追查原因，采取紧急措施，提高工序能力或研究放宽标准范围；出现较多的不合格品，最好全检

5.4.2　仿真计算结果分析

从仿真计算结果可以看出，应用基于相似工序的质量分析、基于 Elman 神经网络的工序质量诊断与工序质量专家系统技术，很好地解决了传统工序质量控制在网络化制造环境下多品种小批量生产中的问题，实现了关键工序的动态质量控制，并得到如下结论：

（1）针对这三种零件的关键工序特点和工艺规程，通过相似工序分析和数据变换来构成相似工序，拓展了样本空间，增加了样本容量从而生成基于数据变换的控制图（见图 5-16），从图 5-16 和图 5-17 能够反映出各实际工序的质量波动信息，为后续的工序质量诊断提供了数据支持。

（2）从表 5-13 和表 5-14 可以看出，Elman 神经网络具有训练速度快，识别精度高，识别速度快等特点，使 NMPLCQMS 系统的动态工序质量控制模块能够根据制造现场的实时数据进行工序质量的动态在线诊断。同时 Elman 还具有较强的自适应能力，可以满足网络化制造环境下动态多变的生产模式需求。

（3）工序质量调整专家系统具有丰富的质量知识库和质量专家库，可以根据工序诊断的结果快速找出影响工序质量的因素，通过推理机制和专家知识设计工序质量调整方案，对工序质量进行快速调整。同时，工序质量调整专家系统还具有自学习和知识获取能力，进一步满足了网络化制造环境下动态多变的生产模式需求。

（4）在网络化制造模式下的多品种、小批量生产环境下，NMPLCQMS 系统的动态工序质量控制模块克服了传统工序质量控制的瓶颈，能够根据实时工序质量数据，进行工序质量的动态在线分析、诊断与调整，实现了网络化制造模式要求的实时、动态的工序质量控制。

综上所述，NMPLCQMS 系统的动态工序质量控制模块已经清楚地显示了满足实时动态工序质量控制需求的优势特点，摆脱了工序质量控制过分依赖人的主观经验的现状，实现了工序质量控制的自动化、智能化，从而更好地完成网络化制造模式下动态质量控制。

6 产品全生命周期的质量综合评价体系研究

在竞争日趋激烈的全球市场实践中，网络化制造企业已逐步认识到提高产品质量、增强市场竞争力的关键。而产品质量评价是保证和提高产品质量的重要手段之一[153]，是面向产品质量全生命周期质量管理过程的重要环节，是质量工程领域的重要研究课题。因此，针对面向产品全生命周期的质量评价的理论、模型及相关技术、方法进行深入研究，对网络化制造企业保证和提高产品质量、增加顾客满意度、增强市场竞争力具有重要的理论价值和现实意义。

本章在对网络化制造环境下，产品全生命周期的质量综合评价过程及其相关环节进行分析研究的基础上，研究了面向产品全生命周期的质量综合评价理论模型，分析了产品质量评价过程中需要考虑的评价因素和标准，提出了基于模糊层次分析法（Fuzzy Analytic Hierachy Prcocess，FAHP）与模糊综合评价理论（Fuzzy Comprehensive Evaluation，FCE）相结合的质量综合评价方法，并对模型与求解算法进行了实际应用研究。

6.1 产品全生命周期的质量综合评价模型建立的基本思想

产品质量意味着必须在产品性能、可信性、安全性、适应性、经济性、时间性等方面全方位地满足顾客的需求。而产品质量评价作为实现产品质量目标（即满足顾客需求）的保证环节，是产品质量实现持续改进的重要手段，在面向产品全生命周期的质量管理过程中占有重要地位，已成为近年来质量工程领域国内外学者研究的热点问题。

6.1.1 产品质量评价概述

产品质量的形成涉及顾客需求、设计、工艺、制造、销售、服务等一系列环节。因此，产品质量评价应贯穿于整个产品全生命周期，具体针对每一次产品质量评价，是在产品全生命周期的各个阶段，针对一定的质量目标，在相应的产品集成信息、评估技术方法以及人员组织保证的支持下，就产品质量的技术性、经济性、市场性等方面所进行的系统性评价活动[154]。

可见，产品质量评价包括产品设计、工艺、制造等过程中的一切质量评价活动，尤其在网络化制造环境下，还应充分体现评价方法的集成、并行、协同的思想。所以，产品质量评价是一系列评审、评价活动的集合，是面向产品全生命周期的、有质量保证和质量改进功能的产品质量控制手段与技术方法的集合。图6-1对产品质量评价作了进一步说明。

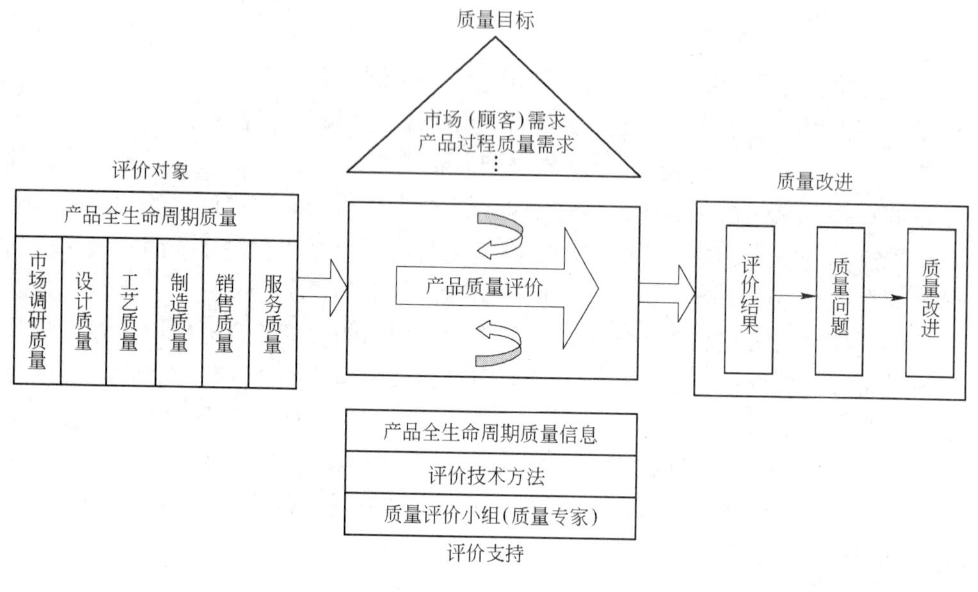

图6-1　产品的质量评价

（1）评价对象：即产品全生命周期的各阶段质量状态，其表现形式为市场调查质量、设计质量、工艺质量、制造质量、销售质量、服务质量等，它们反映了产品的技术状态，即产品的原理方案、功能结构以及性能参数等。

（2）质量目标：质量目标是质量评价的依据，使评价活动能够有针对性地进行。质量目标一般包括市场（顾客）需求类质量目标、产品过程需求类质量目标等，也可根据需要自己设定。质量目标随着产品生命周期阶段的不同，评价对象的不同而有所不同。

（3）评价支持：主要包括产品全生命周期质量信息的支持，评价相关技术方法的支持以及相应的人员组织保证。产品全生命周期质量信息是对产品生命周期相关环节的质量信息进行描述，满足各阶段质量评价的要求；评价技术与方法支持为评价过程各环节提供相关的技术及评价方法；人员组织保证为产品设计质量评估的实施提供相应的组织保证及人力资源的保证。

（4）质量改进：通过对产品质量评价所产生的定性和定量评价结果的分析，可以掌握产品生命周期各阶段的质量状态，并及时发现其中存在的质量问题。这些质量问题是产品质量保证和质量改进的重要资源和依据。

根据以上分析，产品质量评价的实质就是质量专家利用其已有的知识对产品生命周期各阶段质量作出分析与判断的过程。因此，产品质量评价的研究内容可以通过评价体系（评价内容）、评价技术方法、评价过程、评价人员组织（质量评价小组）以及评价时间等五个方面进行描述。

（1）评价体系（评价内容）：评价体系采用结构化模型对评价内容进行描述，使评价活动有针对性地进行。评价体系模型构建的好坏，决定了评价结论的科学性和有效性。因此，对评价体系模型的构成以及构建过程、构建方法进行研究，具有重要意义。

（2）评价技术方法：评价过程的各个环节都需要一定的技术方法支持。根据评价内容的不同、评价阶段的不同，需要采用不同的评价技术和评价方法。通过对各阶段质量评价的技术方法进行研究，为评价活动提供有力的支持。

（3）评价过程：评价过程是对质量评价的一般过程及其各相关环节进行描述。作为产品全生命周期质量管理的重要环节之一，产品质量评价是由人员组织、任务规划、问题求解以及结果分析决策等一系列相关过程完成的。质量评价过程的研究是整个产品质量评价研究的核心，评价活动的其他研究内容都围绕评价过程展开。因此，对产品质量评价的一般过程及其各相关环节进行研究，对科学有效地实施质量评价具有重要意义。

（4）评价人员组织：在网络化制造环境下，强调群组人员的共同参与、协同工作。产品质量评价也是各方面专家协同工作的过程，在产品生命周期的不同阶段针对不同的评价内容，需要不同的人员参与，人员的角色权限也有所不同。对质量评价的人员组织进行研究，为质量评价提供人员组织保证。

（5）评价时间：网络化制造环境下，并行工程与协同思想打破了串行设计固有的时序关系，质量评价与产品生命周期的整个过程交互日趋频繁，评价活动的动态性更加明显。因此，需对产品全生命周期的各阶段与评价活动的时序关系进行研究，以便对产品质量评价做出正确规划，在恰当的时间进行恰当的质量评价。

6.1.2 产品质量评价的意义

由上述对产品质量评价的概要说明可以得出，产品质量评价不同于传统意义上的产品质量评审，不仅仅是一种质量管理的手段，已经上升为具有质量保证和质量改进功能的过程与技术方法的集合。因此，它对产品质量具有重要作用：

（1）质量保证：质量保证是产品质量评价的基本职能，质量评价作为产品全生命周期质量管理过程中质量保证的重要手段，对阶段性产品质量状态进行评价，评价其是否满足顾客需求，以及评价其是否能够适应于其他过程的质量要求。质量评价得出的评价结论是产品能否转到产品生命周期下阶段的主要依据，不满足本阶段的质量要求就不能进入下一阶段的过程，直至其达到本阶段的质量要求，从而使产品质量得以保证。

（2）质量改进：产品质量评价的目的不仅仅是对产品生命周期各阶段的质量状态进行检验和择优，而且需提出产品生命周期各阶段中存在的质量问题及其改进措施，产品质量正是通过策划、实施、评价、改进、再策划的反复循环过程使产品质量持续改进，不断向最优值逼近。产品质量评价中提出的质量问题及其改进措施是产品质量改进的重要依据。

（3）质量预防：产品质量评价不仅需要评价阶段性质量状态是否满足市场用户需求，而且还需要评价产品质量状态是否满足“产品过程质量”需求，包括：制造、装配、采购、销售等各个环节的质量要求。因此，产品质量评价具有质量预防的职能，防止在产品生命周期后续阶段出现重大质量问题，导致无谓的返工，降低工作效率。

综上所述，产品质量评价是面向产品全生命周期质量管理的重要环节，是实现产品质量保证与质量持续改进的重要手段，是持续提升产品顾客满意度的关键。因此，研究网络化环境下的面向产品全生命周期质量评价对网络化制造企业提升顾客满意度、增强市场竞争力具有重要现实意义。

6.1.3 网络化制造环境下产品质量评价所面临的挑战

在网络化制造环境下，由动态多变的市场驱动的，在基于经济利益的市场竞争机制下，企业联盟中的成员企业之间的动态组合形成的联盟企业，必然具有明显的临时性和动态特性，即随着产品市场的消失，联盟企业随之解散；同时，联盟企业的产品是通过多个具有生产实体的成员企业协作共同设计生产的，其生产方式是分散化的、网络化的。因此，如何在网络化制造模式下保证产品质量，是网络化制造面临的最大难题之一。而产品质量评价是产品质量保证的关键，网络化制造模式下产品质量评价必须解决如下问题：

（1）动态响应能力。针对网络化制造企业环境的动态多变，产品质量评价必须具有敏捷性，能够敏锐捕捉企业环境参数的动态变化并快速做出响应，而且这种捕捉和响应的能力必须是持续性，即质量评价在跟随动态企业环境的变化进行调整与重构的过程中，其运行过程应该是连续的，不会因系统的调整与重构行为而被中断。

（2）扩展能力。网络化制造环境下，企业或企业联盟的业务规模、业务领域与业务能力是动态的，需要根据市场机遇经常进行调整。一旦某一核心企业或研发机构准确把握了良好的市场机遇，通过动态联盟的生产组织形式，很可能将其有限的生产能力在极短时间内进行迅速扩张。这就要求质量评价体系必须是一个可扩充、可延展、具有开放的体系结构，能够随同企业业务规模的迅速扩张进行快速扩充与延展。

(3) 评价形式的多样性[155]。在产品全生命周期质量管理过程中，需针对不同阶段的问题采用不同的评价形式。在质量设计阶段，需要进行群组评价以确定总体的功能原理以及技术方案；在工艺设计过程中，针对特定的工艺质量问题，工艺设计者需要单独进行个体评价以进行决策；在决定重大质量问题时需进行质量审核，又需要进行群组评价。因此，网络化制造模式下的质量评价需要提供群组评价和个体评价。只有两者交替进行、互为补充，才能保证产品质量评价的有效性。

(4) 评价的时序性[156]。产品全生命周期质量管理过程中，包含一系列的评价活动，这些评价活动之间具有一定的时序性，即评价活动之间具有一定的关联性，在很多情况下，后续评价活动是在前序评价活动的基础上进行的，前序阶段评价决策的结果往往决定了后续阶段需要进行评价的内容。

(5) 评价的渐进性。产品全生命周期质量管理过程是一个逐步“渐进”的过程。质量规划、质量体系以及质量信息是一个逐步完善和充实的过程。在产品生命周期早期阶段，产品质量信息大多是定性的、模糊的、不确定的和不完整的，随着进程的推移，产品质量信息不断具体化、定量化和复杂化。因此，产品质量评价应随着产品生命周期过程的“渐进”加以调整变化，从不确定评价到确定评价，从定性评价到定量评价，从单项评价到综合评价，以适应产品质量持续改进的要求。

(6) 评价的并行性。由于产品全生命周期过程的渐进性，导致评价活动的相关信息经常是不完整的、模糊的以及信息的表达形式是多样的等。质量专家经常需要在这种信息不完备和模糊的情况下进行评价、决策，要求质量评价具有并行工程的思想，即通过产品生命周期早期质量信息不完备和模糊的情况下，综合各方面因素进行有效的评价、决策，从而降低后续阶段质量问题发生的可能性，提高企业的工作效率。

(7) 评价的分布性[157]。在网络化制造环境下，产品质量评价的范围已不限于本地、本企业，而是扩大到异地、动态的虚拟企业。为实现对产品质量的综合评价，产品质量评价应是一个各部门专家协同工作的过程。因此，评价人员的构成应具有广泛性，由各企业、各部门代表、质量专家组成。所以，质量评价专家在地域上是分散的，这需要网络化制造模式下的质量评价具有异地评价和协同评价的能力。

6.1.4 产品质量评价的基本思想

通过前面章节对网络化制造环境下产品质量的分析，本文借鉴国内外学者的研究成果和实践经验，探讨如何在网络化制造环境下进行产品全生命周期质量评价的问题，并尝试提出一套适合于网络化制造企业生产实际的面向全生命周期产品质量评价的基本思路。在进行全生命周期产品质量评价过程中，从宏观角度应考虑以下方面：

（1）敏捷性。敏捷性是对客户需求的快速响应能力和客户需求变化的协调能力。针对某一范围内的客户功能需求而言，产品设计要在一定程度上适应客户的变化。从设计的角度考虑，若产品的系列化程度、部件模块化程度、结构的相似性程度和零件的通用化程度越高，则产品对各个环节（如制造、装配）的变更适应能力越强。

（2）技术性[158]。从技术的角度来评价产品质量，主要包括产品方案评价、产品结构评价、产品性能评价和产品可制造性评价等，可装配性评价、可维修性评价、可检测性评价和资源可用性评价等。

（3）功能[159]。从产品功能的角度来评价产品质量，产品的功能需求是客户根本性需求，功能主要包括产品的定制性、适用性、方便性和维护性。定制性衡量的是所有产品定制化的平均程度；适用性衡量的是所有产品符合使用要求特性的平均程度；方便性衡量的是所有产品功能使用灵巧性的平均程度；维护性衡量的是所有产品可以进行维修、维护特性的平均程度。

（4）经济性[160]。从经济的角度来评价产品质量，包括产品成本评价、生产率评价、生产周期评价、生产质量评价、制造资源评价。产品成本主要包括产品设计成本、加工成本、装配成本、维护成本、劳动力成本等。

（5）顾客满意度。从满足顾客需求程度的角度来评价产品质量，主要是指在一定计划期内，企业实际满足顾客需求的程度（包括产品的交货期、产品质量、产品价格、服务等）。其中，产品质量指标包括产品的制造质量和服务质量等内容。因此，顾客满意度越高，说明企业对顾客的服务水平越高，企业的市场竞争能力越强。

（6）绿色性。从环保和可持续发展的角度来评价产品质量。环保主要是指产品在全生命周期内对生态环境的影响程度，包括生产制造过程中对环境的污染、在使用过程中对劳动者的身心健康造成的影响、产品报废回收对环境的影响；可持续发展主要是指对资源优化利用能力和防止对生态平衡的破坏。

同时针对质量评价在网络化制造环境下所面临的挑战，产品质量评价还应考虑以下几个方面：

（1）要适合网络化制造企业生产模式的要求。由于网络化制造企业的生产模式相对于传统制造业发生了重大变革，相应的质量管理模式也发生了重大变化，同时产品质量评价在具体的评价目的、评价指标和评价技术方法上也必然有很大差别。因此，研究网络化制造企业的产品质量评价，必须充分考虑网络化制造企业运营体制、生产管理模式、质量管理模式等基本特征，否则就可能脱离实际。

（2）注重市场需求，以顾客满意为中心。在网络化制造环境下，顾客需求已经成为产品质量管理的中心，覆盖了产品全生命周期的各个阶段。因此，面向全生命周期的产品质量评价必须以顾客满意为中心，才能保证产品在全生命周期的各个阶段持续满足顾客需求，使产品不断提升顾客满意度，从而增强企业的市场竞争力。

（3）按照多目标规划原理进行多因素综合评价分析。在产品生命周期各个阶段的质量评价过程中，需要考虑众多的影响因素。这些影响因素彼此制约、相互作用，共同构成了面向全生命周期的产品质量评价的重要参考依据[161]。所以，面向全生命周期的产品质量评价是一个典型的多指标、多层次的综合评价问题。

（4）将定量分析与定性分析方法有机结合。全面考虑网络化制造企业的质量管理流程，须以定量分析为主，且全面和综合的评价产品质量，实现定量评价与定性评价的有机结合。通过设置定性指标，制定必要的定性参考依据，实现两类分析相结合和互补。定量分析与定性分析相结合也是国际通行的评价方法，它克服了单一定量指标反映产品质量的缺陷，使评价结构更加客观公正。

（5）实现基于 Internet 的动态产品质量评价。网络化制造模式下，打破了传统的专业化分工体系和企业的界限制，产品质量评价的范围已不限于本地、本企业，而是扩大到异地、动态的虚拟企业[162]。因此，在计算机网络、数据库、群组协同工作软件的支持下，突破组织机构上的分布性，地域上的分布性和时间上的分布性，实现产品质量的动态评价。

6.2 面向产品全生命周期的质量评价体系模型研究

面向全生命周期产品质量评价体系模型研究是产品全生命周期质量评价理论方法研究的核心，是进行产品全生命周期质量评价系统研究开发的基础，同时对网络化制造企业实施产品全生命周期质量评价活动具有重要的指导作用。因此，本书在对产品全生命周期质量评价过程及其相关环节进行分析研究的基础上，对产品全生命周期质量评价体系模型进行研究。

6.2.1 面向全生命周期产品质量评价过程模型

面向全生命周期产品质量评价过程模型的研究是整个面向全生命周期产品质量评价理论方法研究的关键，产品质量评价理论其他方面的研究都围绕着评价过程模型展开，并统一于评价过程模型的研究。因此，对与质量评价过程相关的人员、信息、方法、评价体系等进行分析，构建面向全生命周期产品质量评价过程模型，对产品质量评价理论方法的研究具有至关重要的作用。

6.2.1.1 面向全生命周期产品质量评价过程

面向全生命周期产品质量评价是针对一定质量目标的求解优化过程，是相应的信息、人员、技术方法集成的活动。质量评价表现为一个过程，过程的输入为产品全生命周期各阶段质量信息及质量目标信息，评价过程的输出为评价结果、产品质量问题及其改进措施。结合网络化制造企业中产品全生命周期的质量管理过程，将产品质量评价过程划分为四个阶段：

A 质量评价申请

质量评价过程起始于质量评价申请。根据产品全生命周期质量的实际进展情况，向相应产品生命周期阶段质量负责人提出质量评价申请，即《质量评价申请单》；同时还要提交评价申请文件，即该生命周期阶段的产品质量状况；在通过该产品生命周期阶段质量负责人对质量评价申请进行审查和批准后，确立该生命周期阶段的产品质量评价项目。

B 构建质量评价小组

质量评价小组是质量评价工作的基本组织单位，为满足对产品质量进行全面评价的需要，质量评价小组的人员组成要具有广泛的代表性，由有关方面具备资格的代表组成：

（1）用户；

（2）产品总工程师；

（3）同行专家；

（4）质量可靠性工程师；

（5）设计、生产、工艺、计划、标准化、采购、试验等有关业务技术部门代表；

（6）必要时，可邀请有关的供应商代表参加。

上述成员以面向评价任务的方式组成有机整体，共同行使质量评价职责。该阶段质量工作人员不参加评价工作组，但应参加评审会议，汇报本生命周期阶段产品质量情况，提供所需资料。

质量评价小组的职能如下：

（1）负责质量评价工作；

（2）检查上一次质量评价结果落实情况；

（3）评价该生命周期阶段产品质量满足质量目标或顾客需求情况以及与其过程相关环节的需求情况；

（4）发现质量薄弱环节和缺陷，提出改进意见；

（5）审查质量是否符合质量目标、标准和有关职能部门的规定，以及向有关职能部门提出的要求是否正确、合理和切实可行；

（6）做出质量评价结论。

质量评价小组的组织模型及其特点将在 6. 2. 2 节中具体讨论。

C 构建质量评价体系模型

产品质量评价是以产品全生命周期各阶段质量为评价对象，以质量目标为评价基准。质量目标信息包括市场（用户）需求信息、产品过程质量需求信息等，其原始信息往往是比较笼统的定性描述，难以处理，因此需对上述信息进行整理、加工和提炼，形成系统的、有层次的、有条理的指标体系；同时需将这些指标信息与评价对象（即产品生命周期各阶段包含的质量特性）相关联，使后续的质量评价能够有针对性地进行。

质量评价体系模型是用来描述评价质量目标信息、质量特性的层次关系以及重要度级别的层次模型。产品质量评价体系模型应满足产品生命周期各个阶段质量评价的需要，兼顾产品的先进性、适用性、可行性和经济性，实现对产品质量进行多层次、多视角的全面评价。质量评价体系模型的结构及其构建过程在 6. 2. 3 节中详细讨论。

D 质量评价与评价结果分析

质量评价小组人员通过 Internet 登录任务接收箱自动获取评价任务与质量目标后，根据产品全生命周期不同阶段的质量评价任务与质量目标通过 Internet 进一步收集产品的质量信息，并对收集的资料和质量信息进行分析，根据本次评价任务和质量目标进行逐项评价和打分，评价结果汇总到中心服务器上。质量评价小组主席通过 Internet 从中心服务器获得质量评价小组人员的评价结论，对质量评价小组成员的评价结论及评价建议进行综合。为便于处理各种不同类型的评价结论和评价意见，采用评价算法（具体步骤在 6. 3 节中详细讨论）进行综合。根据评估情况的不同，可选用相应的质量评价算法，对该生命周期阶段产品质量进行评价，然后提交给决策部门进行审核确认，最后完成评价任务。同时，还需要对质量评价中提出的质量问题进行进一步分析，找出问题的原因并提出解决措施。

上述环节是产品质量评价的一般过程，由于产品全生命周期阶段的不同、评价对象、评价质量目标的不同，相应的评价小组的构成、评价体系模型的构成以及采用的评价方法也不相同。在具体的质量评价过程中，也可根据实际情况的需要，跳过其中的某些环节。

6. 2. 1. 2 面向全生命周期产品质量评价过程模型

根据上节对面向全生命周期产品质量评价过程的分析，本书采用了 IDEF0 方法构建了面向全生命周期产品质量评价过程模型，从系统角度客观揭示了质量评价过程的内部活动、联系和对象及其关系，并且清楚地表示了模块之间的信息输入输出关系。

IDEF0 是一种层次结构化的功能建模语言，用于描述系统的功能活动及其联系；它采用自顶向下分解的方法，利用模型来理解活动，比较适合于大而复杂的系统。IDEF0 方法具有以下特征：综合性和可表达性，支持系统分析者、建造者和使用者之间的交流。使用 IDEF0 工具对系统进行规范化描述，不仅有助于认识各项活动之间的关系，加深参与者对系统的共同理解，还可以明确表示系统信息的输入/输出以及系统的控制和软硬件机制，为系统开发提供有力支持。

IDEF0 中的基本模型是活动。活动代表系统所执行的功能，它对输入集中进行转化，并输出转化的结果。IDEF0 模型中活动的输入可分为三类：输入、控制和机制，“输入”指活动实施中所要转化的数据、资源和经验等；“控制”指活动实施中所受到的约束；“机制”指在活动中要用到，但本身并不参与转化的人员和物品等。活动的“输出”指执行活动所获得的产品。输入（input）、控制（control）、输出（output）和机制（mechanism）四者合称为 ICOM。以基于活动的方法描述质量评价过程时，可将面向全生命周期质量评价过程看成是一项大的活动，该活动的 ICOM 描述如图 6-2 所示。

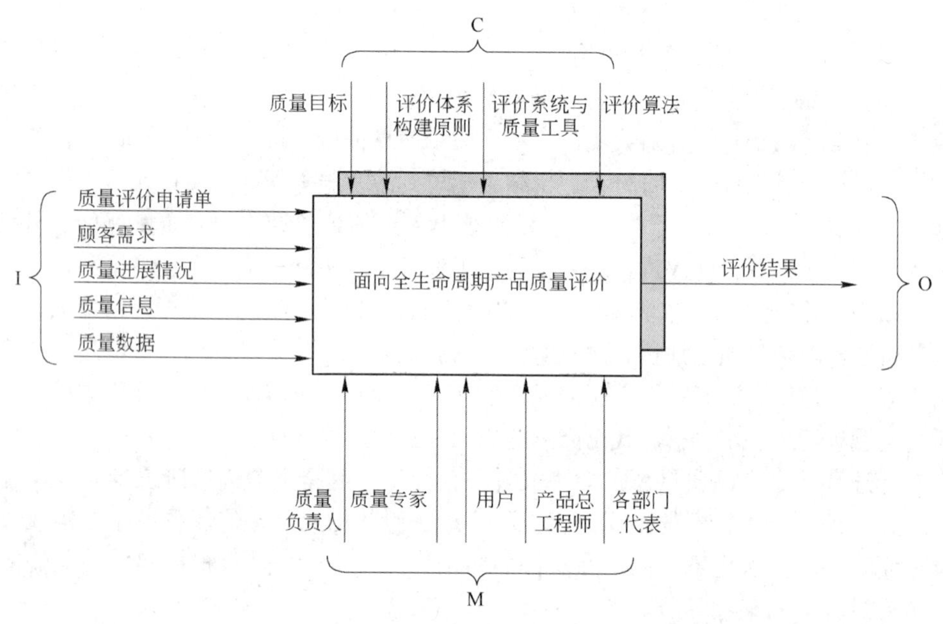

图 6-2　面向全生命周期产品质量评价过程的 ICOM 描述

图 6-2 说明了面向全生命周期产品质量评价中的输入、控制、输出和机制 4 个方面：

（1）输入，包括详细完整的质量评价申请、质量问题的分析与处理、产品质量进展情况、详细完整的顾客需求，该生命周期阶段的质量数据等；

（2）控制，指过程中受到质量目标的指导和约束，并且需要评价系统与质量工具的支持，符合质量专家、各部门代表的约束等；

（3）机制，规定了评价参与的人员，不仅仅包括阶段质量负责人，还包括产品总工程师、用户等；

（4）输出，面向全生命周期产品质量评价过程的输出是一系列规范化的文档，完整的输出文档包括评价计划、一些重要的评价结论以及有关的质量问题分析和改进建议等。该 ICOM 描述明确了面向全生命周期产品质量评价活动的外部需求，是应用 IDEF0 方法进行宏观过程建模的前提和评价活动进一步细化的基础。

在前面 ICOM 描述的基础上，面向全生命周期产品质量评价过程进一步细化为按一定逻辑关系连接的 4 个子活动，即：质量评价申请、确定评价任务→根据评价任务，构建质量评价小组→根据阶段报告，构建质量评价体系模型→选择评价方法和质量工具，实施评价并分析评价结果、提出改进意见。将质量评价过程各阶段与外部输入、控制、输出和机制关联起来，可得到 IDEF0 形式的面向全生命周期产品质量评价过程模型（如图 6-3 所示）。

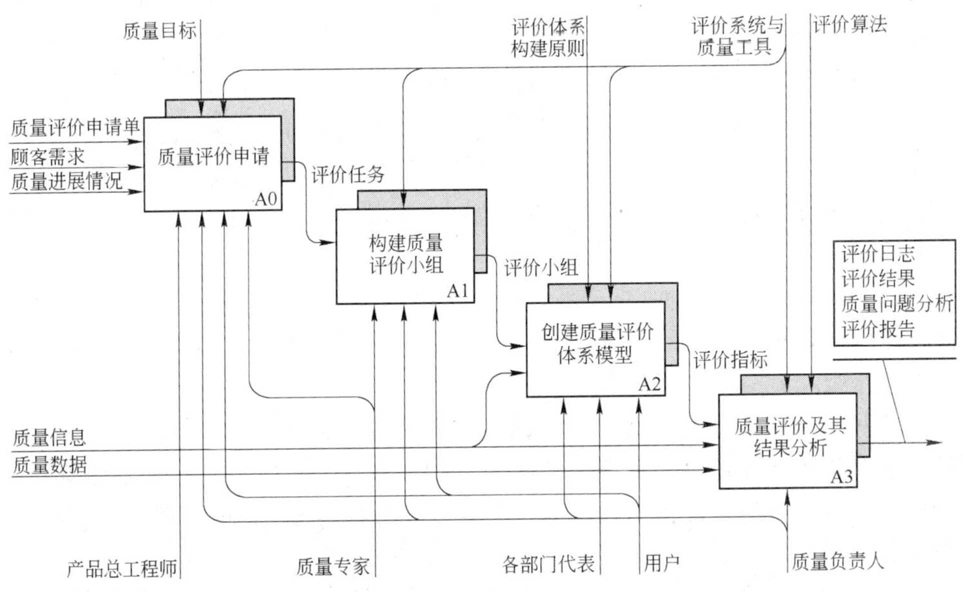

图 6-3 面向全生命周期产品质量评价过程的 IDEF0 模型

6.2.2 面向全生命周期产品质量评价组织模型

在面向全生命周期产品质量评价过程中，质量评价小组是质量评价的基本组织单位。质量评价小组的构建，需根据产品生命周期的不同阶段、不同的评价任务，确定质量评价小组的人员组成、评价人员角色以及评价人员权限。

为满足对产品全生命周期质量进行全面评价的需要，评价小组的人员要具有广泛的代表性，由各方面的专家、各职能部门的代表以及用户和供应商代表组成。评价人员根据职责的不同，在评价小组中担任不同的角色。评价小组一般设评价主席、质量专家以及一般成员若干名，评价主席由阶段质量负责人或相应的技术负责人担任。每一评价成员对应几种评价权限（如：评价任务的配置、评价意见的协同、评价结论的汇总等），可根据实际情况动态地加以配置。

评价小组的划分可以根据产品生命周期阶段的不同、评价对象的不同，而划分为不同的类别评价小组。本书按照产品生命周期阶段的不同对评价小组进行划分为设计质量评价小组、工艺质量评价小组、制造质量评价小组、综合质量评价小组。在大型复杂产品质量评价过程中，每一个生命周期阶段包含多个评价对象，例如总体设计方案、部件设计、零件设计等，而每一个评价对象都需要一个评价小组，所以一个复杂产品每一阶段的质量评价活动可能需要多个评价小组来完成。因此，如何快速有效地建立相应的评价小组，对评价工作效率的提高以及评价工作的有效进行具有重要意义。

为此，企业需建立评价人员资源库，对企业内部、外部相关方面的质量专家、用户以及供应商代表的相关信息进行管理，并建立与企业职能部门人员的关联关系。对上述人员信息按照专业和职能进行分类，进而实现评价小组的快速配置；同时也可以通过建立典型产品生命周期各阶段评价小组模板实现评价小组的快速配置。

图 6-4 为面向全生命周期产品质量评价组织模型，此组织模型对产品质量评价小组的人员构成以及评价人员相关信息进行了描述，并建立了评价人员资源库与评价小组成员构成之间的对应关系。

产品质量评价小组是从单个产品全生命周期的层次上进行人员的组织配置，它是以多功能评价小组为基本组织单元将企业内外不同专业、不同职能部门的人员划分给各个评价小组，这种组织方式是动态的。具体表现在如下几个方面：

（1）质量评价小组不是固定的，而是伴随着评价任务而组建，并伴随着评价任务的完成而解体，其本身具有一定的生命周期。

（2）动态评价小组的动态性还包括：随着评价任务的不同，评价小组的人员构成、人员权限、人员角色动态地发生变化，人员角色和人员权限可以是一对多的关系。

目前，企业的组织形式是按专业部门进行人员的组织、配置，是以一个企

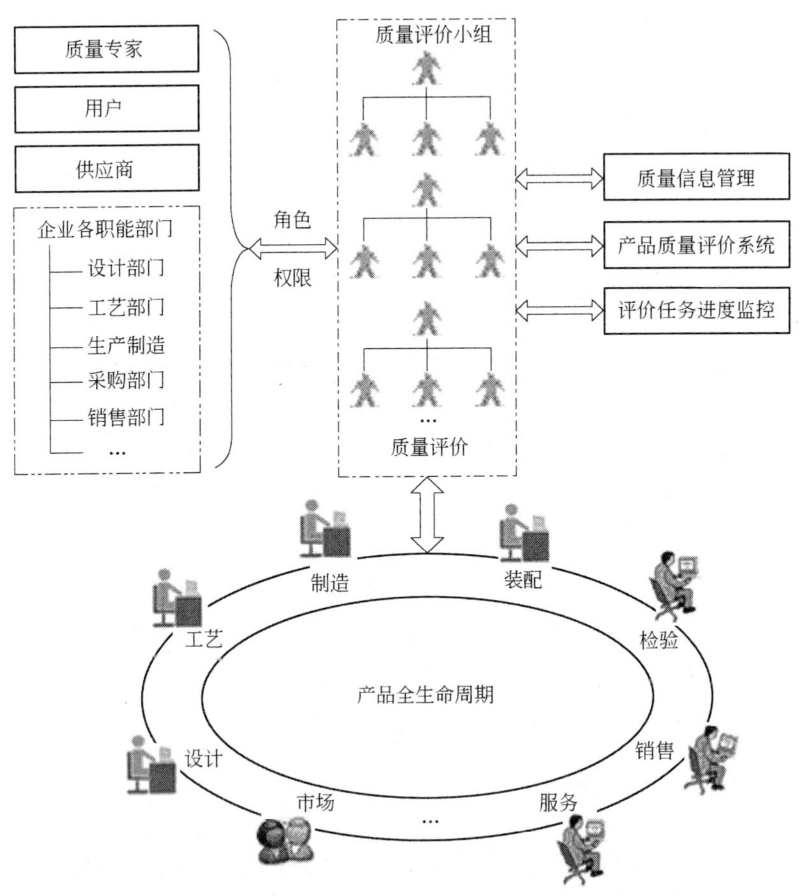

图 6-4 面向全生命周期产品质量评价组织模型

业的高度进行人员的组织管理，这种组织方式是相对稳定的。在组织模型中客观地描述了产品全生命周期过程中静态的企业组织和动态的评价小组的对应关系，这种组织模型能够提供评价人员在静态和动态两种组织中的详细信息，实现评价小组的快速配置，适应网络化制造企业产品设计开发、制造等生命周期过程中质量评价任务快速多变的需要。质量评价小组具体的组织过程如图 6-5 所示。

6.2.3 面向全生命周期产品质量评价体系模型

在面向全生命周期产品质量评价过程中，质量目标信息是质量评价活动的依据，一般包括市场用户需求信息、产品过程质量需求信息等。上述几方面的原始信息往往是比较笼统的定性描述，不便于分析处理。因此需对上述信息进行整

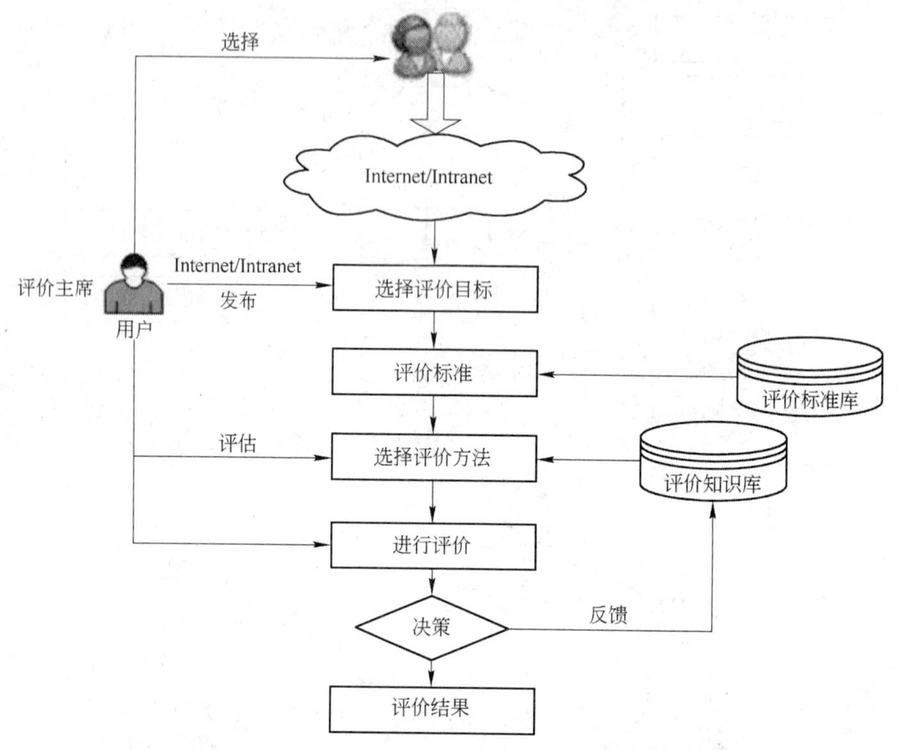

图 6-5　质量评价小组具体组织过程

理、加工和提炼，形成系统的、有层次的、有条理的指标体系，以便于在质量评价活动的后续阶段中进行处理。同时，需将相应的质量指标与评价对象中包含的质量特性信息相关联，使后续的质量评价活动能够有针对性地进行。

6.2.3.1　构建面向全生命周期产品质量评价体系模型的原则

面向全生命周期产品质量评价体系模型，既要能反映评价对象的主要性质，又要能反映决策的目的和要求。在对产品全生命周期中各阶段的影响质量因素进行分析的基础上，将影响质量的复杂因素分解成比较简单的、容易被认识的基本单元，从错综复杂的关系中找出因素间的本质联系，在众多的影响中抓住主要矛盾。

因此，要建立一套科学、客观、完整的产品质量评价体系模型，必须遵循下列原则：

（1）全面性原则。产品质量综合评价体系应该力求能全面、准确地反映产品全生命周期的质量综合水平，因此，其指标因素必须全面。应能体现产品生命周期中的方方面面，不至于遗漏某些重要环节，为进一步的分析打下良好的基础。依据不全面的指标体系得到的评价结果是无法有效地进行质量改进的。

（2）独立性原则。产品质量综合评价体系中的指标因素必须有较高的区分度，便于接受调查的对象辨别，同时各因素应独立存在。如果不能完全独立出来，或者虽然能够独立出来但独立性差，与其他评价因素没有明显的区分，那么就不能用作测量的指标。

（3）灵活性原则。评价指标体系的结构应具有可修改性和可扩展性，对评价指标体系中的指标进行修改，添加和删除，依据不同的情况将评价指标进一步具体化，能够使其适应各种具体的指标要求。

（4）重要性原则。因素过多则评价繁琐，不易进行，计算指标权重时结果也会比较接近，难以暴露关键因素。所以必须坚持重要性原则，将重要的、对产品质量影响较大的、发生可能性大的因素列入指标体系，而将非重要因素排除在外。可以说，建立评价指标体系不仅是进行产品质量评价的准备工作，更是对产品质量的初评价。

（5）科学性原则。科学性原则就是要科学合理地确定评价因素、设计质量调查表、收集数据以及采用科学的方法分析结果。先对各项指标进行定性分析，明确其质的属性和内涵；再对其进行定量分析，以揭示其本质和规律。必须坚持科学的态度，综合运用各种调查方法和统计分析方法，以得到科学的结论。

（6）系统性原则。系统的整体性要求建立体系时，不能局限于某些部分，而应综合运用社会科学和自然科学的有关理论和方法（如经济学、管理学、工程管理理论、风险管理理论、系统科学等），对系统的构成要素、结果特征、内外环境、信息反馈与控制等进行全面分析，从而确定目标和制定切实可行的实施方案。

（7）量化性原则。为了克服主观评价所带来的不确定性和盲目性，评价要尽量做到以量化研究为主，指标体系的建立也要考虑指标能否量化问题，同时考虑专家知识和经验，定性评价和定量评价相结合。

（8）切实可行性原则。体系的运用不光是体系的设计人员和一些具体执行人员的事，产品质量调查的最终目的是发现影响质量的关键因素，指导企业相关人员进行质量改进、提早预防。因此，所有相关人员，尤其是管理人员都应能够理解各指标因素的内容和意义，并且参与到体系的实际运用和逐步完善中来。

6.2.3.2 面向全生命周期产品质量评价体系模型的构建

产品全生命周期过程可以视为一个由“阶段—环节”构成的系统。所谓阶段，是指产品全生命周期中的各项活动，这些活动由周期性出现的各个环节串联在一起。所谓环节，是指由上级管理层或质量评价小组对前一阶段的质量状况做阶段性的评价，从而确定下一阶段的工作是否值得继续进行，如图 6-6 所示。

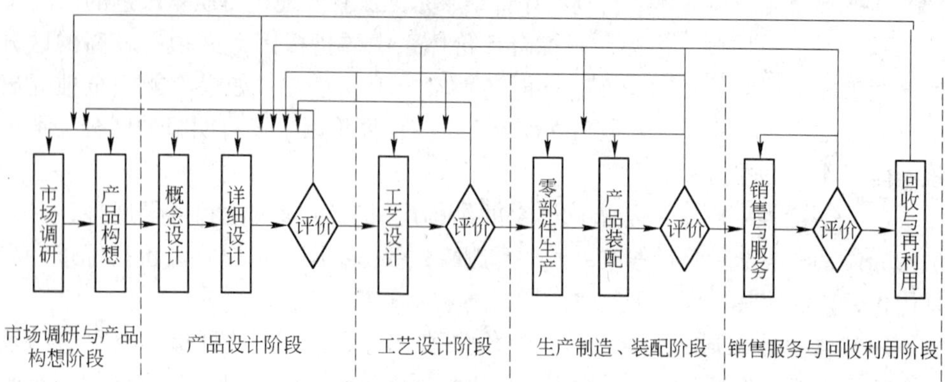

图 6-6　产品全生命周期各阶段划分与质量评价系统图

因此，根据产品全生命周期性质和特点，按照全生命周期各阶段的划分，构建的面向全生命周期产品质量评价体系模型如图 6-7 所示。该模型针对各个阶段

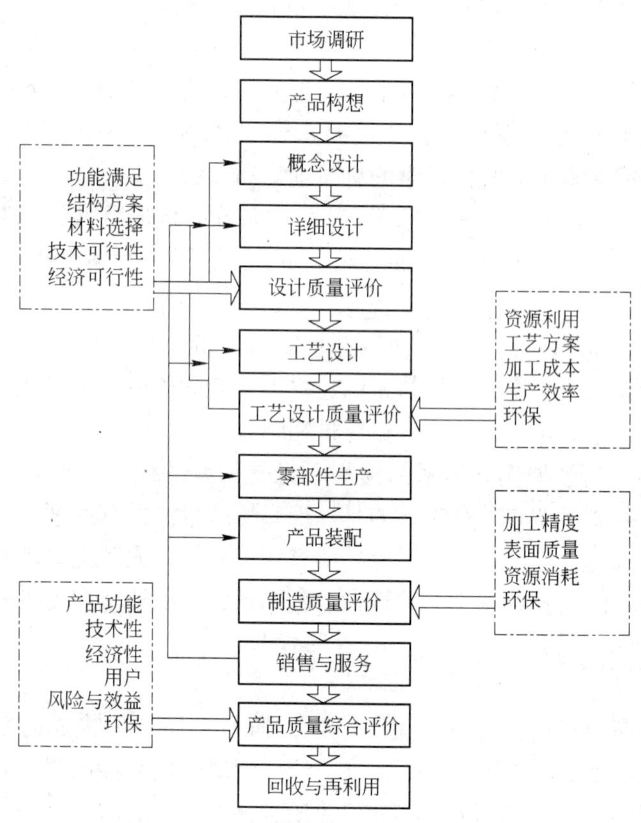

图 6-7　面向全生命周期产品质量评价体系模型

的质量目标，能够全面准确地反映出产品全生命周期各阶段的质量特性，充分考虑到产品生命周期中影响产品质量的所有要素，并兼顾产品的先进性、适用性、可行性和经济性，构建各阶段质量评价体系模型，从而实现对产品全生命周期质量进行科学的、多层次、多视角的全方位评价。

从图 6-7 可以看出，面向全生命周期产品质量评价体系模型可分为：设计质量评价体系模型、工艺质量评价体系模型、零部件加工质量评价体系模型和综合评价体系模型。面向全生命周期产品质量评价体系模型是用来描述质量目标、质量评价准则、质量特性指标的层次关系以及相关属性信息的层次模型。所以，根据质量评价体系模型的层次关系，各阶段质量评价体系模型都可分为三个层次：质量目标层、质量评价准则层和质量特性指标层。

（1）质量目标层。质量目标层，反映产品全生命周期各阶段的质量状况。它是质量特性指标层上所有质量特性指标的质量保证能力的综合效果，其度量指标为是否满足市场顾客需求与生产过程质量需求。

（2）质量评价准则层。它是评价体系模型的中间层，根据不同质量目标信息，分别规定了相应的质量评价准则的集合。与质量目标相对应，质量评价准则分为两类：

1）市场顾客需求类质量评价准则：是指由市场顾客需求质量目标转化而来的，分别规定了产品生命周期各个阶段的相关质量评价准则，主要包括产品性能质量评价准则、产品可维修性质量评价准则、经济性质量评价准则以及环保性质量评价准则等。

2）产品过程质量需求类质量评价准则：由产品过程质量需求质量目标获得，规定了企业内部为实现市场顾客质量需求目标而进行的一切生产经营活动的质量评价准则，包括：设计、工艺、制造等活动的质量评价准则。

（3）质量特性指标层。质量特性（quality characteristics），是在产品或零件的一定总体中，区分个体之间质量差别的性质、性能与特点。这些质量特性指标由企业通过一系列技术转化工作，将用户需求尽可能用质量参数定量化地表现出来，它是供需方和第三方评价产品质量的依据。质量参数一般均用产品或零件图样、标准、技术要求等来体现。

A 设计质量评价体系模型

在网络化制造环境下，产品设计在完成产品的功能和结构设计的同时，还要考虑产品的规划、设计、制造、销售、服务、维修直到回收再用处置等生命周期的全过程。因此，产品设计质量评价体系模型应贯穿于产品开发全过程，是保证产品设计质量的重要环节[163]。在产品的设计阶段尽早地使产品满足全生命周期中众多环节（包括产品功能、材料、制造过程、可加工性、可装配性、可测试性、可维护性和可回收性等）的要求，更重要的是满足顾客的需求（如：快速响应（敏捷性）、可操作性、技术支持与服务等）；尽早地发现、解决开发过程中所有可能产生的矛盾和冲突，减少反复及变更次数，缩短产品的开发时间，降低成本，提高质量。

所以，设计质量评价体系模型如图 6-8 所示。质量目标层为产品设计质量，

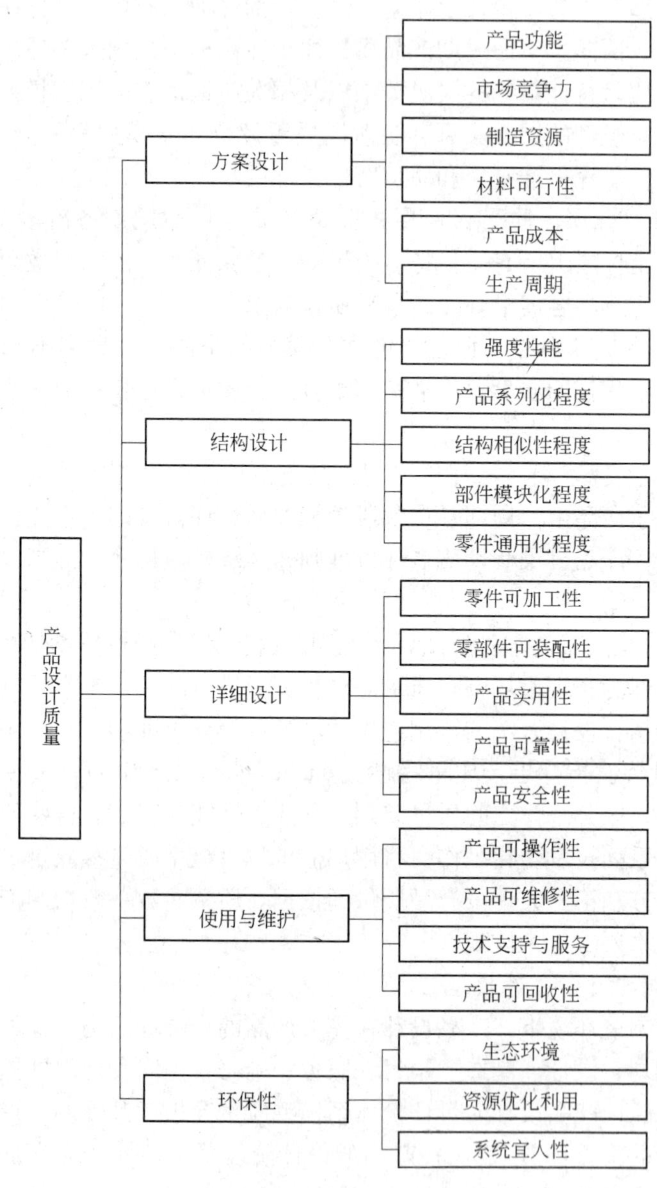

图 6-8　设计质量评价体系模型

评价准则层为方案设计、结构设计、详细设计、使用与维护以及环保性，其对应的质量特性指标为：

（1）方案设计：产品功能、市场竞争力、制造资源、材料可行性、产品成本、生产周期；

（2）结构设计：强度性能、产品系列化程度、结构相似性程度、部件模块化程度、零件通用化程度；

（3）详细设计：零件可加工性、零部件可装配性、产品实用性、产品可靠性、产品安全性；

（4）使用与维护：产品可操作性、产品可维修性、技术支持与服务及产品可回收性；

（5）环保性：生态环境、资源优化利用（节能）和系统宜人性。

B 工艺质量评价体系模型

产品全生命周期中的工艺质量，是各种工艺职能活动的成果对保证产品质量要求所表现的综合质量水平，水平越高则工艺质量越好。工艺质量评价是衡量工艺质量的重要手段，也是工艺质量设计过程中必不可少的过程之一[169]。只有对产品的整体工艺质量进行综合分析与评价，才能进行工艺方案的改进与优化。在工艺过程的质量设计过程中，工艺质量评价是工艺设计各阶段中工作量最大的阶段，这个阶段的工作不管有多大困难都必须做好，否则就不能设计出高质量的工艺方案及工艺过程。

因此，构建的工艺质量评价体系模型如图 6-9 所示。质量目标为工艺质量，质量评价准则为资源利用、工艺性能、加工方法、经济性等，其对应的质量特性指标为：

（1）资源利用：加工材料利用率、机床与刀具利用率、人力资源利用率；

（2）工艺性能：材料工艺性、结构工艺性、工艺清洁度、维修工艺性和工艺创新性；

（3）加工方法：毛坯制造方法、设计尺寸合理性、装卡方案；

（4）工艺的可重用性：零件工艺通用程度、部件工艺模块化程度、产品工艺相似性；

（5）经济性：加工时间、装配时间、辅助时间、人力成本。

C 加工质量评价体系模型

产品加工质量（即实物质量）是满足设计、工艺等过程质量要求与市场顾客质量需求的综合体现[170]，是产品全生命周期质量管理的重要环节。而产品加工质量评价是衡量产品零部件加工质量的重要手段，是质量控制过程中必不可少的过程之一。同时，科学有效的产品加工质量分析与评价，是产品质量设计和工艺设计改进与优化的重要依据。

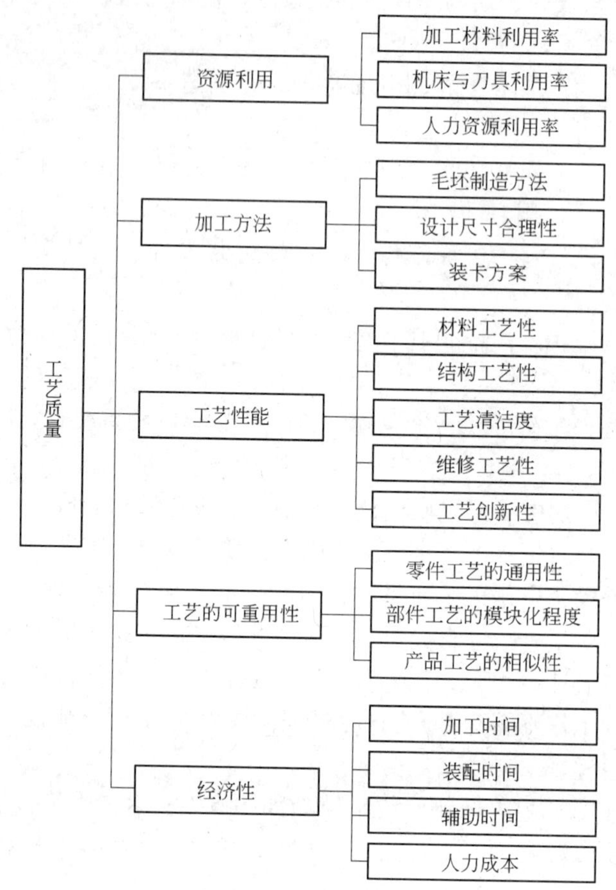

图 6-9 工艺质量评价体系模型

因此，根据产品制造加工过程构建的加工质量评价体系模型如图 6-10 所示。质量目标为零部件加工质量，质量评价准则为加工精度、表面质量、生产效率、加工成本，其对应的质量特性指标为：

（1）加工精度：系统几何误差、系统定位误差、系统变形误差、系统其他误差；

（2）表面质量：表面粗糙度、表面残余应力、加工硬化；

（3）加工效率：准备时间、装卡时间、加工时间；

（4）加工成本：机床折旧、工装卡具、其他费用。

D 质量综合评价

根据前面各阶段产品质量评价与分析，质量综合评价从产品质量的总目标出发，对产品生命周期质量（如：设计质量、工艺质量、加工质量等）全过程进行系统性、多层次、多方位综合评价，得出的综合评价结果将反馈给企业决策部

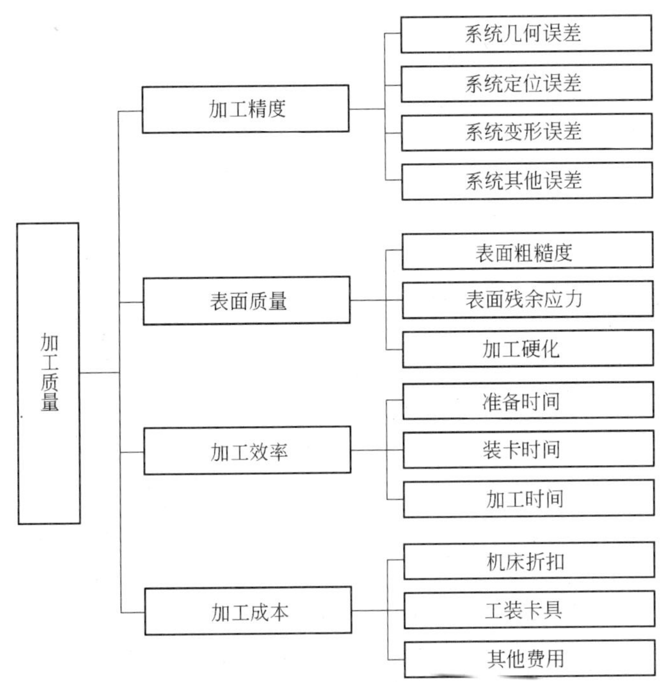

图 6-10 加工质量评价体系模型

门和相应的职能部门，以便对产品质量作出及时的改进与优化。在面向产品全生命周期质量管理过程中，产品质量综合评价是产品生命周期各阶段质量管理中工作量最大的阶段，也是最重要的阶段。这个阶段的工作是保证产品质量满足产品过程质量需求与顾客满意需求的最有效措施。

因此，根据前面各阶段产品质量的评价与分析，构建如图 6-11 所示的产品质量综合评价体系模型。质量目标为产品的整体质量，质量评价准则为产品性能、敏捷性、技术性、经济性、顾客满意度、环保性，其对应的质量特性指标为：

（1）产品功能：实用性、可靠性、安全性；

（2）敏捷性：产品开发周期、产品生产周期、产品系列化程度、结构相似程度、部件模块化程度、零件通用化程度以及工艺的可重用性；

（3）材料性能：材料适用性、材料可加工性、材料成本；

（4）技术性：产品可加工性、产品可装配性、产品可测试性、产品可维护性、产品可回收性；

（5）经济性：制造资源、市场占有率、生产率指标、产品成本、产品利润；

（6）顾客满意度：产品质量、产品可操作性、技术支持与服务、产品价格、

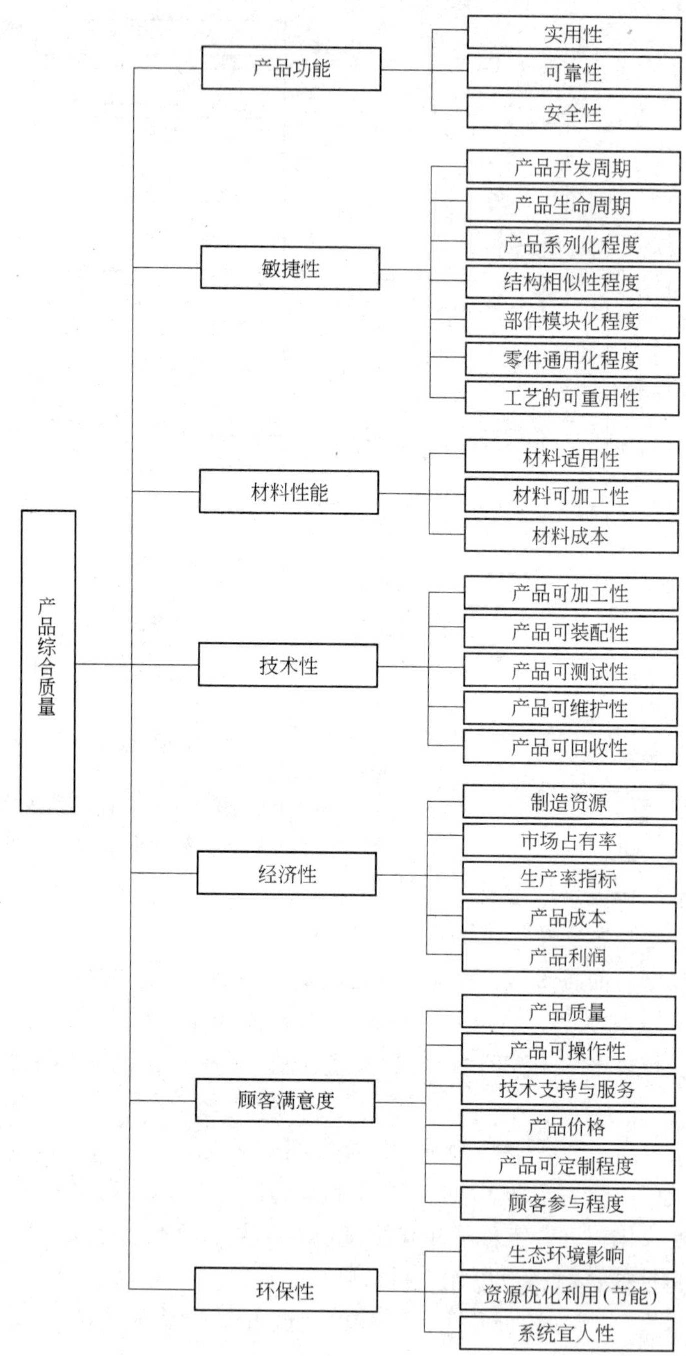

图 6-11　产品质量综合评价体系模型

产品可定制程度以及顾客参与程度；

（7）环保性：生态环境影响、资源优化利用（节能）、系统宜人性。

综上，随着产品生产过程的不断进行、质量信息的不断完备，产品质量评价也是由表及里、由浅入深、由粗到细的渐进过程。

6.3 面向产品全生命周期的质量评价方法

面向全生命周期的产品质量评价往往从不确定性评价开始走向确定性评价，从定性评价过渡到定量评价，从单项评价到综合评价，需要采用多种评价方法的支持。在产品设计早期，由于设计方案尚不具体，属性参数大多是定性的、模糊的、不确定的和不完整的，需要能处理定性的、模糊的和不完整的问题的评价方法。

随着产品生命周期的推移，属性参数不断具体化、定量化，但所涉及的因素也更加复杂化，这时就需要能支持定性定量综合评价、群体多属性综合评价等方法。如果对同一个评价对象，采用不同的评价方法，它们得到的效果可能各有不同。而前面建立的质量评价体系模型，仅规定了评价的依据或准则，也即明确了评价什么（what）的问题。因此，要实现科学的产品质量评价，必须选用合适的评价方法。

本节主要介绍几种典型的评价方法，通过对这些常见评价方法的适用面和优缺点的分析，提出基于三角模糊数的层次分析法与模糊综合评价相结合的质量评价方法。

6.3.1 常用的评价方法

评价研究对象是当评价者面对多个可选行为如何做出选择的行为。其中很多的评价模型和方法都适用于产品质量评价，目前，国内外提出的评价方法很多，主要方法有：多目标评价、层次分析法、模糊最优隶属度综合评价方法、基于粗集理论的评价方法、效用理论与综合评价方法。

6.3.1.1 多目标评价（Multi-Objective Evaluation，MOEM）[175]

多目标评价是评价领域最重要的模型，下列的很多方法都是它的衍生。MOEM 的目标是为多于一个设计目标，同时要在多个方案属性间进行平衡的问题建模。它一般由七步组成：

（1）定义问题；

（2）构造目标；

（3）生成可选方案；

（4）考虑方案的可能结果；

（5）在确定性和不确定性的情况下进行目标的均衡；

（6）考虑风险；

（7）选取具有最高值的方案。

为了达到多目标、多属性的评价，MOEM 有四种独立性情况：

（1）偏好独立性——A_i、A_j 两属性间的偏好独立于其他属性 A_k，$k=1, 2, \cdots, n$；$k \neq i, j$ 是指 A_i 与 A_j 的偏好在 A_k 给定时，不取决于 A_k 给定水平的大小；

（2）弱偏差独立性——属性 A_i 弱偏差独立于其他属性 A_k，$k=1, 2, \cdots, n$；$k \neq i$ 是指 A_i 与 A_k 间的偏好差异排序不取决于 A_k 给定的水平；

（3）效用独立性——属性 A_i 的效用独立于其他属性 A_k，$k=1, 2, \cdots, n$；$k \neq i$是指有关对 A_i 抽奖的偏好。在 A_k 给定时，对 A_i 抽奖的偏好不取决于 A_k 给定的水平；

（4）独立可加性——如果属性 A_i，$\cdots$，A_n 的抽奖偏好次序与抽奖的联合概率分布无关，仅依赖于他们的边际概率分布，则他们是独立可加的。

下列的模型来源于上述定义：

（1）已知属性 t_1，$\cdots$，t_n，$n>2$，一个多线性效用方程如下：

$$U(t_1, t_2, \cdots, t_n) = \sum_{i=1}^{n} k_i u_i(t_i) + \sum_{i=1}^{n} \sum_{j=1}^{n} k_{ij} u_i(t_i) u_j(t_j) + \sum_{i=1}^{n} \sum_{j=1}^{n} \sum_{h=1}^{n} k_{ijh} u_i(t_i) u_j(t_j) u_h(t_h) + \cdots$$

式中，u_i 是 t_i 的效用方程，k 是常数，当且仅当 $t_i(i=1, \cdots, n)$ 是效用独立于其他属性时这个方程成立。

（2）已知属性 t_1，$\cdots$，t_n，$n>2$，可加效用方程如下：

$$U(t_1, t_2, \cdots, t_n) = \sum_{i=1}^{n} k_i u_i(t_i)$$

式中，u_i 是 t_i 的效用方程，k 是常数，当且仅当这些属性是独立可加时成立。

（3）属性 $t_{1.}$，t_2 相互间效用独立，则：

$$U(t_1, t_2) = k_1 u_1(t_1) + k_2 u_2(t_2) + (1 - k_1 - k_2) u_1(t_1) u_2(t_2)$$

式中，u_i 是 t_i 的效用方程，k 是常数。

MOEM 模型为计算多目标的设计方案的效益提供了严格的数学计算模型。

6.3.1.2 *层次分析法*（Analytical Hierarchy Process，AHP）[165]

层次分析法是美国运筹学家 T. L. Saaty 在 20 世纪 70 年代提出来的，是一种将定性分析和定量分析有效结合的系统分析方法，能高效地结合数据、专家意见和分析人员的判断，在资源分配、政策分析选优排序等领域得到广泛的运用。它分析思路清楚，将复杂的评价系统层次化，可以将分析人员的思维过程系统化、数学化、模型化，通过比较各种关联因素的重要性程度建立模型判断矩阵，并通过一套定量计算方法为评价提供依据；分析所需的定量数据较少、方法简单，是一种适合于对多标准、多因素、多层次的复杂问题进行评价的一种方法，非常适合于设计早期阶段的质量评价。

而 Marsh 提出了一种专门用于设计质量评价的 AHP 方法，其步骤如下。

A 构造层次分析模型

层次分析模型一般由最高层、中间层和方案层组成。最高层是设计要达到的目标；中间层是实现目标的子目标即准则层以及准则层下面的指标层；方案层是实现目标的可选方案。层次分析法中，利用直线连接上层因素与下层因素之间的相互联系。

B 构造两两比较的判断矩阵

建立了多层次评价模型后，上下层次之间元素的隶属关系就被确定了。对于多层次模型中各层次上的元素可以依次相对于与之相关的上一层元素，进行两两比较，从而建立一系列如下形式的判断矩阵：

$\boldsymbol{A}-\boldsymbol{B}_i$	$\boldsymbol{B}_1$	$\boldsymbol{B}_2$	$\cdots$	$\boldsymbol{B}_n$
$\boldsymbol{B}_1$	b_{11}	b_{12}	$\cdots$	b_{1n}
$\boldsymbol{B}_2$	b_{21}	b_{22}	$\cdots$	b_{2n}
$\vdots$	$\vdots$	$\vdots$	$\vdots$	$\vdots$
$\boldsymbol{B}_n$	b_{n1}	b_{n2}	$\cdots$	b_n

判断矩阵 $\boldsymbol{A}-\boldsymbol{B}_i=(b_{ij})_{n\times n}$具有如下性质：

（1）$b_{ij}>0$；

（2）$b_{ij}=\dfrac{1}{b_{ji}}$；

（3）$b_{ii}=1$。

式中，b_{ij}代表相对于与其相关的上一层元素 $\boldsymbol{A}$，元素 b_i 较元素 b_j 的重要性比例标度。在进行元素的两两比较时，通常采用 1 ~9 标度法，其标度含义如表 6-1 所示。

表 6-1 标度的含义

重要性标度	定义描述	重要性标度	定义描述
1	表示两个元素相比，具有同等的重要性	7	表示两个元素相比，前者比后者强烈重要
3	表示两个元素相比，前者比后者稍微重要	9	表示两个元素相比，前者比后者极端重要
5	表示两个元素相比，前者比后者明显重要	2，4，6，8	表示上述相邻判断的中间值

C　各层单排序与一致性检验

计算排序权重向量的方法较多，本书采用较为常用的特征根法。设判断矩阵的 $\boldsymbol{A}-\boldsymbol{B}_i$ 最大特征根为 $\lambda_{\min}$，相应的特征向量为 $\boldsymbol{W}$，则 $\boldsymbol{W}$ 与 $\lambda_{\min}$ 的计算方法如下：

（1）$\boldsymbol{A}-\boldsymbol{B}_i$ 的元素按行相乘；

（2）所得到的乘积分别开 n 次方；

（3）将方根向量归一化即得排序权重向量 $\boldsymbol{W}$；

（4）$\lambda_{\max} = \sum_{i=1}^{n} \frac{(\boldsymbol{A}-\boldsymbol{B}_i \cdot \boldsymbol{W})_i}{n \cdot \boldsymbol{W}_i}$。

AHP 并不要求在构造判断矩阵时，判断具有一致性，即不要求 $a_{ij} \cdot a_{jk} = a_{ik}$，但有时会出现：甲比乙极端重要，乙比丙极端重要，而丙比甲极端重要这一违反常规的情况，因此为了提高决策的科学性，在求得 $\lambda_{\max}$ 后应进行一致性检验。检验过程如下：

（1）计算一致性指标 CI：

$$CI = \frac{\lambda_{\max} - n}{n-1}$$

（2）计算一致性比例 CR：

$$CR = \frac{CI}{RI}$$

当 $CR<0.1$ 时，认为判断矩阵具有良好的一致性，否则应调整判断矩阵元素的取值。随机一致性指标 RI 的取值见表 6-2。

表 6-2　平均随机一致性指标 *RI* 的取值

n	1	2	3	4	5	6	7	8	9
RI	0	0	0. 58	0. 9	1. 12	1. 24	1. 32	1. 44	1. 45

AHP 方法是通过两两比较进行的，虽然能对各方案进行排序，但是尚有缺陷。

（1）对方案能否满足用户需求以及满足的程度能不能给出绝对意义上的判断，尚有探讨之处；

（2）对不确定信息缺乏充分考虑。

6. 3. 1. 3　最优隶属度综合评价方法[171]

A　求解各因素集

模糊数学是处理不确定性的有利工具，在方案评价中得到广泛的应用，对方案评价选择多利用隶属度以及模糊推理的概念进行排序选优。模糊最优隶属度综合评价方法以改进的模糊综合评价法为基础，由 AHP 法确定各指标间的相对权重，运用定性和定量结合、专家评价与科学计算互为补充的系统分析方法，给出定量的评估结果。其主要步骤如下：

产品质量评价目标集：$U=\{u_1,u_2,\cdots,u_n\}$；相应的评价指标集：$V=\{v_1,v_2,\cdots,v_m\}$；利用 AHP 求得指标间的相对权重：$\boldsymbol{W}=\{w_1,w_2,\cdots,w_m\}$。

B 构造评价隶属度矩阵 $\boldsymbol{R}_{ij}$

对属性指标需要进行归一化处理，对于定性指标，采用专家打分法处理，分为九个等级：最好，很好，好，较好，中，较差，差，很差，最差，隶属函数采用三角形函数。评分采用 0-1 分制原则，通过简单加权法，可获得全部专家关于某个定性指标的隶属函数值。对于定量指标 V，评价目标集 U 上值集 $X=\{x_1, x_2, \cdots, x_n\}$，诸如功率、利润等收益型指标采用下面公式转换：

$$x'_i=(x_i-\min x_i)/(\max x_i-\min x_i)$$

成本、时间等成本型指标采用如下公式转换：

$$x'_i=(\max x_i-x_i)/(\max x_i-\min x_i)$$

这样将定量指标转换为相应的隶属函数值。这样就构建了评价隶属度矩阵 $\boldsymbol{R}_{ij}$。

C 评价

由 A、B 小节可得评判空间为 (U, V, R)，有三类评判函数模型可以采用：取最大值模型 $M(\wedge,\vee)$；取最小值模型 $M(\cdot^m,\vee)$；取加权平均值模型 $M(\cdot,+)$。求解方程如下：$B=W\cdot R$。评价从底层的指标层开始，然后追溯到上面的子目标层，一直到顶层的产品设计水平，具有产品设计水平的最大值的方案即为最优方案。

模糊最优隶属度综合评价方法在处理不确定性方面优势明显，但是它还存在下列问题：

（1）隶属度的确定比较困难；

（2）在设计过程中隶属度可能变化，导致评价结果改变；

（3）各方案的波动信息利用不够充分。

6.3.1.4 基于粗集理论的评价方法[172]

基于粗集理论的评价方法可以从已有的散乱信息或数据中抽出设计规则，根据规则得到评价结果。梁庆华等人在概念设计机构选型时使用该方法，其主要步骤如下：

（1）利用决策表来表示机构行为。列出决策表 S：$S=(U,C,D,V,f)$。其中 U 为对象的集合，对应所收集到的样本的集合；$C\cup D=A$ 为属性集合，C、D 分别为条件属性集合和决策属性：$V=\cup_{a\in A}V_a$是机构行为属性值的集合，V_a 表示属性 $a\in A$ 的范围；f：$U_x A\rightarrow V$ 是行为属性与属性值的对应函数，它表示对应于某一机构 x，某一行为属性所取的属性值。

（2）从决策表中抽取评价规则。首先将机构行为属性表中具有相同属性值的属性项提取出来，列为共性表，作为机构可用的必要条件，然后将机构行为属性表中具有不同属性值的属性项提取出来，列为异性表，对差异表进行简约，消去冗余的条件属性；由简约后的差异表得到一组形式为“if 下层属性值为评语…then 上层属性值为评语…”的评价规则。

（3）利用所得的规则对方案进行评价。当能够利用的数据较少时，使用该方法很难抽取有用信息；由于该方法进行区间划分，所以有时只能用于比较粗的评价；对于不确定性造成的波动信息也利用不足。

6.3.1.5　效用理论[164]

最有名的效用理论是 von-Neumann-Morgenstern 理论，它基于抽奖法，如图6-12所示的 von-Neumann-Morgenstern 抽奖法。在图中，有一个更可能出现的结果和出现可能性更小的结果。显然，前者的效用大于后者。这个理论宣称如果出现前者的可能性趋近于1，则这个抽取的整体效用值更加接近于出现可能性更大的效用值。相反地，如果概率趋向于0，则抽取效用趋向出现可能性更小的效用值。因此，抽取效用值在最大效用值和最小效用值之间。von-Neumann-Morgenstern 抽取建立在下列6条公理上：

（1）所有 vN-M 抽取结果能根据决策者的偏好进行排序；

（2）任何复合抽取，都能降为简单抽取，两者有一样的抽取结果；

（3）如果抽取结果 A_1，A_2，…，A_r 按照最大偏好到最小偏好的次序排列，对于 A_i，$1<i<r$ 和 A_r 不相关，如果 A_i 的概率为 p，$0\leqslant P\leqslant 1$，则 A_r 的概率为$p-1$；

（4）对于满足公理（3）的抽取，如果存在 B_i 的结果和 A_i 一样，则决策者的偏好保持不变；

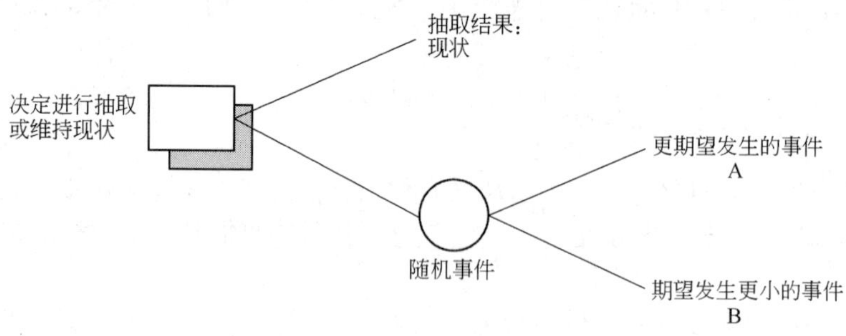

图6-12　von-Neumann-Morgenstern 原理

（5）决策者的偏好互不相关性具有传递性；

（6）给出两种抽取法，每一种仅有两个可能出现的结果，只是在结果出现的概率上有差别，那么更希望得到更高的结果抽取概率，该抽取法即为偏好抽奖。

vN-M 效用模型为处理具有多个质量目标的质量评价的偏好概率提供了数学依据。

6.3.1.6 综合评价方法[173]

在产品方案设计评价中，由于各种方法都有自己的缺点，有的研究者希望提出一种综合评价方法，使得各方法之间能够取长补短。一些相关的研究如下：

（1）Poh K. L. 开发了一种基于知识的多属性决策支持系统，可根据待评价问题的特点选择最适合的方法。

（2）张芳霏等人开发的基于知识的保质设计系统（KBDFQES）中的评价决策子系统也在这方面做了研究。其思路是首先根据决策者对该评价问题给出的判断信息的类型进行分类，然后对每一类问题再选出具体方法。信息的类型包括基数形式和序数形式，基数型信息是指具有实际含义的数字（如可以量化的原属性值、评分值、效用值、权重等），该类信息既能反映各物体间的秩序关系，也能反映各物体间相互关系的准确差异程度。序数型信息表示对象的秩序关系（如第1，第2，…），没有实际的数字意义，也不反映相互关系的“密切”程度。混合型信息则同时包括基数型信息和序数型信息。

在多目标属性决策过程中，除了需要各方案的属性值信息外，一般还需要各目标准则之间的关系信息。根据决策者给出这些信息的方式和类型的不同，可将多目标属性决策方法分为“双基型”、“基序型”、“序基型”、“序序型”和“模糊型”。

每类方法中又包含了多种具体决策方法，其选择在很大程度上由设计者根据决策问题的特性确定，主观性较强，完全依靠专家系统选择难度很大，所以，KBDFQES 系统采用专家系统与人机交互共同完成。在利用专家系统完成对多目标属性决策方法的粗略选择后，由系统提供各相应类别多目标属性决策方法的特点，设计人员根据自己对问题的理解选择恰当的决策方法。

（3）Green G. 在分析了设计评价行为模型的基础上，提出了集成的概念设计评价模型，该模型的内部交互关系如图 6-13 所示。

由上述各类方法分析可知：目前主要还是根据实际需求选择合适的评价方法或现有评价方法的组合，虽然能在一定程度上改进评价质量，但是仍存在互补性不强、使用不方便等问题，并且目前的方法还不能有效地解决不确定性引起的波动及方案的偏好小于不可接受阈值的概率等问题。

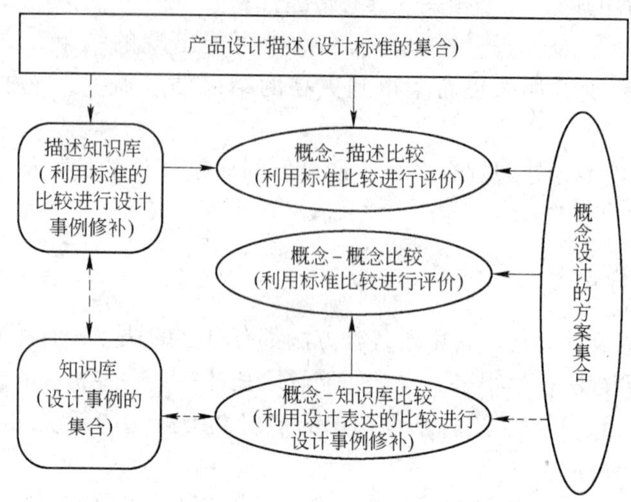

图 6-13　概念设计评价模型的交互关系

6.3.2　评价方法的对比分析

质量是“反映实体满足明确或隐含需求的能力的总和”，因此面向全生命周期的产品质量评价的每一步骤都存在不确定的因素，要获得合理的结果，需要充分考虑这些因素，并充分利用所能获得的信息。

本书从基本思想及应用特点角度对以上所述的方案评价的一些方法进行了总结与分析，结果如表 6-3 所示。

表 6-3　各方法的对比分析

项目＼方法	多目标评价	AHP	最优隶属度综合评价方法	基于粗集理论的评价方法	效用理论	综合评价方法
基本思想	建立质量属性间的效用方程	对各质量属性的优劣进行两两比较，据此对各质量特定指标进行相对排序	以模糊数学来表示属性的偏好，利用模糊推理得到方案的排序	基于粗集理论进行评价规则的抽取以及对象关系分析	确定各质量属性的效用值，利用效用函数确定方案的效用值；据此进行方案排序	根据不同应用场合选取最合适的评价方法或者吸取多种方法优点的综合方法
应用特点	多目标的效用数学模型，适合于计算机实现	只能得到质量特性指标的相对排序，不能得到满足需求程度；在可用信息较少时可使用，主要利用评价者知识	可以处理语意信息、对用户偏好等不确定性信息的表征与处理比较方便	能够从杂乱的数据中获取知识并进行推理，可用于对象关系分析及映射分析	能够定量表述用户需求，并可根据效用大小确定对要求的满足程度	能在各方法之间取长补短

从表6-3中可以看出，结合前面面向产品全生命周期质量的特点和要求，可知基于效用理论的方法、基于处理不确定性问题的数学理论的方法能够满足产品质量评价的部分要求。其中基于效用理论的一类方法根据评价者对各质量属性度量值满足需求的效用或偏好进行评价，这样处理和“质量是反映实体满足明确或隐含需求的能力的总和”这一思想相一致；而基于处理不确定性问题的数学理论的一类方法在处理方案评价的不确定性上具有一定优势。二者均在某些程度上反映了面向产品全生命周期质量评价方法发展的一种趋势，但均有不足之处。

现代质量管理向着基于知识的趋势发展，而产品的质量评价有一趋势是基于知识、信息与定量化的。在面向生命周期产品质量各个评价阶段，要使评价结果尽可能合理，需要充分利用各类信息。相对于面向全生命周期的产品质量管理发展的要求，现有的评价方法还存在着一些不足：

（1）对质量评价中的不确定性问题尚需进一步研究。由于产品质量评价方法具有基于知识、信息与定量化的发展趋势，目前虽然出现了各种处理不确定性问题的数学方法，但是对于不确定性信息的波动以及对评价结果的影响需做进一步挖掘与探讨。

（2）对由不确定性造成的产品质量满足用户需求程度小于某给定阈值的概率以及评价者对方案风险性的态度研究不足。

因此，面向全生命周期产品质量评价的方法应根据以上分析的发展趋向与不足之处展开研究工作。

6.3.3 面向全生命周期产品质量评价方法

根据6.2节对产品生命周期质量评价过程模型、体系模型与组织模型的分析，该评价模型包含了产品质量的微观评价和宏观评价的综合评价模型。在微观层次上，对产品中的零件、部件的技术、经济、服务和环保属性进行评价；在宏观上对产品的技术、经济、资源和顾客满意度等属性进行评价。同时，根据面向全生命周期产品质量评价指标体系的构成和特点，其评价模型对评价方法的要求表现在：

（1）能够分别处理定量指标和定性指标，并能够对质量特性指标进行综合评价；

（2）能够适应动态质量评价体系的要求，可方便地进行指标的添加或删除，而不会引起评价过程大的变化；

（3）能够给出直观的评价结果；

（4）能够体现评价模型中从产品到部件，从部件到零件，即从宏观到微观的评价层次；并能够体现不同层次、不同评价对象之间的关系；

（5）能够适应动态群组共同决策的需求；

（6）能够满足产品全生命周期各个阶段质量评价模型的需求。

针对目前质量评价方法所存在的问题，结合面向产品全生命周期质量评价的特点，本书充分考虑专家判断固有的模糊性，为了处理定性与定量指标相结合的问题，应用模糊综合评价方法，通过隶属度的概念来评价和统一不同量纲的指标。同时，为了解决评价过程中指标的权重问题，可以采用基于三角模糊的层次分析法[165]，比较客观、方便地确定权重，从而进行全生命周期产品质量综合评价。因此，选用模糊综合评价方法和基于三角模糊的 AHP 方法可以满足面向全生命周期产品质量评价模型的要求。本书正是采用这种方法进行产品质量评价的。

6.3.3.1 模糊综合评价（FCE）

模糊综合评价方法（Fuzzy Comprehensive Evaluation，FCE）是指对受多个因素影响的事物做出全面评价的一种有效的综合评价方法。它突破了精确数学的逻辑和语言，强调了影响事物因素中的模糊性，较为深刻地刻画了事物的客观属性[166]。

模糊综合评价的基本思想就是利用模糊线性变换原理和最大隶属度原则，考虑与被评价产品相关的各个指标因素，先从最低级层次的各个指标进行综合评价，再逐级向上直到最高的目标层，得出最终的评价结果。模糊变换的直观意义可以解释为论域 X 上的模糊集到论域 Y 上的模糊集的一种转换。

A 数学描述

定义 1：称映射

$$T:F(X)\to F(Y)$$
$$\mathring{A}\to F(\mathring{A})$$

为从 X 到 Y 的一个模糊变换，特别地，当 $|X|=n$，$|Y|=m$ 时，在数学上 $F(X)$ 与 $M_{1\times n}$ 同构，$F(Y)$ 与 $M_{1\times m}$ 同构。于是，从 X 到 Y 的模糊变换 T 又可表示为：

$$T:M_{1\times n}\to M_{1\times m}$$

任给 $R\in F(X\times Y)$，按下述方式可唯一确定一个从 X 到 Y 的模糊变换，记作：

$$T=T_R:F(X)\to F(Y)$$
$$\mathring{A}\to T_R(\mathring{A})=\mathring{A}\circ\mathring{R}$$

式中，“∘”表示由某算子对构成的合成运算。

B 数学模型的建立

模糊综合评价的数学模型可分为单层次模糊评价模型和多层次模糊评价模

型，这里以单层次模糊评价模型为例，多层次模糊评价模型是在其基础上进一步细化。其应用主要有以下6个步骤：

（1）建立因素集。因素集是影响评价对象的各种因素所组成的一个普通集合。即：

$$U = \{u_1, u_2, \cdots, u_n\}$$

式中，$u_i(i=1,2,\cdots,n)$代表各影响因素。这些因素，通常都具有不同程度的模糊性。单因素集中的因素可以是模糊的，也可以是非模糊的。

（2）建立评价集。评价集是评判者对评价对象可能做出的各种评价结果所组成的集合。即：

$$V = \{v_1, v_2, \cdots, v_m\}$$

式中，$v_i(i=1,2,\cdots,m)$是各种可能的评价结果。评价等级一般为很好，较好，一般，较差，很差。模糊综合评价的目的，就是在综合考虑所有影响因素的基础上，从评价等级中，得出最客观的评价结果。

（3）建立权重集。对于因素集，各因素的重要程度是不一样的。为了反映各因素的重要程度，对各个因素 $u_i(i=1,2,\cdots,n)$应赋予相应的权重 $a_i(i=1,2,\cdots,n)$。由各权重所组成的集合称为因素权重集，简称权重集。即：

$$\tilde{A} = \{a_1, a_2, \cdots, a_n\}$$

通常，各权重 a_i（$i=1, 2, \cdots, n$）应满足归一性和非负性条件：

$$\sum_{i=1}^{n} a_i = 1, a_i \geqslant 0, i = 1,2,\cdots,n$$

式中，a_i 是第 i 个因素对 v_i 的隶属度。各个权重，一般由人们根据实际问题的需要主观地确定。同样的因素，如果取不同的权重，评价的最后结果也将不同。

（4）确定隶属度矩阵。单独从一个因素出发进行评价，以确定评价对象对评价集元素的隶属程度，成为单因素模糊评价。评价对象按第 i 个因素 u_i 评价得到的结果成为单因素评价集，即：

$$\tilde{R}_i = (r_{i1}, r_{i2}, \cdots, r_{in})$$

式中，$\tilde{R}_i$ 称为第 i 个因素的单因素评价集，r_{ij}为评价对象第 i 个因素 u_i 评价对评价等级集中第 j 个元素的 v_j 隶属度。

以各单因素评价集的隶属度为行组成的矩阵$\tilde{\boldsymbol{R}} = (r_{ij})_{n \times m}$，称为隶属度矩阵。

隶属度矩阵，实际上可视为因素集 U 和评价集 V 之间的一种模糊关系，即影响因素与评价对象之间“合理关系”。r_{ij}表示 u_i 和 v_j 之间隶属“合理关系”的程度，即按 u_i 评价时，评价对象取 v_j 的合理程度。因此，隶属度矩阵，又可视为从 U 到 V 的模糊关系矩阵。该矩阵中的每一行是对每一个单因素的评价结果，整个矩阵包含了按评价集合 V 对评价因素集合 U 进行评价所获得的全部信息。

$$\tilde{\boldsymbol{R}} = \begin{pmatrix} r_{11} & r_{12} & \cdots & r_{1m} \\ r_{21} & r_{22} & \cdots & r_{2m} \\ \vdots & \vdots & \vdots & \vdots \\ r_{n1} & r_{n2} & \cdots & r_{nm} \end{pmatrix}$$

（5）模糊综合评判数学模型。当权重集 $\tilde{\boldsymbol{A}}$ 和模糊评判矩阵 $\tilde{\boldsymbol{R}}_{\mathrm{i}}$ 均已知时，便可作模糊变换来进行综合评价，模糊综合评判的数学模型为：

$$\tilde{B} = \tilde{A} \circ \tilde{R} \tag{6-1}$$

（6）计算每个评价对象的综合分值。对 $\tilde{B}$ 进行归一化处理得 $\tilde{B}'$，将 $\tilde{B}'$ 与模糊评判向量 $\boldsymbol{V}_{\mathrm{w}}$ 相乘即得出综合评价结果分值：

$$\boldsymbol{G} = \tilde{\boldsymbol{B}}' \circ \boldsymbol{V}_{\mathrm{w}}^{\mathrm{T}} \tag{6-2}$$

式中，模糊评价向量 $\boldsymbol{V}_{\mathrm{w}}$ 是按评语等级求得的中位数。

在模糊综合评价方法中，评价权重的确定直接决定了评价结果是否有效。权重既是决策者的主观评价，又是指标本质物理属性的客观反映，是主客观综合度量的结果。针对模糊综合评价中权重的要求，应用基于三角模糊数的 AHP 法确定评价指标权重，使所得评价结果更符合客观实际。

6.3.3.2　基于三角模糊数的层次分析法

基于三角模糊的层次分析法最早由荷兰学者 Van Loargoven 提出，其用三角模糊数表示 Fuzzy 比较判断的方法并运用三角模糊数的运算和对数最小二乘法，求得元素排序；1994 年我国常大勇教授在《经济管理中的模糊数学方法》一书中提出了利用模糊数比较大小的方法来进行排序。模糊层次分析法是一种将定性分析与定量测度结合的多目标决策分析方法[167]。在层次分析法（AHP）基础上，针对判断矩阵的各元素通过技术处理使其模糊化，尤其是遇到不确定性和模糊性因素较多的问题时，可以有效避免 AHP 中专家打分主观判断的影响，使所得结果更符合实际。

A　三角模糊数的表示方法

在产品全生命周期过程中，很多质量信息是模糊和不确定的，尽管随着产品开发过程的深入进行，这种模糊和不确定性有所减少，但此基本特点不会消失。另外，产品质量综合评价中的指标内涵和外延也都有一定的模糊性。因此在确定指标评价值时，不能用经典数学的精确方法来对待。模糊数学在此方面显示了其优势。

本书采用三角模糊数来表示各质量特性值、质量指标（特性）评价值以及指标（特性）权重。该模糊数的隶属函数定义为[168]：

记 $F(R)$ 为 R 上的全体模糊集，设 $M \in F(R)$，如果：

（1）$\exists x_0 \in R$，使得 $\mu_M(x_0)=1$；

（2）$\forall \lambda \in R$，$M_\lambda = \{x \mid \mu_M(x) \geqslant \lambda\}$ 是一个凸集；

（3）M 的隶属函数 μ_M，$R \to [0,1]$ 表示为

$$\mu_M(x) = \begin{cases} \dfrac{l}{m-l}x - \dfrac{l}{m-l} & \text{当 } x \in [l,m] \\ \dfrac{1}{m-u}x - \dfrac{u}{m-u} & \text{当 } x \in [m,u] \\ 0 & \text{其他} \end{cases} \tag{6-3}$$

式中，$l \leqslant m \leqslant u$，$l$ 和 u 分别表示 M 所支撑的下界和上界，m 为 M 的中值，则称 M 为三角模糊数，可记为 (l,m,u)。

定理1：若 $M_1=(l_1,m_1,u_1)$，$M_2=(l_2,m_2,u_2)$，$M=(l,m,u)$，则有下列运算法则：

$$M_1 \oplus M_2 = (l_1+l_2, m_1+m_2, u_1+u_2)$$

$$M_1 \otimes M_2 = (l_1 l_2, m_1 m_2, u_1 u_2)$$

$$\lambda M = \lambda(l,m,u) = (\lambda l, \lambda m, \lambda u)$$

$$(l,m,u)^{-1} = \left[\frac{1}{u}, \frac{1}{m}, \frac{1}{l}\right]$$

定义2：若 M_1、M_2 是两个三角模糊数，$M_1 \geqslant M_2$ 的可能性程度被定义为：

$$V(M_1 \geqslant M_2) = \begin{cases} 1 & \text{当 } m_1 \geqslant m_2 \\ \dfrac{l_2 - m_1}{(m_1-u_1)-(m_2-l_2)} & \text{当 } m_1 < m_2, l \leqslant u \\ 0 & \text{其他} \end{cases} \tag{6-4}$$

定理2[169]：设 $X=\{x_1,x_2,x_3,\cdots,x_n\}$ 是一个对象集，$U=\{u_1,u_2,u_3,\cdots,u_m\}$ 是目标集，则第 i 个对象满足目标的程度值分别为 $M_{E_i}^1$，$M_{E_i}^2$，…，$M_{E_i}^m$，$i=1$，2，…，n，这里 $M_{E_i}^j$ 均为三角模糊数。由此可定义第 i 个对象关于 m 个目标的综合程度值：

$$S_i = \sum_{j=1}^{m} M_{E_i}^j \otimes \left[\sum_{i=1}^{n}\sum_{j=1}^{m} M_{E_i}^j\right]^{-1} \tag{6-5}$$

定理3：设 M_1、M_2 是两个三角模糊数，记：$V(M_1 \geqslant M_2) \triangleq hgt(M_2 \cap M_1) \triangleq \mu(d)$，其中 d 是 M_1、M_2 交点坐标，则有：

$$\mu(d) = \begin{cases} \dfrac{l_1 - u_2}{(m_2 - u_2) - (m_1 - l_1)} & \text{当 } l_1 \leqslant u_2 \\ 0 & \text{其他} \end{cases} \tag{6-6}$$

B 基于三角模糊数的层次分析法原理

（1）根据问题的总目标，建立系统递阶层次模型。应用层次分析法建立评价体系递阶层次模型。以图 6-14 为例，为了得到 m 个备选对象 u_1、u_2、⋯、u_m 相对于总体目标 G 的重要程度，非序列多目标体系结构将系统总体目标 G 分解为层次结构，即由 n 个层次的分目标构成的分目标层、由影响因素构成的准则层以及由备选对象构成的措施层。求解时，该方法首先找寻一组用于区别每个备选对象相对于某一准则（影响因素）而言的优先权数，然后再向上层分析，找寻每个备选对象相对更上一层分目标直至总体目标的优先权数。

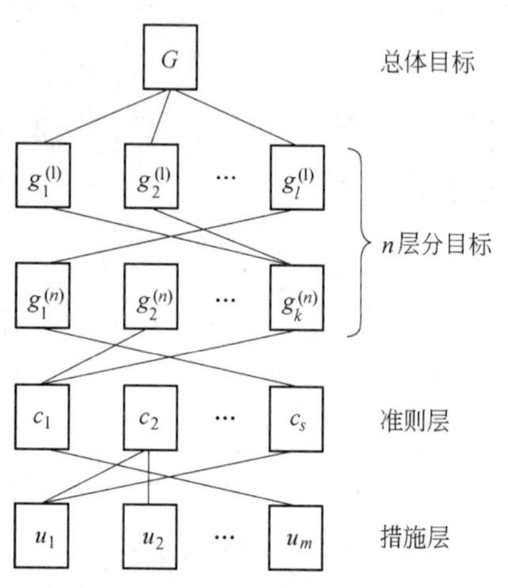

图 6-14 非序列多层次体系结构

假设备选对象 $u_i(i=1,2,\cdots,m)$ 相对于 s 个准则 c_1、c_2、⋯、c_s 的优先权数分别为 $\alpha_{u_i}^{c_1}$、$\alpha_{u_i}^{c_2}$、⋯、$\alpha_{u_i}^{c_s}$，而准则 $c_r(r=1,2,\cdots,s)$ 相对于它的上一层分目标 g_k 的优先权数为 $\alpha_{c_r}^{g_k}(r=1,2,\cdots,s)$。我们不难看出，备选对象 u_i 相对于分目标 g_k 的优先权数等于：

$$\sum_{r=1}^{s} \alpha_{u_i}^{c_r} \alpha_{c_r}^{g_k} \tag{6-7}$$

按照此方法进行完全推导，就可以得出各备选对象对再上一层直至总体目标的优先权数。

（2）构造模糊判断矩阵。由专家对评价指标及对象进行两两比较，并用三角模糊数构造模糊判断矩阵，记为 $\boldsymbol{A} = (a_{ij})_{n\times m}$，$a_{ij} = (l_{ij}, m_{ij}, u_{ij})$，且 $a_{ji} = a_{ij}^{-1}$，m_{ij}就是 AHP 方法中两两比较时所采用的 1～9 标度数（如表 6-4 所示）。令 $m_{ij} - l_{ij} = u_{ij} - m_{ij} = \delta$，$\delta$ 为常数，根据定理 3，当 $0 < \delta < \dfrac{1}{2}$时，$m_{ij}$取相邻两级标度时，$\mu(d) = 0$，没有完全反映人们认识上的模糊性；当 $\delta > 1$，模糊度过大，置信度下降，实践结果表明：$\dfrac{1}{2} < \delta < 1$ 比较适宜。当有 T 位专家进行判断时，a_{ij}为综合三角模糊数，由下式得出：

$$A=\begin{pmatrix} a_{11} & a_{12} & \cdots & a_{1j} \\ a_{21} & a_{22} & \cdots & a_{2j} \\ \vdots & \vdots & \vdots & \vdots \\ a_{i1} & a_{i2} & \cdots & a_{ij} \end{pmatrix}$$

$$a_{ij}=\frac{1}{T}(a_{ij}^{1}+a_{ij}^{2}+\cdots+a_{ij}^{t}) \tag{6-8}$$

式中，$t=1, 2, \cdots, T$，a_{ij}^t为第 t 个专家给出的三角模糊数。

表 6-4 产品质量因素比较标度法

优先度	取值	代表含义
a_{ij}^t	(1，1，1)	在此目标下，u_i 和 u_j 同等重要
	(1，1.5，2)	在此目标下，u_i 比 u_j 一般重要
	(1.25，1.5，2)	在此目标下，u_i 比 u_j 比较重要
	(1.25，1.5，2.5)	在此目标下，u_i 比 u_j 非常重要
	(1.5，2，2.5)	在此目标下，u_i 比 u_j 极其重要
a_{ij}^t	上述取值倒数	进行反比较时的取值，即 u_j 对 u_i 的优先度

（3）对于各模糊判断矩阵，计算出其中各个元素的综合重要程度值 S_i。

（4）层次单排序。由定理 3，计算模糊判断矩阵 $\boldsymbol{A}_i$ 重要于其他各元素的可能性程度：$V(S_i \geqslant S_j)$，$j=1, 2, \cdots, n$；$j \neq i$

$$d'(\boldsymbol{A}_i)=\min_{j=1,2,\cdots,n,j\neq i} V(S_i \geqslant S_j) \tag{6-9}$$

由此得出 $\boldsymbol{W}'=(d'(A_1), d'(A_2), \cdots, d'(A_n))^T$，然后再将其归一化，即得到权重向量 $\boldsymbol{W}$。

（5）层次总排序。将评价指标相对于总目标的权重向量与评价对象相对于评价指标的权重矩阵相乘，得到评价指标对总目标的组合权重。

基于三角模糊数的 AHP 法应用三角模糊数对判断矩阵的各元素进行模糊化处理，尤其是在质量评价初期产品质量信息不完备或模糊不确定条件下，可以有效避免 AHP 中专家打分主观判断的影响，能客观地反映专家和决策者的主观意见。

6.3.3.3 面向全生命周期产品质量评价数学模型

面向全生命周期质量评价方法是将基于三角模糊数的层次分析法和模糊综合评价方法结合，即应用基于三角模糊数的层次分析法确定面向全生命周期产品质量评价体系模型中所有的质量特性指标权重，再根据模糊综合评价方法对产品生命周期各个阶段的质量进行定量与定性相结合的综合质量评价。根据前面章节产品全生命周期质量评价体系模型研究，产品生命周期各阶段质量评价都属于二层次模糊综合评价（详见图 6-7 ~ 图 6-10），其算法流程如图 6-15 所示，具体步骤如下：

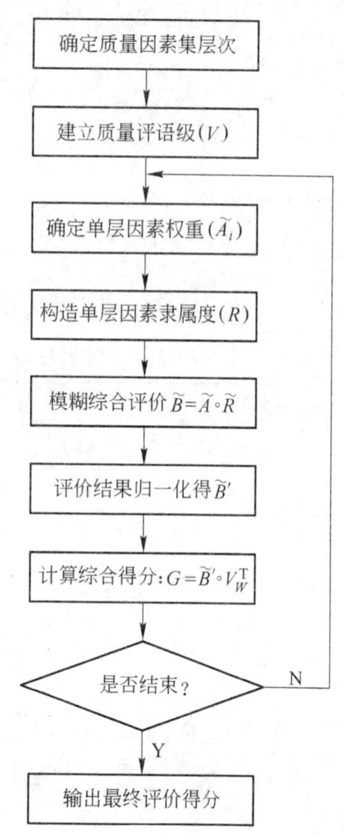

图 6-15　产品生命周期质量综合评价算法流程

步骤 1：确定质量因素集层次。

将产品质量因素集（进行评价的产品生命周期各阶段的各项质量特性指标组成的集合）$\boldsymbol{QU}$ 分为 n 个因素子集，即：

$$\boldsymbol{QU} = \{qu_1, qu_2, \cdots, qu_n\}$$

qu_i 为第一层次即最高层次中的第 i 个因素，它由第二层次中的 m 个因素决定，即：

$$\boldsymbol{QU}_i = \{qu_{i1}, qu_{i2}, \cdots, qu_{ij}, \cdots, qu_{im}\}$$

$$(j = 1, 2, \cdots, m)$$

步骤 2：确定质量评语等级集 V。

质量评语等级集是质量专家对产品质量指标因素集的质量评价指标可能做出的各种总的评判结果组成的集合，不论评价层次的多少，质量评语等级集只有一个，即用 V 表示：

$$V = \{v_1, v_2, \cdots, v_p\}$$

从技术处理来看，质量评语等级个数 p 通常要大于 3 而不超过 9，因为 m 过多则超过人的语义区分能力，不易判断对象的等级归属，而 p 过少又不符合模糊综合评价的质量要求，故 p 过多过少都对评价结果有不良影响，以适中为宜。另外 p 取奇数者较多，这样除中间项外，评语常常是对称的，本书采用优、良、中、差、很差等。这样处理得到综合评价结果后，便于进一步计算隶属度对比指数。

步骤 3：确定质量特性指标权重集。

根据每一层次中各个因素的重要程度，分别赋予每个因素以相应的权重值，则各权重集为：

第一层次：

$$\tilde{A} = \{a_1, a_2, \cdots, a_n\}$$

第二层次：

$$\tilde{A}_i = \{a_{i1}, a_{i2}, \cdots, a_{in}\}$$

这里应用基于三角模糊数的层次分析法确定各层次质量因素权重，根据前面基于三角模糊数的层次分析法的基本原理，其具体步骤如下：

（1）根据产品生命周期各阶段的质量目标，建立相应阶段的质量评价体系模型的递阶层次结构（参见图 6-7 ~ 图 6-10）。

（2）通过质量专家打分，由上至下，通过各层不同因素间的两两比较所得三角模糊数确定如下形式的三角模糊判断矩阵：$\boldsymbol{A} = (a_{ij})_{n\times m}$

C	qu_1	qu_2	$\cdots$	qu_n
qu_1	a_{11}	a_{12}	$\cdots$	a_{1j}
qu_2	a_{21}	a_{22}	$\cdots$	a_{2j}
$\vdots$	$\vdots$	$\vdots$	$\vdots$	$\vdots$
qu_n	a_{i1}	a_{i2}	$\cdots$	a_{ij}

（3）根据各层的三角模糊判断矩阵，按照式（6-3）由上至下依次求取局部质量特性指标的模糊权重向量，并根据式（6-7）进而求取各层局部质量特性指标权重，所得权重矩阵经归一化处理所得的各权重分量所组成的集合 $W = (w_1, w_2, \cdots, w_n)$，设各个质量特性质量指标 qu_i 相应的权重为 w_i。

（4）综合各层次的权重，即可得各质量特性指标对该阶段质量目标的综合权重。

步骤 4：构造各层次质量因素集的隶属度矩阵。

针对质量特性指标因素集 QU 中的单个质量指标 qu_{ij} 进行评价，从第 i 个因素对第 j 个评语等级 v_j 的隶属度 r_{ij}，得出 qu_{ij} 的单因素评价集 $r_i = (r_{i1}, r_{i2}, \cdots, r_{ik})$。把 QU 中 p 个质量指标的评价集作为行，即得 QU 的模糊评价矩阵 $\boldsymbol{R}_{ij}$。

$$\boldsymbol{R}_{ij} = \begin{pmatrix} r_{11} & r_{12} & \cdots & r_{1k} \\ r_{21} & r_{22} & \cdots & r_{2k} \\ \vdots & \vdots & \vdots & \vdots \\ r_{p1} & r_{p2} & \cdots & r_{pk} \end{pmatrix}_{ij}$$

由于质量评价过程中，很多情况下质量信息不完备或者是模糊不确定的，因此无法用定量的方法表达出来，这里采用百分比统计法来构造质量因素集各层次的隶属度矩阵。

该方法是直接将被评价对象的评价结果进行百分比统计并将结果作为该指标的隶属度。隶属度的确定流程如图 6-16 所示，具体方法如下：

对于第一层评价因素论域 QU 中的元素 qu_i，$i=1, 2, \cdots, n$，与评语等级论域 V 对应，其评价结果为：r_{ij}，$j=1, 2, \cdots, p$。设有 k 位质量专家参与评价，

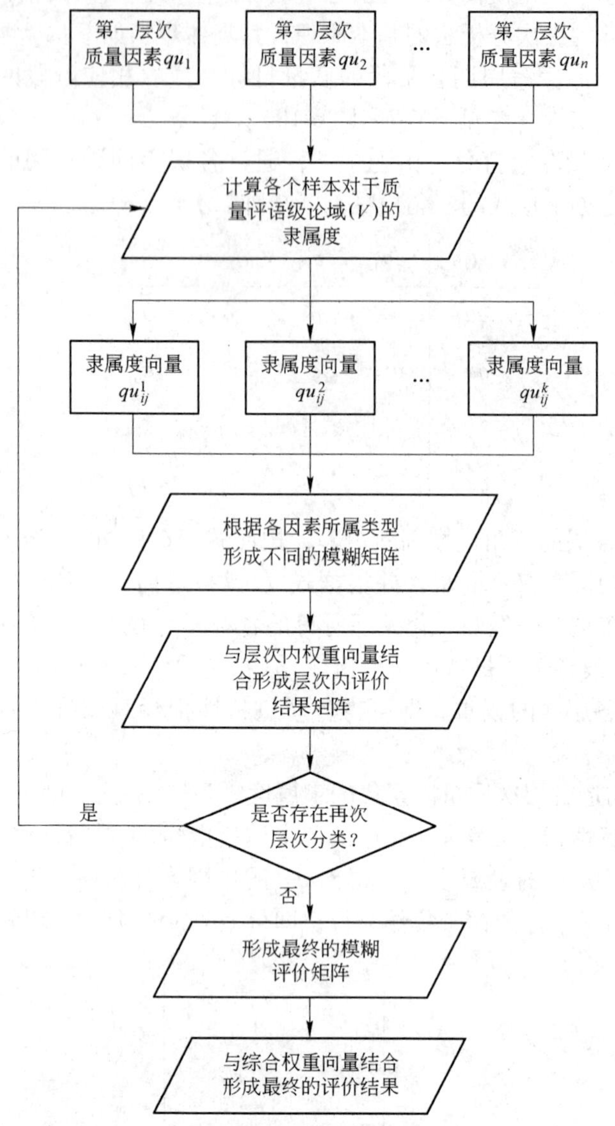

图 6-16　多层次质量评价算法中隶属度矩阵确定

对于某一位专家 t 的评价结果（qu_{i1}^t，qu_{i2}^t，…，qu_{im}^t，$t=1$，2，…，k）来说，qu_{i1}^t，qu_{i2}^t，…，qu_{im}^t中有一个分量为 1，其余分量为 0，则：

$$r_{ij} = \sum_{t=1}^{k} qu_{ij}^t \quad (i = 1,2,\cdots,n;\ j = 1,2,\cdots,p) \tag{6-10}$$

步骤 5：质量模糊综合评价。

根据步骤 3、步骤 4 确定的质量特性指标权重与质量模糊综合评价矩阵，按照式（6-1）进行综合评价，将所得评价矩阵进行归一化处理，再按照式（6-2）得出该阶段产品质量综合评价结果分值。

6.4 应用实例与分析

本节以沈阳重型机械集团近年来的主导产品双进双出磨煤机作为实例对象，进行验证上节提出的面向全生命周期产品质量评价方法。双进双出磨煤机是目前我国火力发电厂必不可少的大型辅助设备，它的安全经济运行也直接决定着电厂运行的经济性和安全性。所以，要求双进双出磨煤机连续作业率高、运行稳定可靠，即对其质量与可靠性提出更高的要求；而面向全生命周期质量评价是保证其质量的最有效手段之一，因此，科学、有效的质量评价方法对于保证、改进双进双出磨煤机质量、满足火力发电厂的需求具有重要现实意义。

经过调研分析，得到如图 6-17 所示的双进双出磨煤机设计质量评价体系结构。设计质量是产品全生命周期质量的源头，是决定产品最终质量的关键。科学、有效的设计质量评价可以大大提高产品的可靠性，从而将生产和使用阶段质量问题出现的几率降至最低，节省资金投入，提高生产率。

6.4.1 实例计算

下面就以双进双出磨煤机设计质量评价为例，应用基于三角模糊数的层次分析法与模糊综合评价模型进行计算得到双进双出磨煤机的设计质量评价等级。其具体步骤如下。

6.4.1.1 确定质量因素集层次

建立该产品设计质量评价体系的层次递阶模型，如图 6-17 所示。因此，该产品设计质量属于二级质量评价，设计质量 = ｛方案设计，结构设计，详细设计，技术服务，环保性｝，用 QU 表示，即：

$$QU = \{qu_1, qu_2, \cdots, qu_n\}$$

式中，qu_i 为第一层次即最高层次中的第 i 个因素，它由第二层次中的 m 个因素决定，如方案设计 =｛连续作业率，出力与细度，市场竞争力，产品成本｝。即：

$$QU_i = \{qu_{i1}, qu_{i2}, \cdots, qu_{ij}, \cdots, qu_{im}\} (j = 1, 2, \cdots, m)$$

6.4.1.2 确定质量评语等级集

对质量因素集中各因素的评语有 5 种结果，即｛优，良，中，差，较差｝，组成质量评语集 V，记作：$V = \{v_1, v_2, \cdots, v_5\}$；

其对应分值 $V_w = \{95, 80, 60, 40, 15\}$。

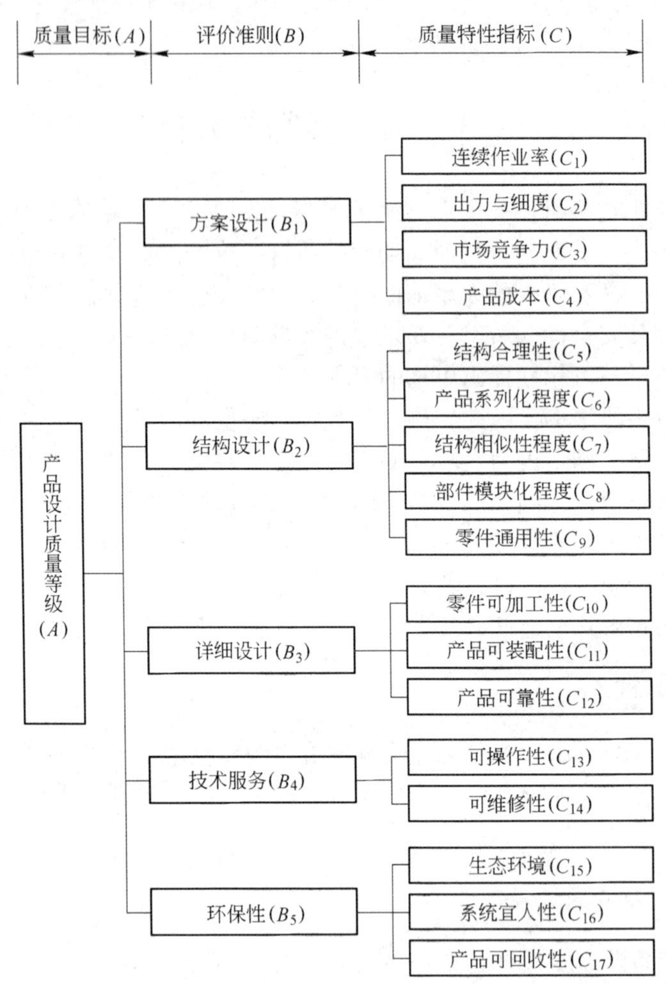

图 6-17　双进双出磨煤机设计质量评价指标体系

6.4.1.3　确定各层次的质量因素权重

（1）构建三角模糊判断矩阵。假设该阶段质量评价小组由 3 位专家组成，每位专家分别对其设计各阶段的质量特性指标相对于质量目标的重要程度进行模糊打分。三位质量专家通过 Internet 进行网上逐层逐级打分，打分标准主要根据表 6-4 中产品质量因素比较标度法，得到如表 6-5 ~ 表 6-10 各层次三角模糊判断矩阵。

（2）针对各模糊判断矩阵，首先计算出各层次的综合模糊判断矩阵，再计算出其中各个元素的综合重要程度值 S_i。由于篇幅所限，这里仅列出准则层 B 相

对于质量目标 A 的综合重要程度值 S_i^{B-A}：

$S_1^{B-A}=(0.136,0.233,0.382)$，$S_2^{B-A}=(0.112,0.2,0.335)$，$S_3^{B-A}=(0.133,0.24,0.398)$，$S_4^{B-A}=(0.095,0.164,0.278)$，$S_5^{B-A}=(0.09,0.16,0.272)$。

表 6-5 准则层 *B-A* 的模糊判断矩阵

B	B_1	B_2	B_3	B_4	B_5
B_1	(1, 1, 1)	(3/2, 2, 5/2) (1/2, 2/3, 4/5) (5/4, 3/2, 2)	(5/4, 3/2, 2) (4/5, 1, 3/2) (1/2, 2/3, 4/5)	(3/2, 2, 5/2) (1/2, 2/3, 1) (5/4, 3/2, 2)	(5/4, 3/2, 2) (2/3, 3/2, 2) (5/4, 3/2, 2)
B_2	(2/5, 1/2, 2/3) (5/4, 3/2, 2) (1/2, 2/3, 4/5)	(1, 1, 1)	(1/2, 2/3, 1) (5/4, 3/2, 2) (2/5, 1/2, 2/3)	(2/3, 1, 3/2) (5/4, 3/2, 2) (2/3, 1, 3/2)	(2/3, 1, 3/2) (5/4, 3/2, 2) (2/3, 1, 5/4)
B_3	(1/2, 2/3, 4/5) (2/3, 1, 5/4) (5/4, 3/2, 2)	(1, 3/2, 2) (1/2, 2/3, 4/5) (3/2, 2, 5/2)	(1, 1, 1)	(2/3, 3/2, 2) (5/4, 3/2, 2) (3/2, 2, 5/2)	(2/3, 1, 3/2) (5/4, 3/2, 2) (3/2, 2, 5/2)
B_4	(2/5, 1/2, 2/3) (1, 3/2, 2) (1/2, 2/3, 4/5)	(2/3, 1, 3/2) (1/2, 2/3, 4/5) (2/3, 1, 3/2)	(1/2, 2/3, 3/2) (1/2, 2/3, 4/5) (2/5, 1/2, 2/3)	(1, 1, 1)	(1/2, 2/3, 4/5) (5/4, 3/2, 2) (2/3, 1, 3/2)
B_5	(1/2, 2/3, 4/5) (1/2, 2/3, 3/2) (1/2, 2/3, 4/5)	(2/3, 1, 3/2) (1/2, 2/3, 4/5) (4/5, 1, 3/2)	(2/3, 1, 3/2) (1/2, 2/3, 4/5) (2/5, 1/2, 2/3)	(4/5, 3/2, 2) (1/2, 2/3, 4/5) (2/3, 1, 3/2)	(1, 1, 1)

表 6-6 方案设计准则 B_1 下的质量特性指标层的模糊判断矩阵

C	C_1	C_2	C_3	C_4
C_1	(1, 1, 1)	(3/2, 2, 5/2) (1/2, 2/3, 4/5) (3/2, 2, 5/2)	(5/4, 3/2, 2) (4/5, 1, 3/2) (3/2, 2, 5/2)	(3/2, 2, 5/2) (1/2, 2/3, 4/5) (3/2, 2, 5/2)
C_2	(2/5, 1/2, 2/3) (5/4, 3/2, 2) (2/5, 1/2, 3/2)	(1, 1, 1)	(1/2, 2/3, 1) (1, 1, 1) (2/5, 1/2, 2/3)	(2/3, 1, 3/2) (5/4, 3/2, 2) (2/3, 1, 3/2)
C_3	(1/2, 2/3, 4/5) (2/3, 1, 5/4) (5/4, 3/2, 2)	(1, 3/2, 2) (1, 1, 1) (3/2, 2, 5/2)	(1, 1, 1)	(2/3, 3/2, 2) (5/4, 3/2, 2) (3/2, 2, 5/2)
C_4	(5/2, 1/2, 2/3) (4/5, 3/2, 2) (5/2, 1/2, 2/3)	(2/3, 1, 3/2) (1/2, 2/3, 4/5) (2/3, 1, 3/2)	(1/2, 2/3, 3/2) (1/2, 2/3, 4/5) (2/5, 1/2, 2/3)	(1, 1, 1)

表 6-7　结构设计准则 B_2 下的质量特性指标层的模糊判断矩阵

C	C_5	C_6	C_7	C_8	C_9
C_5	(1, 1, 1)	(3/2, 2, 5/2) (1, 1, 1) (5/4, 3/2, 2)	(5/4, 3/2, 2) (4/5, 1, 3/2) (5/4, 3/2, 2)	(1, 1, 1) (1/2, 2/3, 1) (1/2, 2/3, 1)	(5/4, 3/2, 2) (2/3, 3/2, 2) (5/4, 3/2, 2)
C_6	(2/5, 1/2, 2/3) (1, 1, 1) (1/2, 2/3, 4/5)	(1, 1, 1)	(1/2, 2/3, 1) (5/4, 3/2, 2) (2/5, 1/2, 2/3)	(2/3, 1, 3/2) (1/2, 2/3, 4/5) (2/5, 2/3, 4/5)	(2/3, 1, 3/2) (5/4, 3/2, 2) (2/3, 1, 5/4)
C_7	(1/2, 2/3, 4/5) (2/3, 1, 5/4) (5/4, 3/2, 2)	(1, 3/2, 2) (1/2, 2/3, 4/5) (3/2, 2, 5/2)	(1, 1, 1)	(2/3, 3/2, 2) (5/4, 3/2, 2) (3/2, 2, 5/2)	(2/3, 1, 3/2) (5/4, 3/2, 2) (3/2, 2, 5/2)
C_8	(1, 1, 1) (1, 3/2, 2) (1/2, 2/3, 4/5)	(1, 3/2, 2) (5/4, 3/2, 2) (5/4, 3/2, 2)	(1, 3/2, 2) (2/3, 1, 5/2) (5/4, 3/2, 2)	(1, 1, 1)	(5/4, 3/2, 2) (5/4, 3/2, 2) (1, 1, 1)
C_9	(1/2, 2/3, 4/5) (1/2, 2/3, 3/2) (1/2, 2/3, 4/5)	(2/3, 1, 2) (1/2, 2/3, 4/5) (4/5, 1, 3/2)	(2/3, 1, 3/2) (1/2, 2/3, 4/5) (2/5, 1/2, 2/3)	(1/2, 2/3, 4/5) (1/2, 2/3, 4/5) (1, 1, 1)	(1, 1, 1)

表 6-8　详细设计准则 B_3 下的质量特性指标层的模糊判断矩阵

C	C_{10}	C_{11}	C_{12}
C_{10}	(1, 1, 1)	(1/2, 2/3, 1) (5/4, 3/2, 2) (1/2, 2/3, 4/5)	(5/4, 3/2, 2) (1/2, 3/2, 1) (1/2, 2/3, 4/5)
C_{11}	(1, 3/2, 2) (1/2, 2/3, 4/5) (5/4, 3/2, 2)	(1, 1, 1)	(1, 3/2, 2) (5/4, 3/2, 2) (1, 1, 1)
C_{12}	(2/5, 2/3, 4/5) (1, 3/2, 2) (5/4, 3/2, 2)	(1/2, 3/2, 1) (1/2, 2/3, 4/5) (1, 1, 1)	(1, 1, 1)

表 6-9　技术服务准则 B_4 下的质量特性指标层的模糊判断矩阵

C	C_{13}	C_{14}
C_{13}	(1, 1, 1)	(1/2, 2/3, 1) (5/4, 3/2, 2) (5/4, 3/2, 2)
C_{14}	(1, 3/2, 2) (1/2, 2/3, 4/5) (1/2, 2/3, 4/5)	(1, 1, 1)

表 6-10　环保性准则 B_5 下的质量特性指标层的模糊判断矩阵

C	C_{15}	C_{16}	C_{17}
C_{15}	(1，1，1)	(3/2，2，5/2) (5/4，3/2，2) (1/2，3/2，1)	(1，3/2，2) (1/2，2/3，4/5) (5/4，3/2，2)
C_{16}	(2/5，1/2，2/3) (1/2，2/3，4/5) (1，3/2，2)	(1，1，1)	(1/2，3/2，1) (3/2，2，5/2) (1，3/2，2)
C_{17}	(1/2，3/2，1) (5/4，3/2，2) (1/2，2/3，4/5)	(1，3/2，2) (2/5，1/2，2/3) (1/2，3/2，1)	(1，1，1)

（3）层次单排序。根据上面的模糊判断矩阵，应用式（6-9）求出各层次相应的可能性程度。这里仅列出准则层 B 中各准则的可能性程度，即权重：

$\boldsymbol{W}'=(0.961，0.822，1.000，0.643，0.626)$ 经过归一化，得到准则层相对于目标层的权重向量 $\boldsymbol{W}=(0.237,0.203,0.247,0.159,0.154)$。

（4）层次总排序。将评价指标相对于总目标的权重向量与评价对象相对于评价指标的权重矩阵相乘，得到评价指标对总目标的组合权重，如表 6-11 所示。

$\boldsymbol{W}=(0.0559,0.0454,0.0706,0.0642,0.0451,0.0426,0.0361,0.0503,0.0309,0.0818,0.0869,0.0815,0.0873,0.0717,0.0594,0.0525,0.0420)$。

表 6-11　双进双出磨煤机设计质量评价各层次质量指标权重

质量目标	质量准则	权　重	质量特性指标	权　重
双进双出磨煤机设计质量（A）	方案设计（B_1）	0.237	连续作业率（C_1）	0.236
			出力与细度（C_2）	0.194
			市场竞争力（C_3）	0.298
			产品成本（C_4）	0.271
	结构设计（B_2）	0.203	结构合理性（C_5）	0.222
			产品系列化程度（C_6）	0.210
			结构相似性程度（C_7）	0.178
			部件模块化程度（C_8）	0.248
			零件通用性（C_9）	0.152
	详细设计（B_3）	0.247	零件可加工性（C_{10}）	0.331
			产品可装配性（C_{11}）	0.352
			产品可靠性（C_{12}）	0.330
	技术服务（B_4）	0.159	可操作性（C_{13}）	0.549
			可维修性（C_{14}）	0.451
	环保性（B_5）	0.154	生态环境（C_{15}）	0.386
			系统宜人性（C_{16}）	0.341
			产品可回收性（C_{17}）	0.273

6.4.1.4　确定各层次质量因素的隶属度矩阵

设有 20 位质量专家参与双进双出磨煤机设计质量评价，对于某一位质量专家 t 的评价结果（qu_{i1}^t，qu_{i2}^t，…，qu_{im}^t，$t=1$，2，…，20）来说，qu_{i1}^t，qu_{i2}^t，…，qu_{im}^t 中有一个分量为 1，其余分量为 0。根据式（6-10）和图 6-16 多层次评价隶属度的流程，计算各层次质量因素相对于质量评语级 V 的隶属度矩阵 $\boldsymbol{R}$，即 QU 的模糊评价矩阵。

$$\boldsymbol{R}=\begin{pmatrix} 0.058 & 0.089 & 0.374 & 0.259 & 0.22 \\ 0.115 & 0.458 & 0.132 & 0.203 & 0.092 \\ 0.375 & 0.317 & 0.181 & 0.072 & 0.035 \\ 0.205 & 0.117 & 0.357 & 0.215 & 1.06 \\ 0.058 & 0.000 & 0.281 & 0.412 & 0.249 \\ 0.058 & 0.338 & 0.412 & 0.108 & 0.084 \\ 0.047 & 0.129 & 0.481 & 0.209 & 0.134 \\ 0.432 & 0.328 & 0.203 & 0.037 & 0.000 \\ 0.075 & 0.212 & 0.512 & 0.174 & 0.027 \\ 0.235 & 0.379 & 0.208 & 0.104 & 0.074 \\ 0.503 & 0.314 & 0.109 & 0.065 & 0.009 \\ 0.235 & 0.113 & 0.452 & 0.107 & 0.093 \\ 0.000 & 0.106 & 0.487 & 0.327 & 0.08 \\ 0.000 & 0.028 & 0.382 & 0.363 & 0.227 \\ 0.008 & 0.145 & 0.493 & 0.319 & 0.043 \\ 0.000 & 0.159 & 0.485 & 0.324 & 0.032 \end{pmatrix}$$

6.4.1.5　设计质量模糊综合评价

根据式（6-1）、式（6-2），质量评语级的 5 种结果，即优、良、中、差和较差和其对应分值 $V_w=\{95,80,60,40,15\}$。计算求得产品质量综合评价得分：$G=61.120$，进而得到与其对应的双进双出磨煤机设计质量评价等级为：中。

6.4.2　计算结果分析

从整体的设计质量评价结果来看，双进双出磨煤机设计质量达到中级水平，基本符合生产要求和用户的功能需求。但从表 6-11 中可以看出，双进双出磨煤机在面向环保性和技术服务设计环节还有待于提高，建议大力推行产品的“以顾客为中心”和“绿色环保”，全面提高设计人员的“以顾客为中心”和“绿色环保”意识，实现提高双进双出磨煤机的设计质量，减少由于服务维修、对生态环境的影响等问题而导致产品设计的重复性修改，从而降低成本、提高生产效率。

经过实例检验，该设计质量评价模型的评价结果是可靠和稳定的。同时，该设计评价体系指标具有多层次、多阶段（即方案设计、结构设计、详细设计）的复杂结构，这也充分说明了该质量评价方法进行面向产品全生命周期各个阶段的质量评价也很稳定。本书在使用层次分析法确定权重的基础上，将改进的模糊层次分析方法用于权重的确定过程，改善了权重的客观性，提高了评价结果的可信性。

7 网络化制造模式下面向产品全生命周期的质量管理原型系统开发

前面章节对 NMPLCQMS 系统的模型、理论与关键技术进行了深入研究，在此基础上，本章将进行 NMPLCQMS 系统的设计与开发。

网络化制造模式下面向产品全生命周期的质量管理系统（NMPLCQMS）中的每个功能都应适应先进制造模式，它们既各自独立地完成其子任务，又进行相互间的交流和协作，从而满足现代生产的要求。基于上述思想，在传统国有企业质量管理模式的基础上，构建了基于 CSCW 的协同质量管理模式，利用计算机网络技术实现数据集成和资源共享，满足网络化制造模式下产品全生命周期质量管理系统要求。

NMPLCQMS 系统的设计与开发，综合运用第 3 章提出的系统结构模型、第 4 章产品协同质量设计理论、第 5 章的工序质量控制技术以及第 6 章的产品质量综合评价理论，采用 Java、JSP、JavaScript 等开发环境，针对沈阳重型机械集团公司信息化需求，设计开发出适应实际需要又具有开放性的 NMPLCQMS 原型系统，为将理论研究应用于生产实际打下了良好的基础。

7.1 系统应用背景与可行性分析

目前，我国制造业正大力推进信息化建设项目，产品制造自动化水平和优化程度有了一定提高，但总体信息化程度还较低，尤其是制造企业的质量管理信息化程度。虽然国内制造业都已建立了比较完善的质量管理体系和管理体制，但仅局限于产品质量检验计划的编制、成品（半成品）的质量检验和质量管理制度的建立，并没有考虑产品质量管理的全生命周期性，异地分散性以及质量信息的动态性、集成性等问题。因此，现代化的制造工厂急需要通过应用 NMPLCQMS 系统，联合产品全生命周期所有质量活动有关的职能部门，组成一个优化的质量链，并根据制造企业生产情况实现质量信息化管理。

7.1.1 系统背景企业对 NMPLCQMS 的需求分析

沈阳重型机械集团有限责任公司（原沈阳重型机器厂）始建于 1937 年，是新中国成立后建立的第一个重型机械制造厂，被誉为中国机械工业的“摇篮”，是国家机械行业大型骨干企业之一。它是以设计制造电站、冶金、轧钢、锻压、矿山、水泥、人造板、军工、环保等大型技术装备为主的重型机械装备制造企业。

沈阳重型机械集团公司的产品多为重型、大型机械设备，如其主导产品双进双出磨煤机、新产品盾构机等，都属于典型的单件、小批量生产。双进双出磨煤机、盾构机都为国外引进技术，尚存在一些技术难题与国外技术人员共同解决，一些关键件仍需要进口或者国外设计，国内生产；同时这些产品应用工况各不相同（如电厂的规模、地域环境，地铁施工的地质条件等），决定了该公司产品是个性化定制式生产，因此需就产品信息与产品用户不断进行协调和沟通。这些使沈重集团对网络化制造提出了迫切的需求。

随着企业集团的成立，沈重集团的信息化建设已经有了一定基础。企业内部网已经建成并初具规模，各部门都已上了OA系统，近期又引进了PDM系统，这些都为实施网络化制造提供了必备的条件。

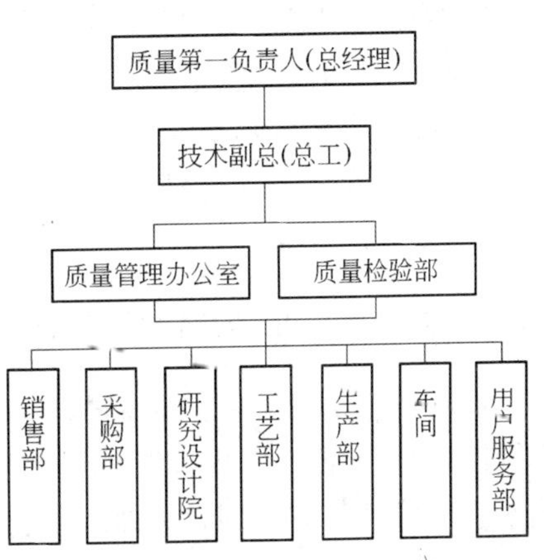

图 7-1　沈阳重型机械集团公司的质量管理组织机构

随着信息技术发展，企业管理技术水平的提高，沈阳重型机械集团公司的质量管理体系和方法，已经不能满足日常生产的需要，根据数次调研，具体表现在如下几个方面：

（1）沈重集团公司已经专门成立了如图 7-1 所示的质量管理组织机构，并建立了图 7-2 所示的产品质量管理流程。由总经理直接领导全企业质量活动、保证质量体系的运行以及质量体系的实施工作，但手段相对单一和落后，使质量意识难以广泛深入到各级人员中去，质量体系运

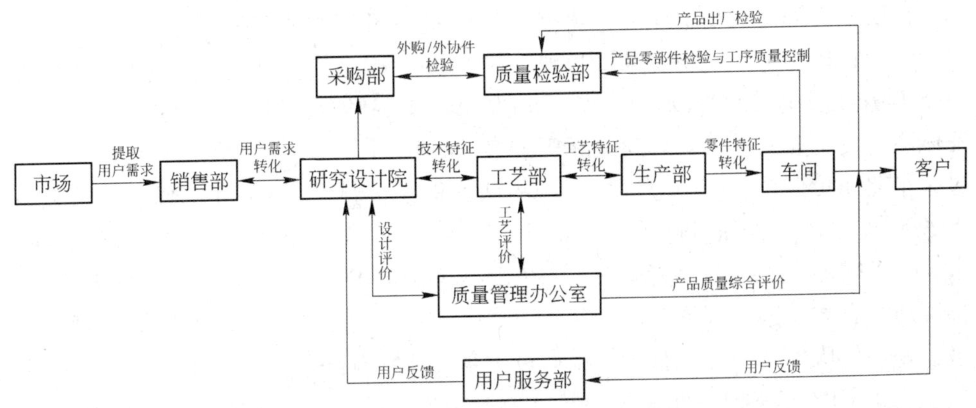

图 7-2　沈阳重型机械集团公司的质量管理流程

行的有效性难以控制和验证。

（2）目前公司的质量保证手段相对落后、单一。进货、半成品或成品质量主要靠事后检验控制。质量检测手段主要为检查小组直接在各分厂车间手工完成，质量数据靠手工记录，因此所测数据的即时性、准确性、完整性、可靠性差。

（3）公司与协作企业之间受到地域和企业质量体系限制，同时来自企业内部的销售、客户服务、市场、生产等部门的产品质量信息是离散的。因此，公司各部门和协作企业间形成了质量信息孤岛。各部门难以在统一信息的基础上面对客户，从而不能及时与协作企业、客户进行质量信息交互，工作效率低、不能及时响应市场的需求。

因此，沈阳重型机械集团公司为解决以上问题，迫切需求一种网络化制造模式下产品全生命周期质量管理系统，将公司各个部门、协作企业协调起来，使公司质量管理形成一个有机整体，实现产品全生命周期质量管理的整体优化。

7.1.2　系统 NMPLCQMS 的可行性研究

可行性分析就是在系统调查的基础上，分析新系统的开发是否具备必要性和可行性。为了保证 NMPLCQMS 系统的开发成功，避免投资失误，本书从管理、技术、经济性等方面对该系统的可行性进行分析。

7.1.2.1　管理上的可行性分析

质量管理发展到今天，已经形成一套比较科学的管理制度和方法，全面质量管理思想深入人心，许多企业通过了 ISO 质量认证。随着全球化的发展，各企业间的沟通和合作不断加强，ISO 系列标准已在全球获得认可。

在质量管理体系与组织上，沈阳重型机械集团公司从 1979 年开始推行全面质量管理；1988 年等效采用 ISO9000 系列标准，建立了文件化的质量保证体系；1995 年开始贯彻 GB/T 19000—1994 idt ISO9000：1994 系列标准，健全了质量保证体系，使企业的质量管理与国际标准接轨。1996 年 10 月，沈阳重型机器厂通过了东北质量体系审核中心（NAC）的认证审核，获得了 GB/T 19001—1994 idt ISO9001：1994 标准质量体系认证证书。2002 年 10 月，公司在通过东北认证有限公司（NAC）的第二次复评审核后，获得了 GB/T 19001—2000 idt ISO9001：2000 标准质量管理体系认证证书。2004 年 11 月，公司建立、实施、保持的质量、环境、职业健康安全一体化管理体系通过了东北认证有限公司（NAC）的审核，再次获得了 GB/T 19001—2000 idt ISO9001：2000 标准质量管理体系认证证书。

在质量测量过程和测量设备的管理方面，该公司从 20 世纪 80 年代开始不断完善测量管理体系，配备了大量的测量设备。该公司建立了长度、热工、电学、力学、精密测量等15项最高标准仪器，1986年晋级为国家一级计量合格单位，并被沈阳市质量技术监督局授予开展强检压力表的检定权。该公司设立了产品质量检验、理化试验、无损探伤等专门机构。2006年4月，该公司获得了中国质量检验协会颁发的企业质量检验机构合格证书。2006年6月，该公司通过了中启计量体系认证中心的认证审核，获得了GB/T 19022—2003标准测量管理体系认证证书。

目前，该公司正在贯彻GB/T 19580—2004《卓越绩效评价准则》国家标准，建立和实施卓越绩效管理模式，以进一步提高企业管理水平，持续改进质量、环境、职业健康安全及测量一体化管理体系的适宜性、充分性和有效性。这些都为建立NMPLCQMS原型系统奠定了基础。

7.1.2.2 理论与技术可行性分析

东北大学网络化制造实验室王宛山教授对网络化制造技术进行了多年深入的研究，取得了丰硕的研究成果，实验室近些年来关于网络化制造技术、信息化建设方面也取得了一定的研究成果，积累了相当丰富的经验，这些都为本系统的开发与实现奠定了宝贵的理论基础。

就质量管理系统（Quality Management System，QMS）而言，国内外有许多软件公司已经开发出相应的系统软件。不过由于目前国内应用比较少，国内的软件公司最广泛的开发方法是与国外软件公司合作，稍作处理就将其移植过来，这样就造成了QMS很大程度上的水土不服，因此形成了QMS应用不能促进QMS开发的恶性循环。

NMPLCQMS原型系统开发主要采用现在流行的分布式对象技术，由SUN公司推出的J2EE（Java's 2 Platform Enterprise Edition）企业应用规范，其原理主要是面向HTML，XML等页面以及运行于浏览器端的Applet小应用程序，通过应用服务器（WebLogic，WebSphere，Juguar等）中的Web包容器管理，采用JSP和Servlet技术动态显示面向用户的页面；通过应用服务器中的EJB（Enterprise JavaBeans，Java分布式组件）包容器管理实现企业的业务逻辑功能；通过功能强大的JDBC（Java DataBase Connectivity）进行数据库的管理工作，可以支持多种数据库。由此可见，J2EE平台可以安全、准确地连接个人信息和企业数据，同时能够授权他人连接到这些信息；其创建的应用程序和服务更容易、更有效地集成在一起。

J2EE是一项开放的技术，除了Windows平台外，还支持Unix，Linux等操作系统。J2EE受许多公司的支持，包括：SUN，IBM，Bea，Sybase，Borland，Oracle等等。J2EE是完全的Java技术，因此保持Java平台无关性的特点。这些开发软件在实际应用中都是比较成熟的，因此这些就为本系统的开发提供了强有力的技术支持。

7.1.2.3 操作/经济可行性分析

开发制造企业质量信息管理系统需要强有力的组织保障，沈阳重型机械集团公司下属的技术中心，是该企业的产品信息中心，本系统开发所需的核心数据都由其提供。

此外，沈阳重型机械集团公司总经理助理苏鹏程总工程师、质量管理办公室主任张全新副总工程师、质量检验部的工作人员、双进双出磨煤机设计室的设计人员等，都给本系统的研究与开发提供了实际指导与建议，这些都对本系统的实际开发与今后成功应用提供了操作可行性。

系统的经济可行性分析是影响系统开发决策的一个重要因素，信息建设成功的标志就是获得效益必须大于系统开发与使用的成本。沈阳重型机械集团公司很重视企业的信息化建设，也很舍得投资，但这却不代表可以乱投资、盲目的投入。

目前，大多数企业的质量管理部门对于面向产品全生命周期质量相关的职能部门（设计、工艺、制造等）的管理模式在很大程度上还是依靠传统的管理方法，信息化、自动化程度很低，管理成本占据制造成本很大一部分，由于人为管理造成的成本增加也是管理成本居高不下的一个主要原因。面向产品全生命周期的 NMPLCQMS 原型系统，目的就是减少质量管理上人为因素的影响，降低制造、管理成本。

7.2 NMPLCQMS 系统设计

系统的目标与任务是系统开发设计的前提，功能设计是系统初步设计的主要内容。因此，根据前面背景企业对系统的需求分析，将 NMPLCQMS 系统体系结构与背景企业实际需求相结合，确定 NMPLCQMS 原型系统功能目标。

7.2.1 系统的总体目标

NMPLCQMS 系统是将当代先进的质量管理理念和质量管理技术、工具进行融合而构建出的模块化、组件化的质量信息化管理系统平台。它的目标就是建立基于因特网/企业内部网的分布式产品全生命周期的质量信息管理系统，提供一个质量信息快速收集、传递、处理、反馈和质量问题及时处理的协作环境，实现质量信息的快速反应和共享；提供支持网络化制造模式下的虚拟企业重构，即随时解散和随时组合的需求。具体目标如下：

（1）快速、全面、经济、高质量地实现企业质量管理的全方位信息化，有效支持企业实施全面质量管理。

（2）以 Intranet/Internet 网络为环境，建立 NMPLCQMS 系统质量信息管理平台：

1）基于描述质量信息的文档组织结构管理；

2）共享质量数据一致性管理；

3）质量数据信息安全性管理；

4）共享质量信息的快速查询和检索。

（3）实现企业质量保证体系的改进与优化。

（4）建立可靠的通信、交流平台，以 NMPLCQMS 系统的应用提供多种信息传输和交流通道，实现协同式质量管理：

1）对于 Text、Data、Image、Picture 等数字信息，提供可靠的传输；

2）对于多媒体信息，提供多个 Audio、Video 的实时传输；

3）为用户、成员企业提供一个质量信息交流与发布的协同质量管理平台。

（5）利用 Matlab 软件提供的先进数学运算方法，提供先进的质量控制手段，以缩短故障时间，减少故障损失。

（6）建立面向产品全生命周期质量管理的系统应用平台：

1）为各个参与质量管理与决策的人员提供统一的、实时的软硬件工作环境；

2）为联盟企业的质量管理人员提供协同决策过程的监控手段；

3）以协作平台为基础，通过控制权限和角色组织决策工作和信息资源管理。

（7）具有清晰、简洁、直观、真实的图形用户界面，操作简便，使用直观。

（8）促进与国际质量管理顺利接轨，为企业参与日益激烈的市场化竞争提供管理与技术的支持。

7.2.2 系统的主要任务

根据前面背景企业的需求分析，NMPLCQMS 系统是企业信息化建设的重要组成部分。同时针对上面的系统目标，因而在开发 NMPLCQMS 原型系统过程中需要完成以下主要任务：

（1）完整、可靠、准确地记录产品全生命周期的质量数据和文档；

（2）提供面向用户、协作企业基于产品全生命周期的协同质量设计平台；

（3）提供日常管理所需要的各种质量信息及质量统计分析报表；

（4）满足企业管理及决策质量信息需求，辅助质量管理工作；

（5）实时在线采集数据，实现生产过程的动态、智能质量控制；

（6）具有强大的报表分析功能及稳定的数据库结构系统。

7.2.3　系统设计方法

为了保证 NMPLCQMS 原型系统开发的质量、提高系统开发的成功率，必须要有正确的开发方法。通常的系统开发方法有生命周期法、原型法及面向对象的分析及设计方法等。

7.2.3.1　生命周期法

生命周期法（爆布法）是传统的软件开发设计方法，它预先明确用户要求，根据用户需求来设计系统，可减少系统开发的盲目性。由顶向下来设计或规划信息系统，逐步求精，将系统开发进行严格的阶段划分，每个阶段都有其明确的任务和目标，然后按照这些阶段进行软件的开发设计。一般生命周期法可划分为五个阶段：需求分析阶段、系统设计阶段、代码设计阶段、系统测试阶段、系统维护阶段，开发过程如图 7-3 所示。

生命周期法的开发周期较长，用户需求及环境的变化得不到及时反映，且要求系统开发人员在系统的开发初期就要对整个系统的功能有全面、深刻的认识，并制定出每一阶段的计划、目标和说明书，难度较大，目前单纯地采用生命周期法已不多见。

7.2.3.2　原型法

原型法是一种灵活多变的系统设计方法，包括以下几个阶段：需求分析确定、开发初始模型、模型系统测试、改进模型，其阶段活动及开发过程如图 7-4 所示。

在原型法中，每一个短的开发周期后为用户提供一个原型，然后根据用户意见

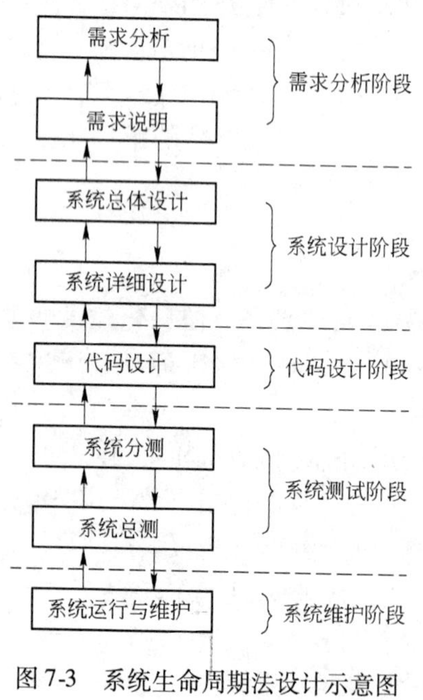

图 7-3　系统生命周期法设计示意图

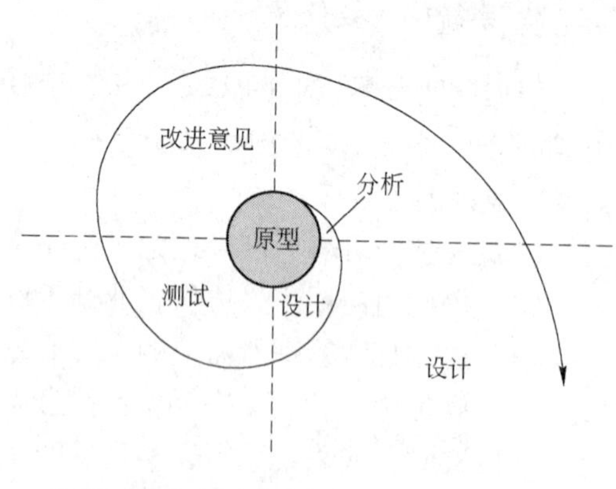

图 7-4　原型法系统开发过程

修改、完善，直到用户满意并交付使用。

与生命周期法相比，原型法具有周期短、开发费用低、用户可以亲自参与以保证顾客满意、易学易用等优点，但是原型法也有其自身的缺点，如很难适用于大而复杂的系统开发、开发过程管理困难、重复性的工作较多、强烈依赖于软件支撑环境等。一般地，原型法适于开发小型的信息系统项目。

7.2.3.3 本系统开发采用的方法

在本系统开发中，采用了生命周期法和原型法相结合的系统开发方法。在系统需求分析、总体设计阶段采用生命周期法开发，而详细设计、代码设计等阶段采用原型法进行反复设计、修改直至完善，开发过程如图 7-5 所示。

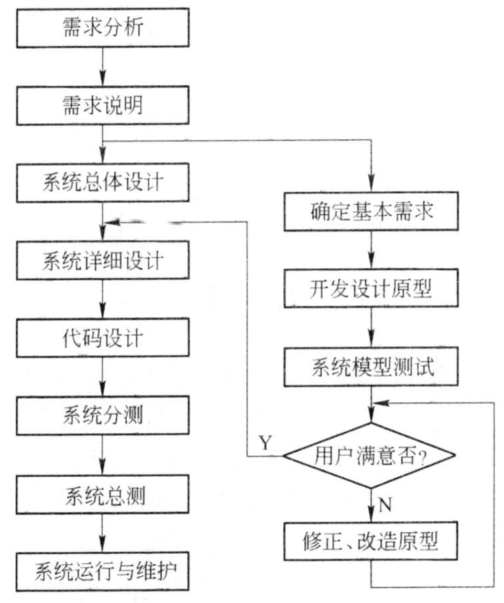

图 7-5 生命周期法与原型法相结合的系统开发方法

7.2.4 系统结构设计

根据前面系统的技术可行性分析，本系统采用了 J2EE 企业技术架构，应用 JSP 和 Servlet 技术开发客户端动态显示页面，同时应用 EJB 组件实现系统的逻辑功能，通过 JDBC 来实现数据库的连接与管理。

而在最近几年的 J2EE 企业应用开发实践中，模型—视图—控制器（Model-View-Controller，MVC）设计模式已成为 J2EE 平台的推荐首选。通过采用 MVC 设计模式，能简化系统开发的过程，加快开发速度，提高系统的性能和可维护性。因此，本系统采用 MVC 设计模式。

7.2.4.1 MVC 设计模式

MVC 设计模式采用一种“分治”的思想，源于传统的面向对象语言 SmallTalk。在 Web 应用系统中具有得天独厚的优势。MVC 设计模式主要由三个部分组成：模型（model）、视图（view）和控制器（controller），从而使它很好地实现了数据层与应用层的分离，如图 7-6 所示。

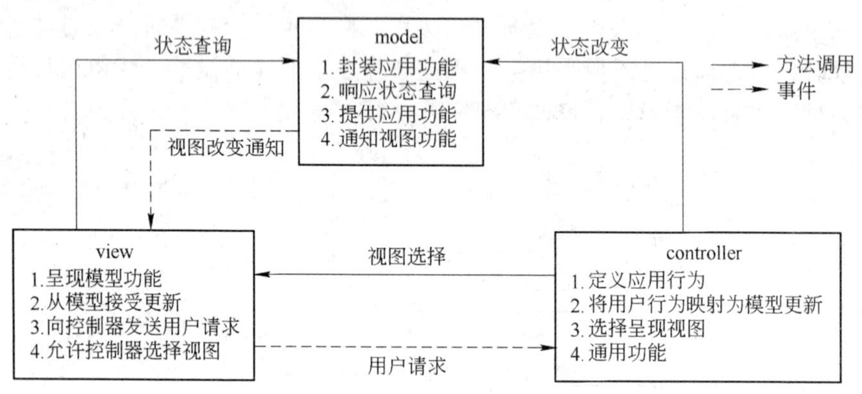

图 7-6 MVC 设计模式

模型封装了应用问题的核心数据、逻辑关系和业务规则，提供了完成问题处理的操作过程。它是对象的内在属性，是整个模式的核心，它采用面向对象的方法，将问题领域中的对象抽象为应用程序对象。一方面，模型为控制器所调用；另一方面，模型还为视图获取显示数据而提供了访问其数据的操作。这样，模型一次编写就可为多个视图重用，从而减少了代码的重复性。

视图是模型的外在表现，是用户看到的并与之交互的界面。一个模型可以对应一个或者多个视图。视图主管应用系统与外界的接口：一方面它为外界提供输入手段，并触发应用逻辑运行；另一方面，它又将逻辑运行的结果以某种形式显示给外界。在视图中其实没有真正的处理发生也不应该有处理发生。作为视图来讲，它只是作为一种输出数据并允许用户操作的方式。

控制器是模型与视图的联系纽带，控制器提取通过视图传输进来的外部信息，并将其转化成相应事件，对模型进行更新；同时模型的更新与修改也将通过控制器通知视图，从而保持视图与模型的一致性。具体地说，控制器本身不输出任何东西和做出任何处理。它只是接收请求并决定调用哪个模型构件去处理请求，并确定用哪个视图来显示模型处理之后返回的数据。

MVC 的优点：

（1）MVC 架构适用于多用户的、可扩展的、可维护的、具有很高交互性的系统；

（2）MVC 可以很好地表达用户的交互和系统模式；

（3）很方便地用多个视图显示多套数据，使系统很方便地支持其他新的客户端类型；

（4）代码重复达到最低；

（5）由于分离了模式中的控制和数据表现，可以分清开发者的责任，另外也可以加快产品推向市场的时间。

7.2.4.2 J2EE 平台上 MVC 设计模式的实现

J2EE 技术结合 MVC 设计模式在构建企业级 Web 应用的实现过程中，JSP 对应于视图，因为整个应用系统主要通过 JSP[196] 来与外界进行交互；Servlet 包含了管理如何处理请求的逻辑，实际就成为了控制器，作为 JSP 与 JavaBean 之间的中间枢纽；JavaBean 对应于模型，主要进行数据业务处理。

对应于前面所述的图 7-6 系统层次结构，用 MVC 模式构建的 NMPLCQMS 原型系统的 J2EE 应用框架如图 7-7 所示。

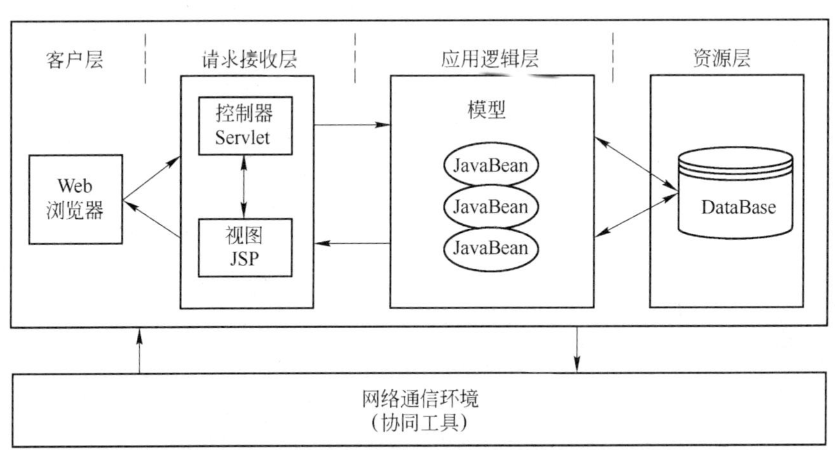

图 7-7 MVC 模式构筑的系统框架

图 7-7 中利用控制器来控制系统的流程、产生视图、调用业务组件执行业务逻辑进行交互；用户界面的表示逻辑可由 Web 层来处理；与控制相关的对象出现在每一层中，用来对跨层的进程行为进行协调；而业务逻辑和数据的对象都位于 JavaBean 层；底层则是支持网络通信的协同工具子系统。这样，NMPLCQMS 系统的表现逻辑和业务逻辑分离，从而使得逻辑结构更为清晰，简化软件开发、提高系统性能，具有较好的灵活性。如果数据的显示方式有所改变，只需要更改 JSP 视图页面，而不要求相应更改数据处理模块。因而系统可以很容易加入新业务，可以灵活适应各种需求的变化。

7.2.4.3　NMPLCQMS 系统的网络拓扑结构

根据前面系统的功能模块和设计模式，结合背景企业的实际网络、质量组织机构，构建如图 7-8 所示的 NMPLCQMS 系统网络拓扑结构。NMPLCQMS 系统以分布在不同区域的联盟企业、访问者和专家为对象，通过网络信息服务器（包括数据库服务器、Web 服务器）和系统工作服务器（其他服务器和质量决策服务器）与 CIMS 技术相结合，为用户提供服务。

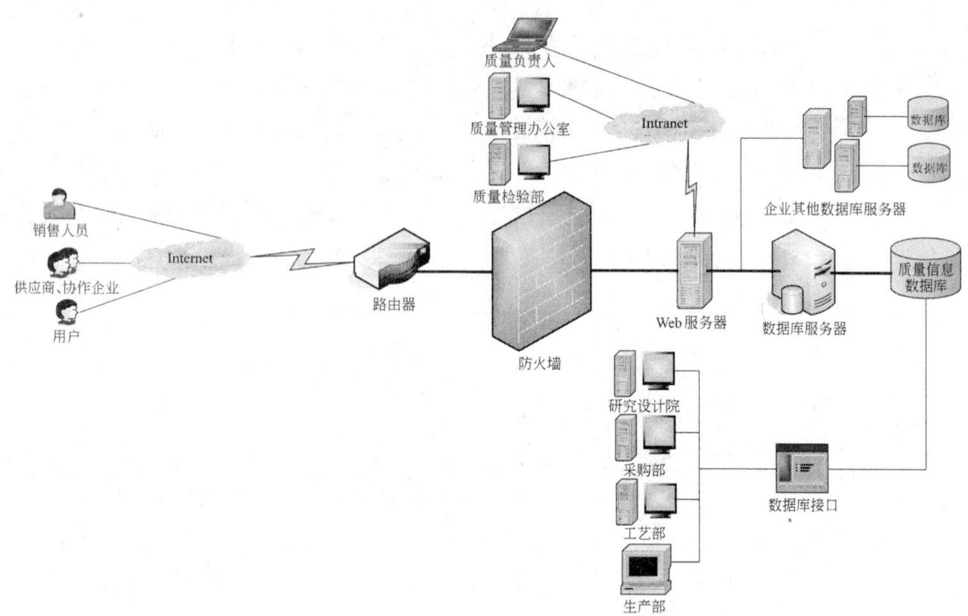

图 7-8　NMPLCQMS 系统网络拓扑结构图

7.3　NMPLCQMS 系统功能设计

针对网络化制造环境下企业质量管理体系和组织的特点，结合背景企业现有的网络结构，按照企业需求对 NMPLCQMS 原型系统进行设计、开发，实际上是第 2 章所建系统总体模型的深化与实现，是前面企业系统需求分析的具体实现解决方案。

7.3.1　系统的功能模块的构成

根据背景企业的功能需求分析和 NMPLCQMS 系统的结构特点，系统的功能模块主要包括：协同质量设计子系统、工序质量控制子系统、产品服务与维护子系统、质量信息发布子系统、质量评价子系统与质量信息综合管理子系统，如图

7-9 所示。

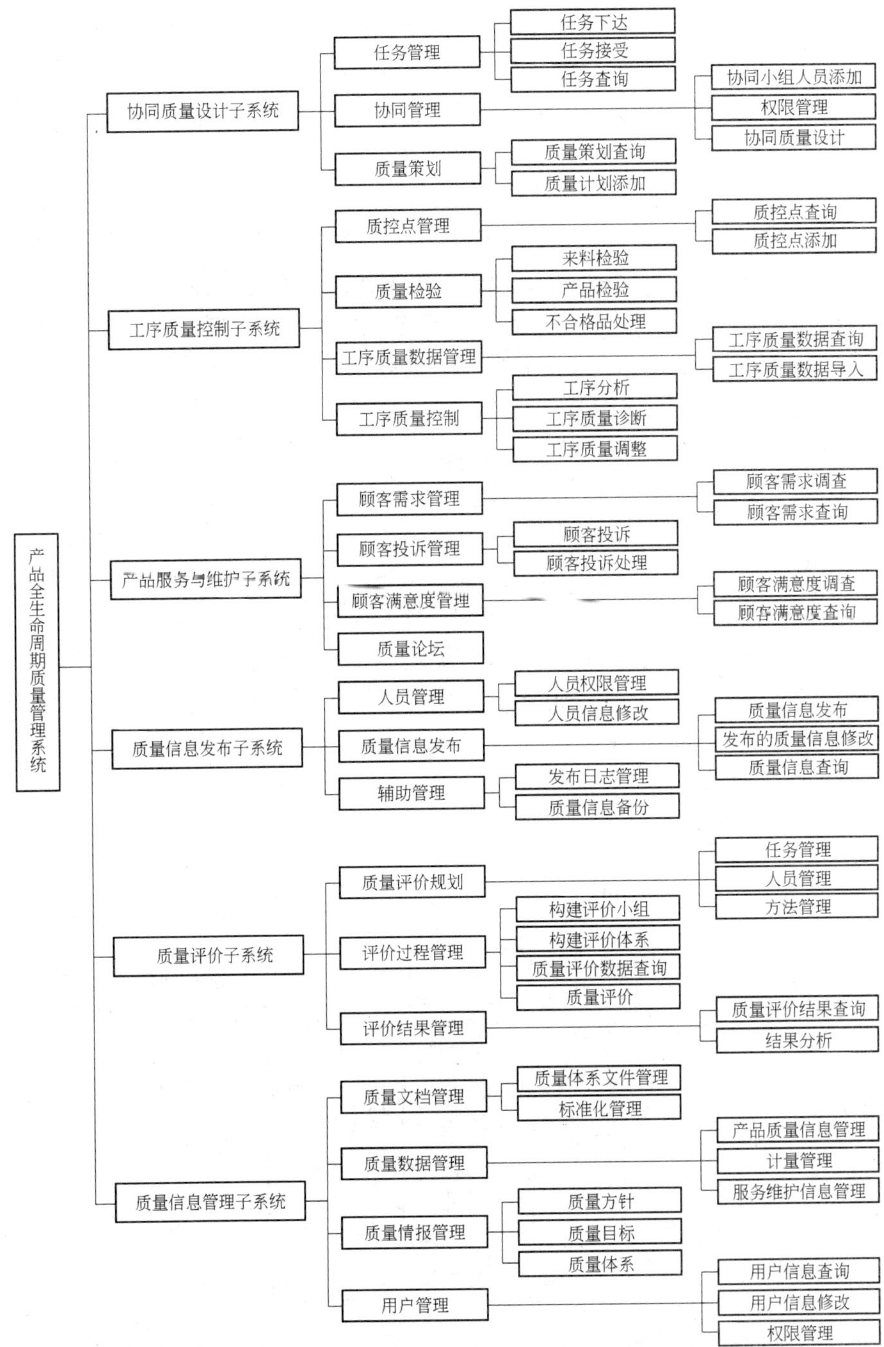

图 7-9 NMPLCQMS 系统功能框图

7.3.2 系统的功能模块的设计

为了实现各个模块的功能，根据系统目标和任务，需要对其进行功能设计，同时，各个模块之间需要协调工作、相互配合以实现系统的功能。本节将对NMPLCQMS系统的主要功能模块进行详细设计，为系统的最终实现奠定基础。

7.3.2.1 协同质量设计子系统

协同质量设计子系统是NMPLCQMS系统的主要功能之一，这在沈阳重型机械集团显得更为重要。因为沈阳重型机械集团的产品都是个性化的，需要与用户进行在线技术、信息等的交流，有时需要与用户协同完成产品的质量设计。因此，协同质量设计子系统体现了最大限度地满足顾客需求的质量管理思想，是NMPLCQMS系统其他模块的基础。

A 协同质量设计子系统的功能结构

在协同质量设计子系统环境下，客户、设计人员、工艺人员和制造人员可以不受地域限制，同时参与质量设计，协商与讨论，共同完成一个产品的质量设计任务。在登录系统时，用户应具有协同质量设计的较高权限，并通过协同管理模块进入协同质量设计平台，通过共享的质量设计工具和协同工具进行协同质量设计。

在该模块下，用户可以采用文字交流方式与设计人员进行协同，更可以借助协同质量设计工具（QFD或FMEA）进行质量设计，甚至可以在客户端完成质量设计任务。协同质量设计子系统主要包括：任务管理、协同管理以及质量策划模块，如图7-10所示。

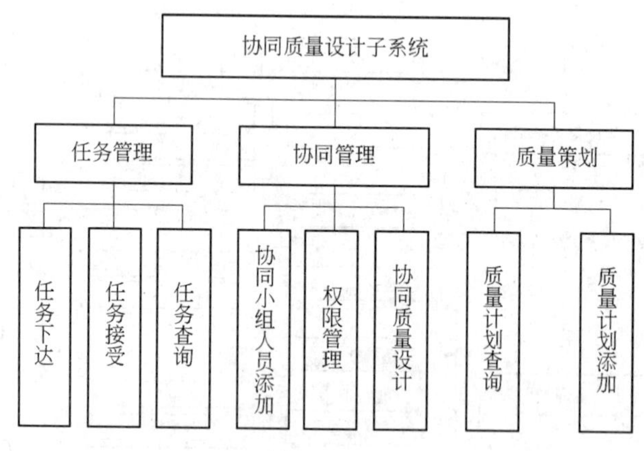

图7-10 协同质量设计子系统功能框图

在分析了网络化制造模式下质量设计需求后，根据已经设计出的协同质量设计子系统功能框架，使用E-R信息模型分析协同质量设计子系统的工作流程和各模块的相互关系，具体描述如图 7-11 所示。

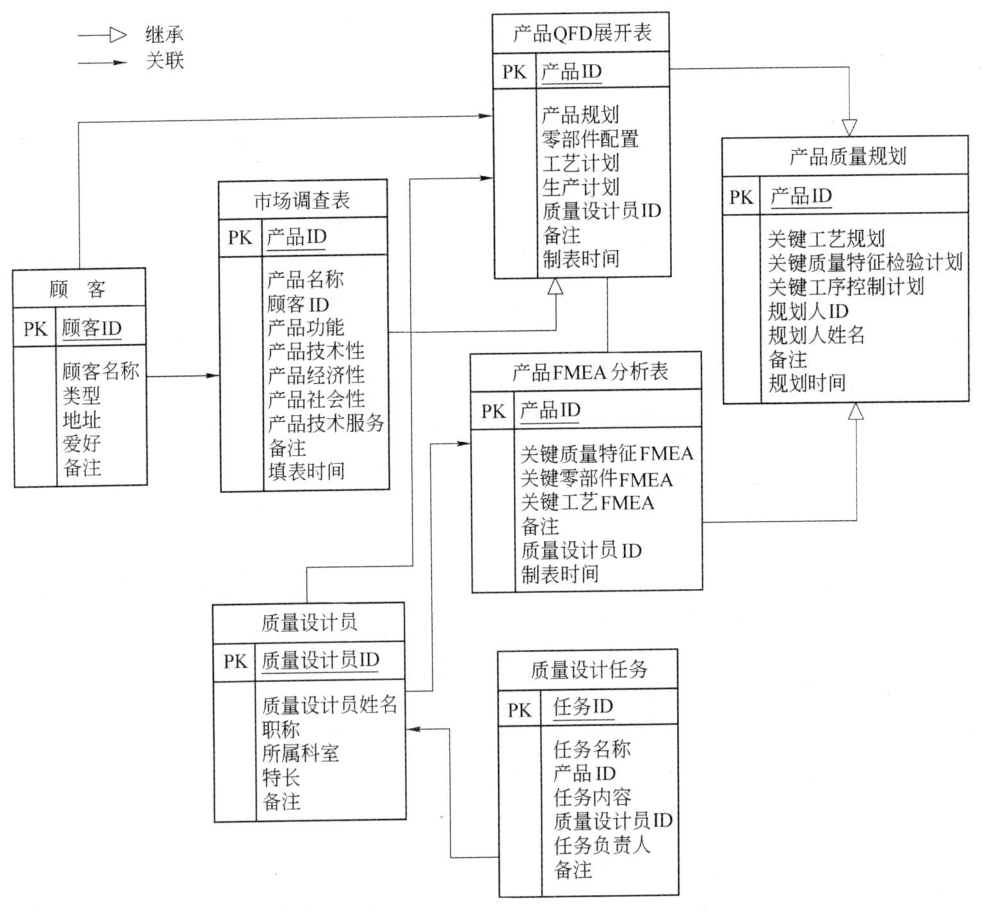

图 7-11 协同质量设计子系统 E-R 图

在 NMPLCQMS 系统的设计过程中，可以将网络化制造模式下协同质量设计看成是一项可分解的任务，其基本思想是：为了完成某一任务，人们利用共享的文档或服务等资源，并且通过交换信息来进行通信。其中共享的资源包括计算机化的资源和非计算机化的资源。前者是指参与同一任务的协同人员所共享的计算机化文档；后者是指类似于车间、机器等非计算机化的广泛对象。

在协同质量设计过程中，根据不同人员在任务的执行过程中所起的作用不同，将任务管理的人分为参与者和观察者两类。参与者对任务的属性、文档、服务和消息拥有访问权限；观察者只能浏览与任务相关的信息。参与者还可根据所拥有的访问权限不同，分为责任人和不同的协同工作者。所有相关人员都可通过 OA 交换电子邮件，或是进行语音交流。运用 UML 描述的协同质量设计模型如图

7-12 所示。

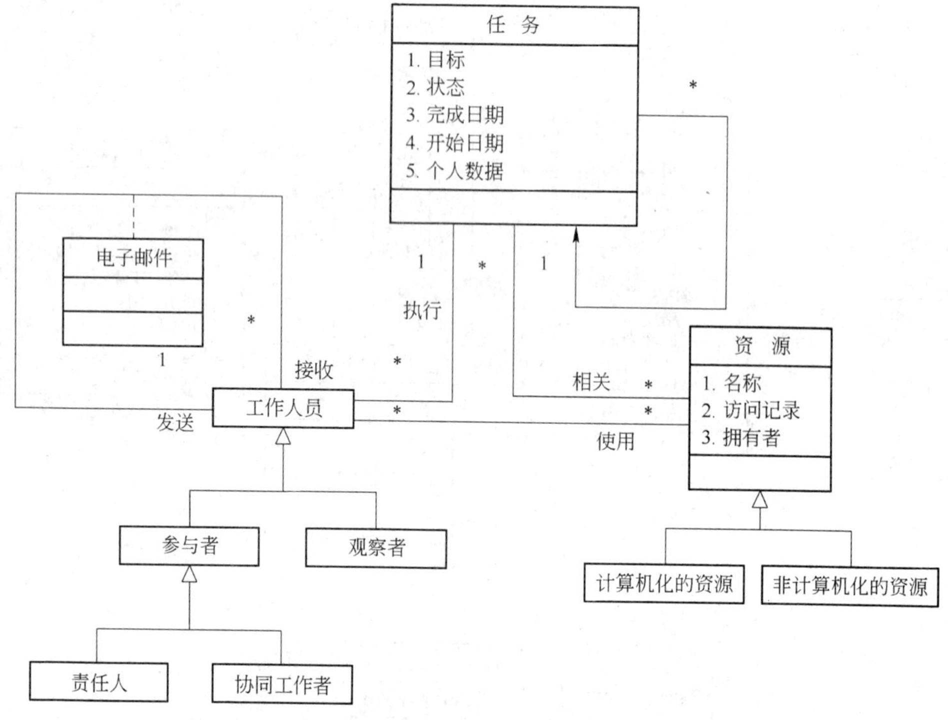

图 7-12　协同质量设计的 UML 模型

B　协同质量设计的关键技术

a　应用程序共享技术

设计工作在多个设计小组之间展开，各个设计小组使用的设计软件各不相同。为了实现多个设计小组对同一设计软件的同步协同交流，协同设计系统采用了程序共享技术。程序共享技术的目标就是要实现每个异地的用户都可以看到相同的软件工具的屏幕显示界面，而且工具界面的任何变化都被实时地传送到每个用户的客户端。其原理如图 7-13 所示。

这个程序共享与同步的功能主要为服务器提供多个用户间的同步浏览与远程协同操作功能。如果把该模块安装在企业软件服务器上，那么企业原有的软件资源就可以被转化成为一个能够被多个用户远程协同使用的协同资源。

b　基于 NetMeeting 的协同工作工具

NetMeeting 是 Windows 操作系统自带的一个通讯组件，是一个实用的网上实时交互工具软件。NetMeeting 实现了在 Internet/Intranet 上的实时通信和协同工作，提供基于标准的音频、视频和多点数据会议支持。当 NetMeeting 进入会议状态，能够通过电子白板、基于文本的交谈、文件传输、应用程序共享和视频会议

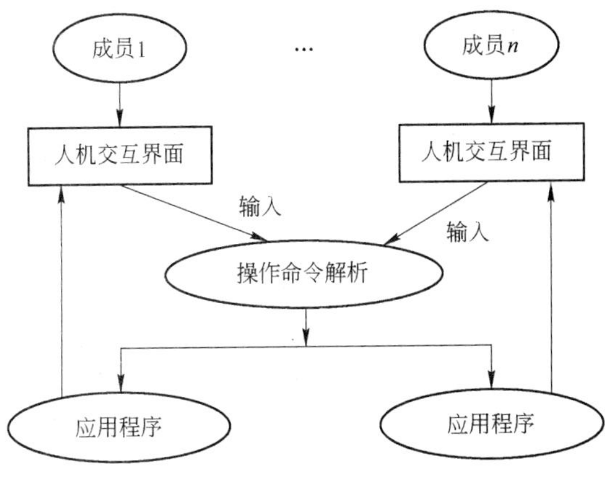

图 7-13 应用程序共享示意图

等功能进行对任务的协同设计。这些功能以多种方式对协同设计工作进行辅助。因此可以被用来作为协同质量设计的协同工具，其系统结构如图 7-14 所示。

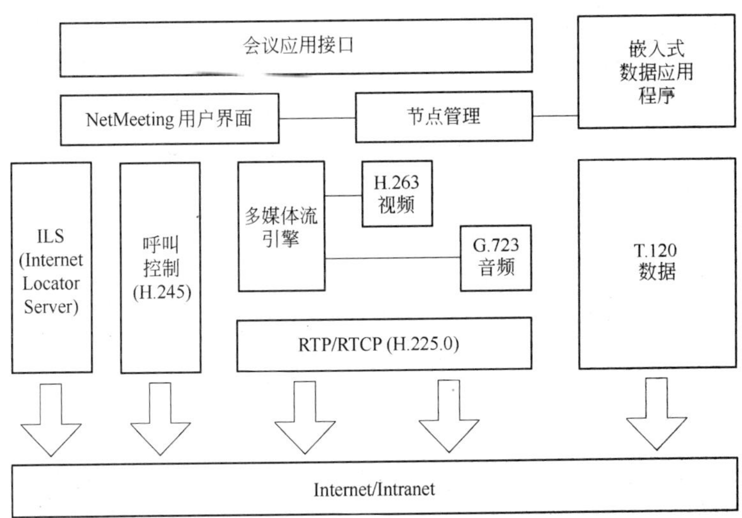

图 7-14 NetMeeting 系统结构图

(1) 会议应用接口（conference API）：其功能就是为程序员提供基于 NetMeeting SDK 的应用程序接口，包括 COM Objects 和 ActiveX Control，通过它们可以把音频传输、文件传输、应用程序共享等功能集成在程序员自己开发的应用程序中。

(2) 控制层（control layer）：包括用户界面（NetMeeting MI）和节点管理（node management）。用户界面可以根据用户的喜好随意定制。节点管理控制着每一个会议以及每一个会议上的用户信息。

(3) 音频/视频控制组件（Audio/Video components）：包括呼叫控制组件

(call control)、多媒体数据引擎(media stream engine)、音频编码解码器(audio codec)、视频编码器(video codec)和实时传输协议(RTP/RTCP)。其中呼叫控制负责用 H. 245 标准建立 NetMeeting 呼叫的音频和视频部分；媒体流数据引擎在发送方负责音频视频数据的坐标捕获、压缩和传输，在接受方负责这些数据的接受、解压和重放；音频视频编码解码器分别以 H. 263 和 G. 723 兼容标准对音频和视频数据进行压缩和解压缩；而实时传输协议则以 H. 255 标准实时处理在 Internet 网上的音频和视频数据流。

(4) 会议数据组件(data components)：包括 T. 120 数据和内建数据应用(Build-in Data Application)。该组件负责控制会议中的数据传输，如文件传送、应用程序共享、交谈等。

(5) Internet 网络定位服务器(internet locator server)：保存一个用户目录，可以向用户提供会议上的用户信息。

NetMeeting 的 SDK 开发工具包给开发者提供的 COM 规范的 API 接口，用户可以跳过网络通信的底层技术细节，通过使用 COM 接口技术将 NetMeeting 的 COM 功能组件集成到自己的应用程序中，开发满足自己需求的网络通信产品。基于 COM 的 NetMeeting 对象，定义了全面管理视频会议系统各部件的规范，NetMeeting SDK 中包括详细的文档和一些示例程序。它不仅提供了会议管理的功能，而且还提供了各种通道，使开发者可利用各种通道传输各种数据，各 COM 组件的关系如图 7-15 所示。

会议管理组件(INmManager)是整个系统的核心，每个应用程序必须包含

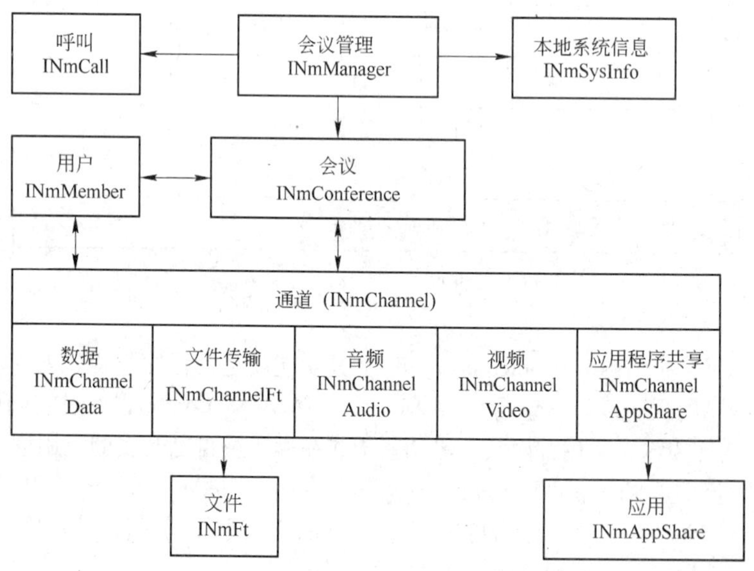

图 7-15　NetMeeting 各 COM 组件关系图

一个会议管理组件，它管理着本地系统信息组件（INmSysInfo），监视和控制会议参加者拨入和拨出呼叫的呼叫组件（INmCall）以及对正在进行的会议实例的管理。会议组件（INmConference）负责管理表示出席会议成员的会议成员组件（INmMember）和用于传输特定媒体信息（应用程序共享、音频流、视频流、纯数据、文件传输）通道的通道组件（INmChannel）。

利用 NetMeeting SDK 进行二次开发的步骤：

首先，利用 <OBJECT> 标签把 NetMeeting UI（UserInterface）ActiveX Control 嵌入到我们的协同工作系统中。

其次，利用 NetMeeting COM object 来进行深一步的开发，该对象可以利用 Java 和 JavaScript 来作为 NetMeeting UI ActiveX 控件的编程工具，因此具有良好的可编程性。NetMeeting COM object 具有属性与方法，可以在动态网页中控制 NetMeeting COM object 的状态，其属性与方法主要有：

（1）CallTo 用于创建呼叫，如果对方应答，则创建一个新的会议连接；

（2）IsInConference 用于检查协同工作人员当前是否处于活动状态；

（3）LeaveConference 结束调用 NetMeeting COM object，离开会议；

（4）UnDock 拷贝一个 NetMeeting UI 作为顶级窗口，使得最终用户可以把该窗口拖放到屏幕的任何地方；

（5）Version 返回当前 NetMeeting 的版本号；

（6）Events 当会议的开始和结束的事件发生时，利用此功能可以通知某个应用作出相应的反应。

最后，只要通过调用 NetMeeting 的 COM 接口函数，就可以管理一个网络会议，完成所有 NetMeeting 的功能，而大量的底层技术细节都由 NetMeeting 自己处理了。

7.3.2.2 动态工序质量控制模块

根据产品质量设计确定的关键零部件的关键工序，由质量规划根据该质量特征制定关键工序的质量控制目标形成关键工序的质量控制规范和过程控制参数；在生产过程中，不断测量生产系统的质量特性，并借助各种质量统计分析手段和控制方法，对发生在加工过程中的产品质量信息及时进行集成分析、优化和反馈并及时调整，使产品在工序和生产线上保持最佳的加工状态，其功能结构如图7-16所示。系统设计的目的是让操作者逐渐摆脱主观经验的依赖，尽量利用本系统动态监控当前的工序加工状态，根据系统提示的调整措施对当前工序进行适时调整，从而能够实现质量控制的自动化、智能化。

A 动态工序质量控制流程分析

工序质量异常在线分析、诊断、调整是动态工序质量控制核心内容，能否实

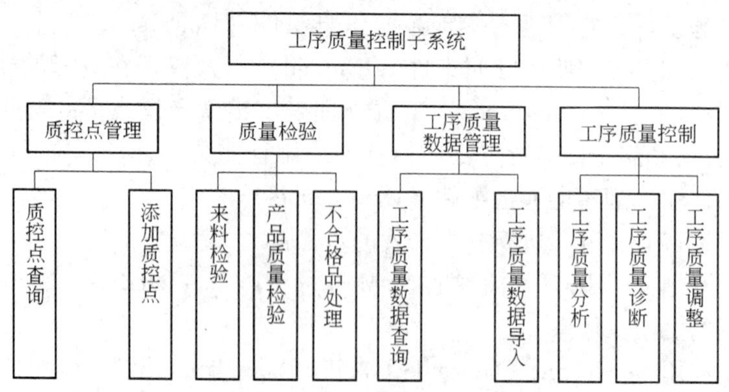

图 7-16　工序质量控制子系统的功能结构图

现动态工序质量控制将直接关系到产品的制造质量，进而影响产品的总体质量。因此制造过程质量控制历来都是企业质量管理的重点关注对象，也是 NMPL-CQMS 系统体现价值的实际应用。根据背景企业生产管理特点，本系统进行工序质量异常在线分析、诊断、调整的流程如图 7-17 所示。

系统对通过制造现场的计量器具和下位机传送的质量数据进行实时监控，应

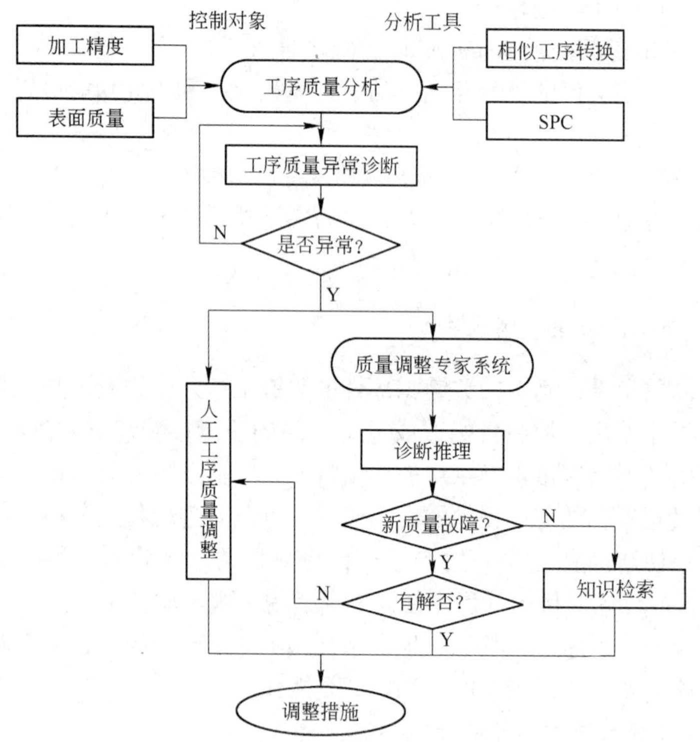

图 7-17　动态工序质量控制流程图

用相似工序转换、SPC 工具进行动态分析得出实时质量控制图。根据工序质量诊断对质量控制图的识别结果，由于系统还不是很完善，可以通过人工或是自动工序质量调整达到保持工序稳定的目的。

在分析工序质量控制要求后，根据已经设计出的 NMPLCQMS 系统动态工序质量控制结构框架，使用 UML 语言分析 NMPLCQMS 系统的动态工序质量控制系统各自的功能或类之间的关系，具体描述如图 7-18 所示。

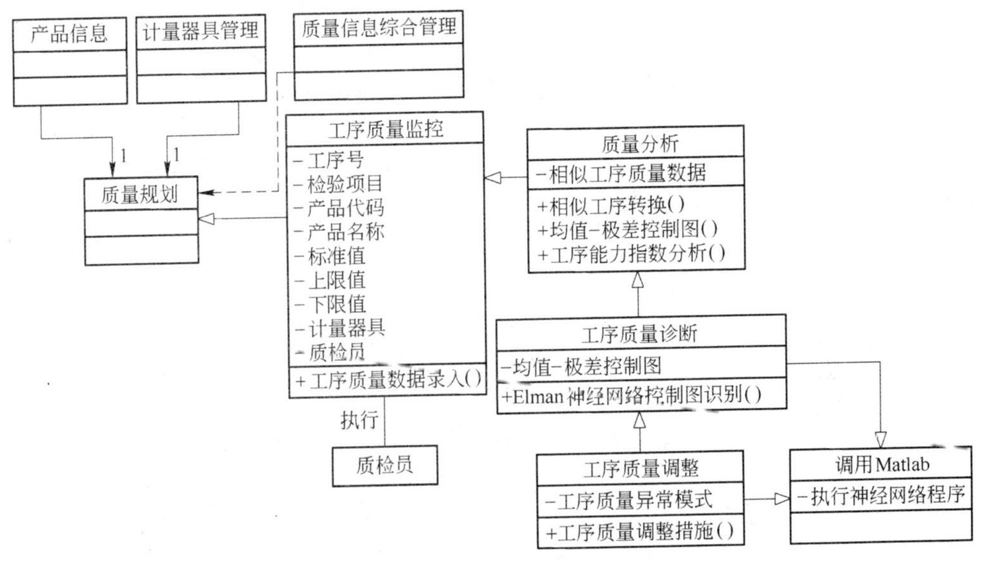

图 7-18 动态工序质量控制的 UML 模型

B 动态工序质量控制功能的关键技术分析

系统在设计动态工序质量控制过程中应用了 Matlab 控制图工具箱和神经网络工具箱，这样既减少了系统开发、调试时间，又保证实现了系统功能的实现。因为 Matlab 是国际数学界应用和影响最广泛的三大计算机数学语言之一，现已成为国际上公认的最优秀的数值计算和仿真分析软件之一。其优点如下：

(1) 它是一种解释性语言，它采用了工程技术的计算语言，几乎与数学表达式相同，语言中的基本元素是矩阵，它提供了各种矩阵的运算和操作，并且具有符号计算、数学和文字统一处理、离线和在线计算等功能；

(2) 具有较强的绘图功能，计算结果和编程可视化；

(3) 具有很强的开发性，针对不同的应用学科，在 Matlab 之上，推出了 30 多个应用工具箱。

目前 Matlab 仅仅能提供单机服务，并且对于像神经网络等优化方法需要复杂的编程运算，对于初学者很难熟练完成。为了满足工序控制的实时、动态需求，系统需要有基于网络实时与 Matlab 直接通信、调用 Matlab 的工具箱函数的功能。这是本系统实现动态工序质量控制的关键。

因此本文利用 Java 对 Matlab 进行编程处理，通过利用 Matlab 提供的网络接口实现了其网络化功能。其具体原理与实现过程如图 7-19 所示。

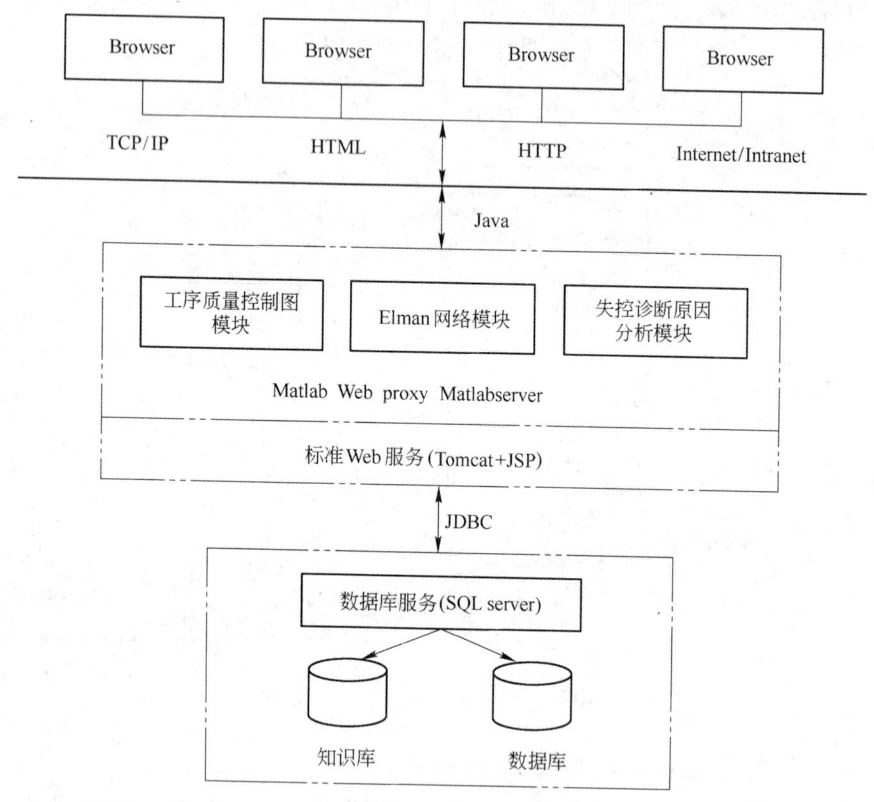

图 7-19　Internet 环境下 Matlab 网络功能示意图

Matlab 的 Web 应用主要由两部分组成，一部分是 Matlab Web 服务器，它实际上是一个可执行的应用程序 matlabserver. exe；另一部分是 Web 服务代理，一个可执行程序 matweb. exe，它将对 Matlab 的请求重定向到 matlabserver. exe 进行处理。

客户端的浏览器首先向服务器发出一个 HTTP 请求，服务器返回一个内嵌 Java Applet 的 HTML 文本。Web 浏览器解释执行 HTML 文件，同时下载其中指明的 Applet 程序并执行。Applet 获得从 Web 服务器返回的数据文件成功上传的确认信息后，再将所上传的数据文件在服务器端的文件名、路径信息和期望采用的算法程序名称发送给 Matlab Web Server 的 CGI 接口。该 CGI 接口由 Web 服务器管理的一个线程进行控制。Matlab Web Server 的 CGI 接口根据以上的3个信息调用相应的算法程序进行计算并返回实时信息和计算结果文件的路径。客户端的 Applet 程序接收到结果文件在服务器端的详细路径信息后，发出相应的 HTTP 请求，将结果文件取回至本地计算机，并将结果在用户界面上显示出来。

利用 Matlab 提供的接口，采用 Java 语言编写了与 Matlab 通信的类函数 Jmatlink. class，具体代码与方法库见附录2。

7.3.2.3 服务与维护管理子系统

该模块的目标是实现产品使用与服务质量信息的实时反馈。对用户反馈的产品的质量故障按照重要度或频度划分，突出突发故障，及时、准确、实时传递产品使用情况、售后服务等质量反馈信息给质量设计模块，形成封闭的“质量环”。该模块提供用户满意度的查询与统计，产品维修信息汇总与分析对维修中的不同型号产品所发生的故障现象，对这些故障原因、采取的维修措施及质量反馈信息进行汇总和统计分析，从而使产品质量不断改进。其具体功能结构如图7-20所示。

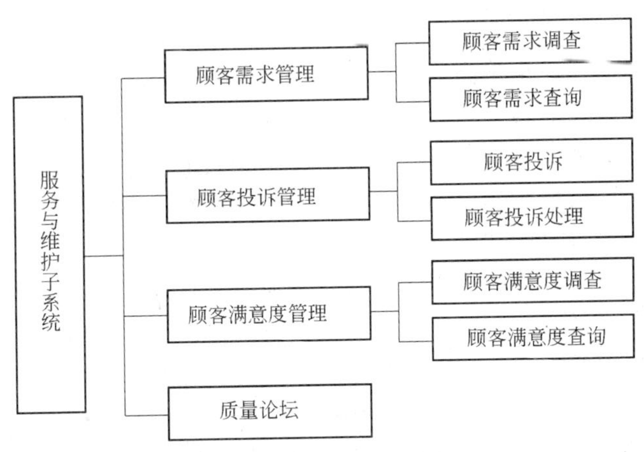

图7-20 服务与维护管理子系统功能结构图

7.3.2.4 质量信息发布子系统

质量信息发布子系统是 NMPLCQMS 系统的重要功能之一，主要包括人员管理、质量信息发布以及辅助管理，如图7-21所示。该子系统与 NMPLCQMS 系统的质量数据库直接相连，管理员将产品全生命周期质量管理过程中的不同阶段的最新质量信息或最新的质量方针通过 Internet 进行发布，企业的决策者和该产品的用户通过本系统直接获得当前产品质量信息与产品进度，以便作出决策。同时，质量专家在进行全生命周期质量评价时需要通过登录本系统获得产品各阶段

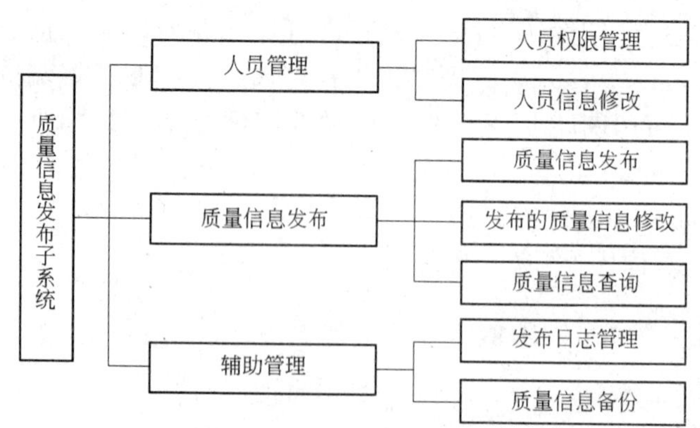

图 7-21　质量信息发布子系统功能结构

的质量信息，确保产品质量评价的准确性。

系统的发布日志管理对系统的工作事务进行记录，并包括诸如对用户进入、退出时间、姓名、访问内容等进行记录。系统可以从其他功能模块提取运行参数，结果可以以报表形式输出或作为实时性能评估在线显示。

7.3.2.5　产品质量评价模块

该模块是面向产品全生命周期质量管理的核心功能之一。根据产品质量信息的发布情况，通过建立科学、有效质量评价指标体系，以质量专家打分的形式对面向产品全生命周期质量管理过程中各阶段产品质量进行多层次、定性与定量相结合的综合评价。该模块的目的在于解决对一些不确定的质量信息评价，同时让质量专家从繁琐、重复的计算工作中解脱出来，尽量利用本系统计算出科学、有效的质量评价结果，为企业决策层提供充分和适时有效的决策数据，根据评价结果对产品的设计、工艺、制造等流程进行及时调整，实现网络化制造企业产品质量保证与质量持续改进，从而持续提升产品顾客满意度。

产品质量评价功能在以计算机网络技术、质量数据库和产品数据库为支撑的环境下，通过建立科学、有效的全生命周期质量评价指标体系，以质量专家打分的形式对面向产品全生命周期质量管理过程中各阶段产品质量进行多层次、全方位、定性与定量相结合的综合评价。它是现代企业全面质量管理的核心，已成为企业产品质量保证与改进的最有效手段，对沈阳重型机械集团有限公司改进质量管理、提高产品质量有着重要的现实意义。

A　面向全生命周期产品质量评价功能架构

根据前面章节的理论分析和功能目标，面向全生命周期产品质量评价功能主要包括：评价规划、评价过程管理、评价结果管理三大功能，如图 7-22 所示。

（1）评价规划功能是指对整个评价任务进行计划与安排。它包括评价任务规划、评价人员规划、评价方法规划。其中任务规划包括评价项目的相关信息；

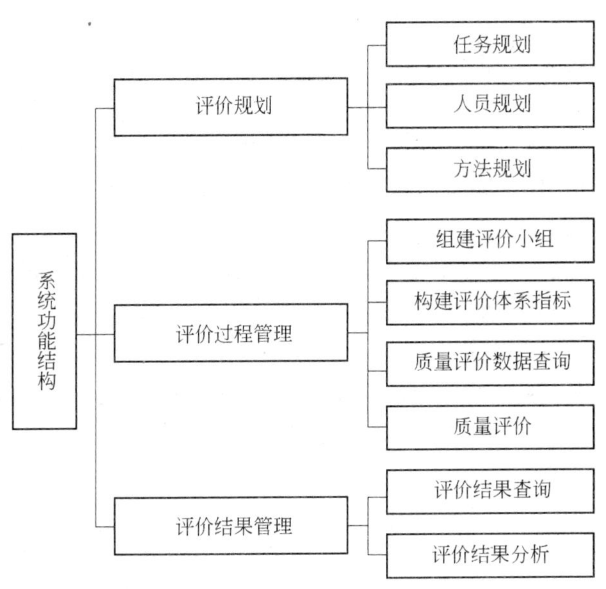

图 7-22 系统功能结构

人员规划包括评价人员的有关情况与任务分配；评价方法规划包括各步骤具体方法的选择与确定。

（2）评价过程管理功能是指对整个评价过程进行管理与控制。它包括组建评价小组、构建评价体系指标、质量评价数据查询、质量评价。

1）组建评价小组：针对前面的任务规划和人员规划，从单个产品全生命周期的层次上进行人员的组织配置，它是以多功能评价小组为基本组织单元将企业内外不同专业、不同职能部门的人员划分给各个评价小组，这种组织方式是动态的。

2）构建评价体系指标：根据任务规划和质量目标，充分考虑到产品生命周期中影响产品质量的所有要素，并兼顾产品的先进性、适用性、可行性和经济性，构建质量评价体系指标，为质量评价奠定基础。

3）质量评价数据查询：通过报表发送工具、报表接收工具和实时通讯功能获得与本次评价相关的质量信息、产品信息，这是质量评价的依据。

4）质量评价：评价小组成员通过 Internet 登录系统，根据任务规划和质量目标，通过质量评价数据查询获得质量信息和产品信息，对质量评价体系指标进行逐项打分，打分结果保存到质量数据库。

（3）评价结果管理。用于对评价任务以及评价结果的各种信息进行查询，从而不但可以了解评价任务的相关信息，并通过评价结果分析提出质量改进方案。

B 面向全生命周期产品质量评价的关键技术分析

a 组建质量评价小组

质量评价小组是产品质量评价的基本组织单位，评价小组成员构成复杂、变动频繁且往往身处异地，具有明显的动态特性。因此，要求 NMPLCQMS 系统必须能够提供与之相应的动态工作组管理与组织机制，保证其与评价项目有同样的生命周期；实现其人员组成、人员权限的动态性。

质量评价小组的动态性通过在数据层建立评价任务实体与评价小组实体以及人员权限的关联关系来保证，实体的具体关联关系如图 7-23 所示。评价小组实体与评价权限的配置关系都通过评价任务编号同评价任务实体关联，保证其不能建立在相应的评价任务建立之前，而同评价任务同时消亡；每一质量评价小组实体都有相关的人员角色与权限对应关系的记录，可以通过对人员权限进行配置实现人员权限的动态变化。

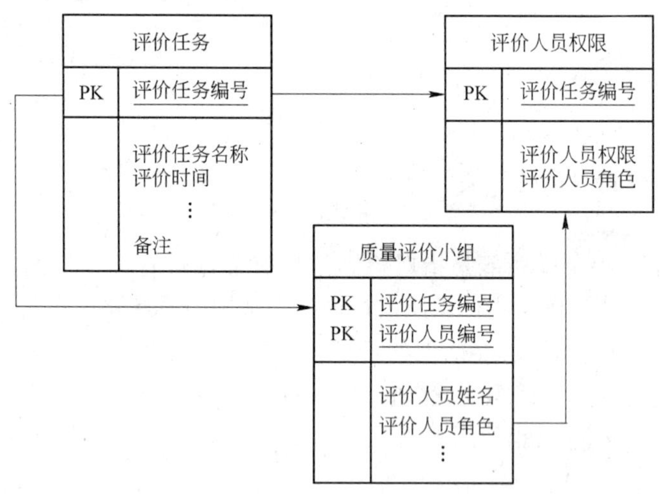

图 7-23 质量评价小组实体关系示意图

评价小组成员角色分为：评价主席，质量专家以及一般成员。评价权限划分及其职权如表 7-1 所示，评价角色与评价权限可以是一对多的关系。

表 7-1 质量评价小组权限划分

评价权限	职责描述
评价管理	确定需要质量评价的相关问题，构建质量评价体系指标
质量评价	对所给评价任务进行质量评价，提供基本质量评价数据
评价分析	对质量评价中提出的质量问题进行分析
评价否决	有权对评价任务进行否决，使其不能进行下一步设计

b 构建质量评价体系指标

质量评价体系指标的构建是质量评价活动的核心内容，质量评价体系指标构建的好坏直接关系到质量评价结果的科学性和有效性，质量评价体系指标的构建又是一项复杂，耗费大量资源的工作。因此，系统能否为质量评价体系指标的构建提供有效的支持，从而提高产品质量评价工作效率，简化评价活动是衡量系统好坏的重要指标。本系统为构建质量评价体系指标提供如下方法：

(1) 质量工具法：可以直接从质量工具（QFD、FMEA 等）的分解配置结果中获取相应的质量评价体系指标；

(2) 基于实例的智能推理法：可以从质量评价实例库中获取与要求相似的评价体系指标实例作为构建评价体系指标的基础；

(3) 手工构建法：系统支持采用手工逐层逐项进行配置，采用此方法时系统提供了评价指标库作为支持。手工构建方法是前两种构建方法的基础，不论采用何种构建方法最终都需要采用手工构建方法进行调整。

此外，构建质量评价体系指标还包括质量评价体系指标的存储。

7.3.2.6 质量信息综合管理模块

该功能是系统实现质量设计、质量控制、质量评价的基础。质量信息管理子系统包括用户管理、质量文档管理、质量数据管理以及质量情报管理，如图 7-24 所示。该模块的目标是实现对企业范围的质量文档和标准化信息等质量综合信息进行规范化管理，对质量文档与标准化信息生成过程进行管理与控制，同时实现系统用户权限管理与系统运行状态实时监控。

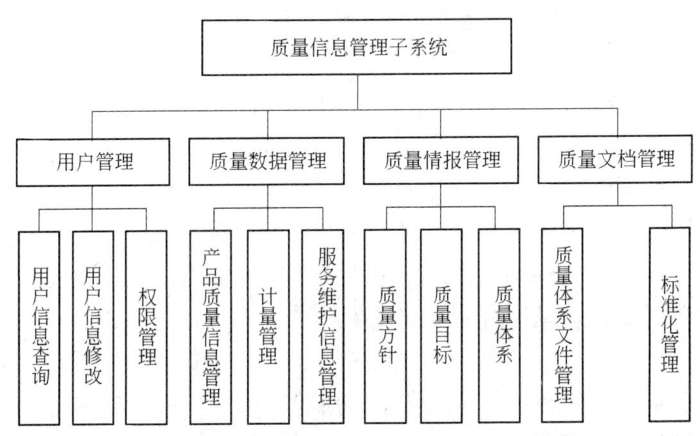

图 7-24 质量信息管理子系统功能结构

用户管理对 NMPLCQMS 系统的企业级用户、顾客、协作企业用户进行管理与权限控制，应具有用户信息查询、权限管理等功能。质量数据管理是对以数据的形式记录的质量信息（包括：服务与维护质量信息管理，产品质量信息，计量质量信息管理等）进行管理，应具有采集、存储、分类、汇总、查询、报表生成等功能。质量文档管理主要是建立质量文档信息库，实现文件的编辑、存储、修改、查询、维护以及文件执行中的信息反馈记录，包括：质量体系文件管理，质量标准管理等。质量情报管理主要对企业的质量方针、质量体系、质量目标等进行管理。

作为企业信息建设的重要组成部分，NMPLCQMS 系统的设计开发包含多种不同的功能与实现目标。根据相应的工厂环境以及所期望的生产效益，具体使用的时候可以做出适当的功能取舍。

7.3.3　系统数据库设计

后台数据库及其管理系统是实现 NMPLCQMS 系统不可缺少的重要组成部分。NMPLCQMS 系统的实现过程包含着大量超越事务管理的复杂数据模型，涵盖产品设计与制造、供应和销售服务等诸多质量数据。这些数据在逻辑上是紧密联系的，而在地理位置上的分布往往较为分散，需要借助支持网络的数据库技术进行管理。网络数据库既是网络化制造企业质量管理提供服务的基础，同时又是在企业内部质量管理系统充分获取有价值参考数据的重要来源。

经过对系统的需求分析与数据流分析，本系统采用 SQL Server 2000 构建系统数据库，SQL Server 2000 是 Microsoft 公司 2000 年推出的数据库管理系统。它是当今最流行的分布式数据库，并且是为 Windows NT 架构而设计的。它具有 Windows NT 的诸多优点，能够将其安全性与 Windows NT 的安全性紧密地结合在一起，可以通过用户和组来控制数据库的访问权限。Microsoft SQL Server 具有如下优势[197]：

（1）Microsoft SQL Server 是一种增强网络节点功能的理想数据库引擎。通过与 Internet Information Server 的紧密集成，SQL Server 能够通过常用的 Web 浏览器被查询和更新。SQL Server 中的 Web Assistant 能够在运行中自动更新 HTML 页，可以使用数据触发或 SQL Server 内置的定时触发两种方式。

（2）Microsoft SQL Server 具有隐含的并发控制能力。利用动态锁定功能防止用户在查询和更新并发操作时相互间发生冲突，动态锁定是隐含的，用户不必关心锁定过程。

（3）Microsoft SQL Server 具有丰富的编程接口工具。它支持 ODBC 和 OLE DB 规范，可以使用 ODBC，OLE DB 接口函数访问 SQL Server 数据库。

（4）Microsoft SQL Server 具有多线程体系结构。在多用户并发访问时，系统在产生较小额外负担的情况下能够进行并行处理，从而减少内存需求，提高系统的吞吐量。

数据库设计的主要任务是设计出能够反映实际信息关系、数据冗余少、存储效率高、易于实施与维护，并能满足各种应用要求的数据模型。本节主要利用

E-R方法进行系统数据库的概念模型设计以及存储结构设计。

7.3.3.1 系统信息模型

数据库概念模型设计中常用的 E-R 方法是由世界著名数学家陈品山教授（P. P. S. Chen）于 1976 年提出的“实体—联系”方法（Entity-Relations Approach）的简称，用这种方法可建立反映实体之间联系的模型，它可以很方便地转化为关系数据模型，进而采用 SQL 语言等定义数据关系表，建立数据库。E-R 方法的实质是直接列出所有实体、实体属性及实体间联系的关系图，用关系图来抽象地、接近地反映现实世界中事物之间的复杂关系，这个关系图被称为 E-R 图（Entity-Relationship Diagram）。

针对 E-R 图，有不同的规范与建模方法，目前常用的方法为 IDEF1x 建模方法，IDEF1x 是 IDEF 系列方法中 IDEF1 的扩展版本，是在 E-R 方法的原则基础上，增加了一些规则，使语义更为丰富的一种方法，用于建立系统信息模型。

因为整个系统涉及的实体和属性较多，限于篇幅，也没有必要逐一列举，这里根据实际调研情况，依据 IDEF1x 规范，这里仅列举图 7-11 协同质量设计子系统实体 E-R 图。其他实体与基本信息表间的对应关系都是类似的。

7.3.3.2 系统数据库的存储结构

根据所设计的 E-R 模型图可以设计数据关系表，即将 E-R 模型转换成关系数据模型并将其规范化，主要工作包括对数据关系表的数据项进行定义以及根据实体确定数据关系表的分布。

根据前面的需求分析和系统的功能结构设计，系统的质量数据库划分为八个子库，即成员企业质量数据库、质量综合信息数据库、质量策划数据库、计量器具数据库、工序质量信息数据库、工序质量诊断信息数据库、售后服务质量信息数据库以及质量评价数据库。质量数据库的存储结构如图 7-25 所示。

7.3.4 系统开发环境及编程语言

根据前面确定的系统总体设计及模块设计，在 Microsoft Windows 环境下，利用 Java 语言进行软件设计。

Microsoft Windows 是目前用户在个人微机上运行的最流行的具有图形化用户接口的桌面操作系统。利用 Windows 应用程序开发语言编制的应用程序叫 Windows 应用程序。Java 属于优秀的 Windows 程序开发语言。Microsoft Windows 的主要特征包括：

（1）多任务环境，多个应用程序可同时运行；

（2）所有专门为 Windows 环境编写的应用程序都保持一致的风格；

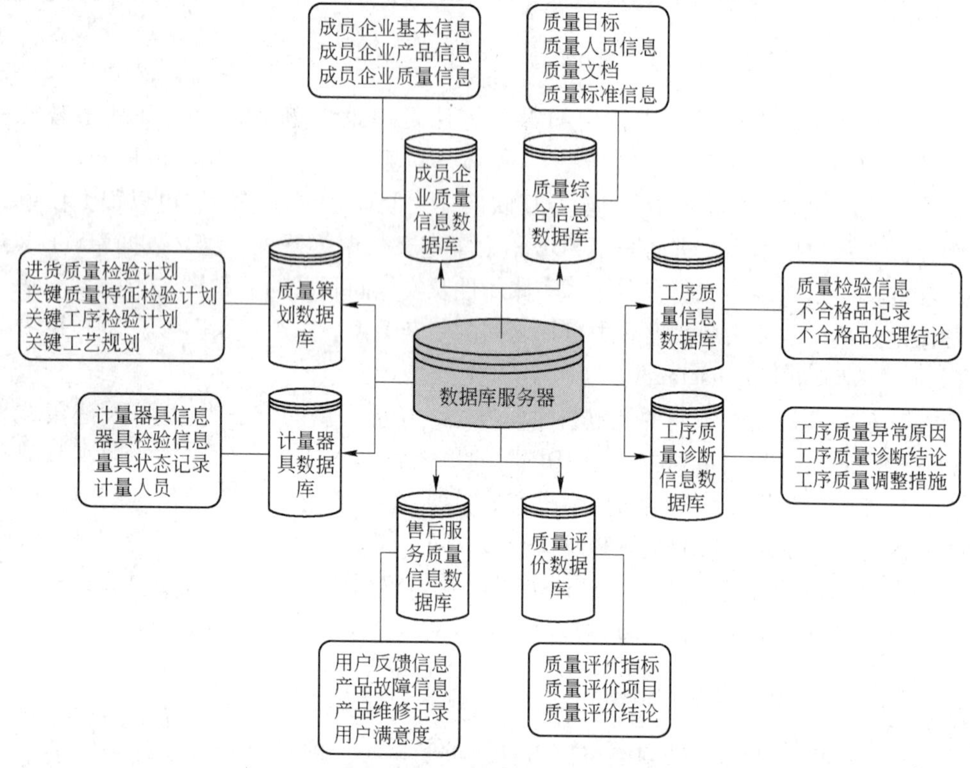

图 7-25　系统质量数据库结构图

（3）用鼠标（或键盘）操作的图形环境；

（4）可从 Windows 的一个应用程序向另一个应用程序传送资料，传送的资料可以是扫描图像、电子表格、文本文件等。

Java 开发了 Microsoft Windows 应用程序迅速、快捷的方法，提供了开发图形用户接口 GUI（graphical user interfaces）的方法，它不要编写大量代码描述接口元素，而只要把预先建立的对象添加到屏幕的一点即可。概括地说，Java 是一种性能优越的、简单的、面向对象的、分布式的、解释的、健壮的、安全的、结构的、中立的、可移植的、多线程的和新型动态的网络编程语言，其具有如下特性[195]：

（1）平台无关性：平台无关性是指 Java 能运行于不同的平台上。Java 引进虚拟机原理，并运行于虚拟机，实现不同平台之间的 Java 接口。使用 Java 编写的程序能在世界范围内共享。Java 的数据类型与机器无关，Java 虚拟机（Java Virtual Machine）是建立在硬件和操作系统之上的，它实现 Java 二进制代码的解释执行功能，提供不同平台的接口。

（2）安全性：Java 舍弃了 C ++ 的指针对存储器地址的直接操作，程序运行时，内存由操作系统分配，避免病毒通过指针侵入系统，Java 对程序提供了安全管理，防止程序的非法访问。

（3）面向对象：Java 吸取了 C++ 面向对象的概念，将数据封装于类中，利用类的优点，实现了程序的简洁性和便于维护性。类的封装性、继承性等有关对象的特性，使程序代码可以只需一次编译，然后通过上述特性反复利用。

（4）分布式：Java 建立在 TCP/IP 网络平台上。Java 库函数提供了 http 和 ftp 协议传送和接收信息的方法，这使得程序员使用网络上的文件和使用本机文件一样容易。使用 Java 语言和相关技术可以十分方便地构建分布式应用系统。

（5）健壮性：Java 致力于检查程序在编译和运行时的错误。类型检查帮助检查出许多开发早期出现的错误。Java 自动回收内存，减少了内存出错的可能性。Java 实现了真数组，避免了覆盖数据的可能性，同时 Java 取消了 C 语言的结构、指针、#define 语句、多重继承、GOTO 语句、操作符重载等不易掌握的特性，大大提高了开发 Java 应用程序的周期。

本书系统的开发环境如下：

（1）操作系统：Windows XP；

（2）开发工具：JBuilder 9，UltraEdit；

（3）数据库服务器：Microsoft SQL Server 2000；

（4）Web 应用服务器：Tomcat 5.1。

7.4 NMPLCQMS 系统实现与应用

NMPLCQMS 的原型系统以沈阳重型机械集团公司的主导产品双进双出磨煤机为工程应用背景，在网络化制造环境下，对该双进双出磨煤机实施面向产品全生命周期质量管理。本系统充分将目前“传统应用开发模式”（C/S）与“网络应用开发模式”（B/S）的优点结合起来，为企业适应现代化生产需要，提供了敏捷、智能、快速、准确、安全、稳定的质量信息化管理的企业级解决方案。同时测试该原型系统工程化运行效果，进而验证该 NMPLCQMS 原型系统工程化应用的可行性。

7.4.1 NMPLCQMS 系统应用背景

双进双出磨煤机是该公司的主导产品之一，由法国 ALSTOM 公司引进技术。由于该产品用在正压直吹式制粉系统，其特点是运行参数自动调节，磨煤电耗低（较普通钢球磨煤机低 8% ~10%）、技术复杂、自动控制水平高、要求具有很强的可靠性，属节能型高端技术产品。该类型设备主要由筒体、传动装置、大小齿轮、分离器、落煤管和密封结构等组成，见图 7-26。由于该设备结构复杂，且以

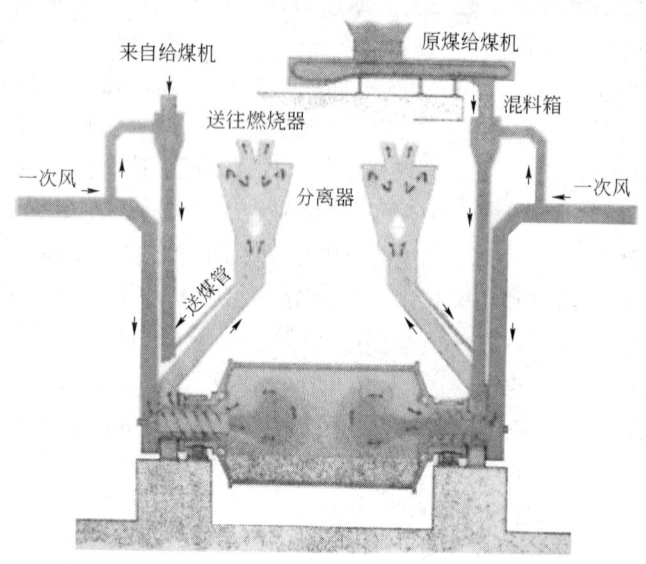

图 7-26 双进双出磨煤机结构

系列化形式生产，因此对该设备的质量提出更高的要求，从产品的用户需求、设计、工艺、制造、销售服务直到最后报废回收整个产品生命周期进行协同式质量管理，即同时不仅需要企业各个职能部门的协同合作，而且在产品全生命周期质量管理过程中与用户及时的协调和沟通。所以，实施 NMPLCQMS 系统可以满足上述该企业质量管理需求。下面，以双进双磨煤机的全生命周期质量管理过程为例，进行 NMPLCQMS 原型系统的应用。

7.4.2 双进双出磨煤机的市场需求调查

客户需求是企业产品开发的驱动力，应在产品开发中最大程度地满足顾客需求。因此，在公司进行双进双出磨煤机项目时必须进行市场需求调查与分析，才能确切地了解顾客需求，从而掌握市场的主动。

7.4.2.1 用户登录与注册

图 7-27 为客户登录界面。成员企业、企业驻外人员、企业产品用户、企业的供应商等可通过登录该主页与企业内部的技术人员进行技术交流、完成产品服务、进行协同质量设计、查看企业技术、产品、人员需求信息、进行现场服务约定等。对于用户第一次在进行市场需求调查时，需要进行 NMPLCQMS 系统注册，然后才能登录系统进行市场调查。

NMPLCQMS 系统为用户提供了注册登录模块。该模块主要包括两类注册表单，即普通用户注册表单和高级用户注册表单。高级用户方可进行协同质量设计等高级

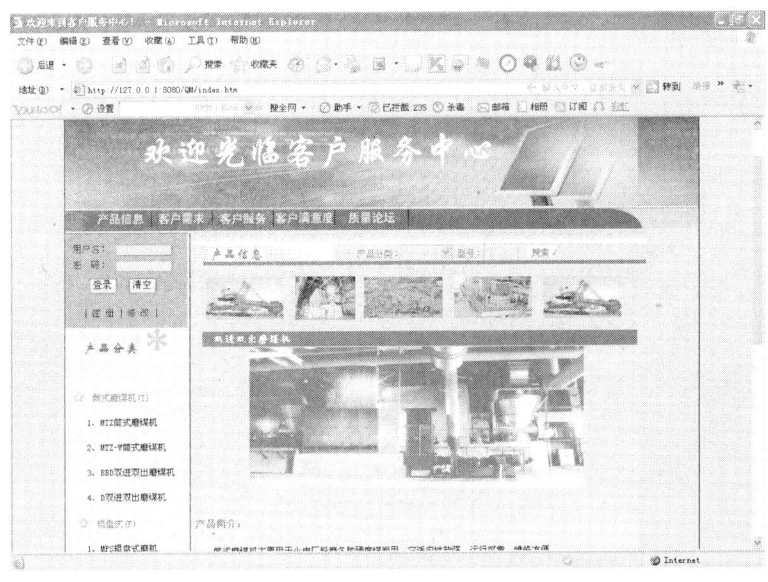

图 7-27　客户登录界面

应用权限。访问者输入个人相关信息及密码后，系统在自动判别是否有效之后，将对信息予以确认，并存入相关的后台数据库。用户进行注册过程如图 7-28 所示。

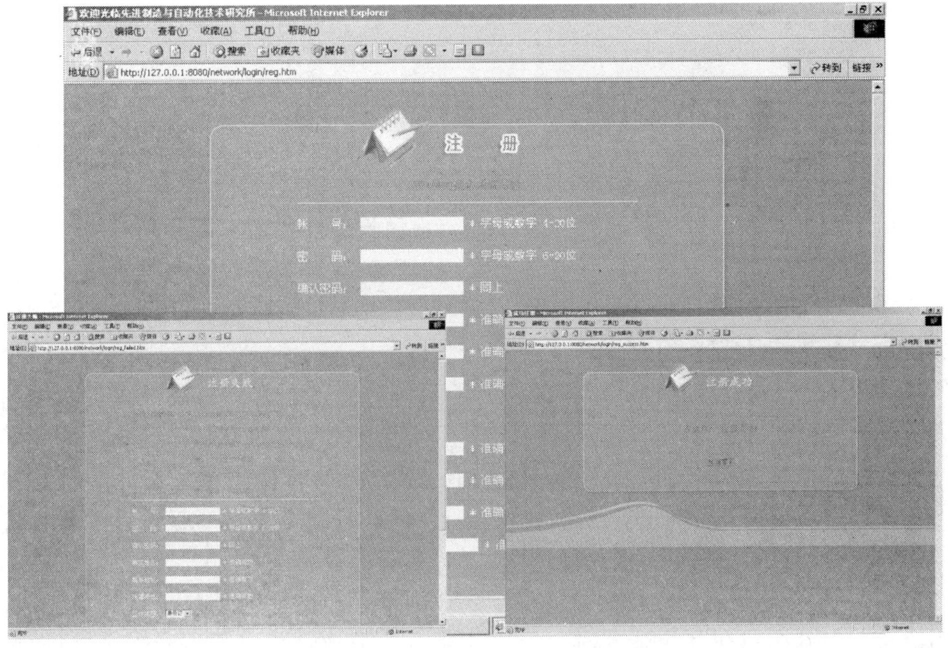

图 7-28　系统注册界面

7.4.2.2　双进双出磨煤机的市场需求调查

图 7-29 为客户需求调查问卷，是企业了解客户和市场对双进双出磨煤机需求最直接有效途径。企业管理员定期从数据库中提取产品的新需求信息，综合客户的问卷调查，生成客户调查表，通过网站进行发布；客户通过浏览网页对该调查表进行评估和打分。

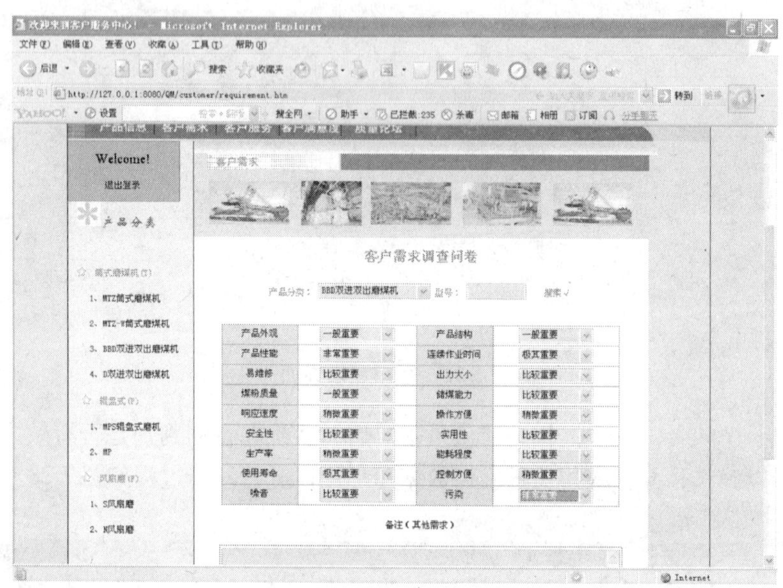

图 7-29　客户需求调查问卷

7.4.3　双进双出磨煤机的协同质量设计

由于双进双出磨煤机，尚存在一些技术难题与国外技术人员共同解决，一些关键零件仍需要进口，或者国外设计，国内生产；并且双进双出磨煤机应用工况各不相同（如电厂的规模、地域环境等），因此需要与协作企业、产品用户就产品信息不断进行协调和沟通。

在 NMPLCQMS 系统的协同质量设计子系统环境下，客户、设计人员、工艺人员和制造人员可以不受地域限制，同时参与质量设计，协商与讨论，共同完成一个产品的质量设计任务。在登录系统时，用户应具有协同质量设计的较高权限，并通过协同管理模块进入协同质量设计平台，通过共享的质量设计工具和协同工具进行协同质量设计。

图 7-30 为企业内部用户登录界面。企业内部用户的注册信息由管理员完成，因此企业内部用户在登录系统时，无须注册，只需输入用户名和密码直接进行。用户名由企业统一分配。用户登录成功后，系统根据用户的权限与身份自动进入

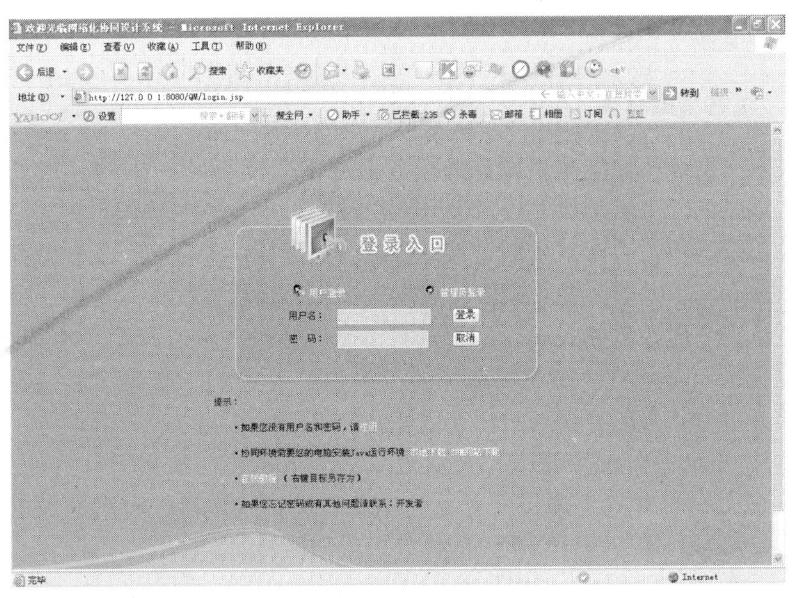

图 7-30 企业内部用户登录界面

不同的工作界面。

图 7-31 是管理员登录的系统主界面，具有系统实现的全部功能。图中用户界面左侧为导航区，是系统各个功能划分，用户可根据需要选择它的显隐，对于

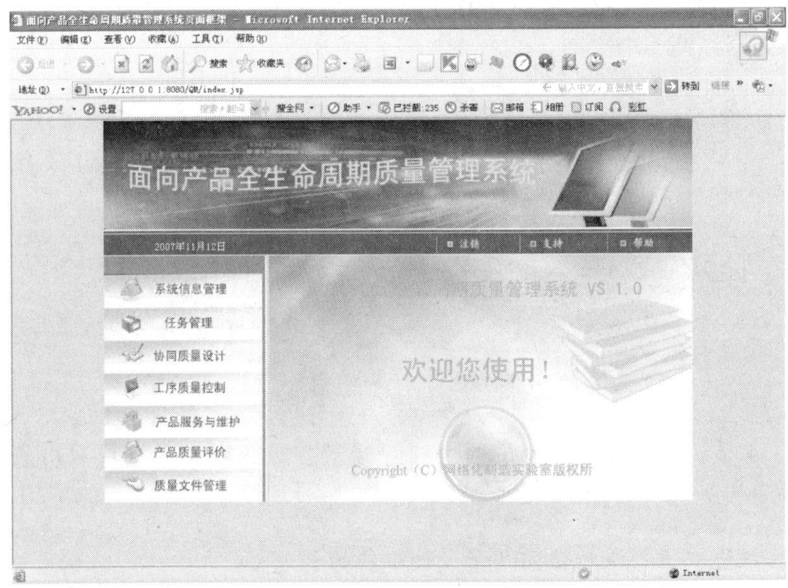

图 7-31 系统后台主界面

不同角色的用户提供了不同的功能的导航区。用户通过导航区进行操作，中间框架部分就是系统工作窗口。

7.4.3.1　双进双出磨煤机协同质量设计的任务下达

双进双出磨煤机协同质量设计的任务下达是通过 NMPLCQMS 系统的协同质量设计子系统的任务管理块对质量设计小组和成员进行任务分配。首先，由具有分配任务权限的负责人对任务信息进行登记，并进行任务分配。任务分配结果被保存在数据库中，并通过相关字段与成员表关联。在质量设计过程中，通过定义任务执行状态来监控任务实现，分为“暂不能进行”、“可以开始”、“正在进行”到“已经完成”等属性。同时，系统还应提供任务查询、修改功能，实现任务下达、任务进行状态的查询和对任务进展的控制。

图 7-32 是任务分配负责人添加双进双出磨煤机协同质量设计的任务信息。图 7-33 是任务分配负责人通过任务下达功能界面，发送双进双出磨煤机协同质量设计相关信息到任务执行负责人的任务接受功能界面。

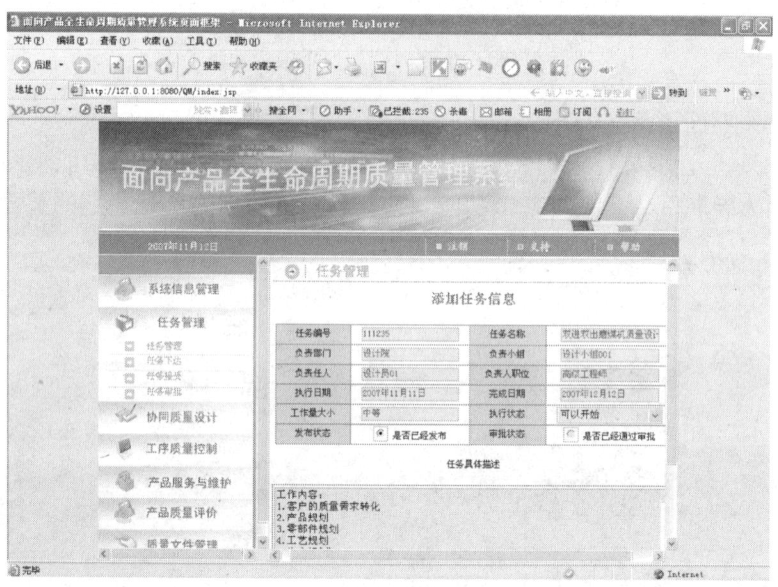

图 7-32　添加任务信息

图 7-34 是协同质量设计人员通过权限授予登录该模块后接受双进双出磨煤机协同质量设计任务界面。

7.4.3.2　双进双出磨煤机协同质量设计小组的构建

当小组接到任务后，由小组负责人进行分配任务并以网上召集协同会议的方

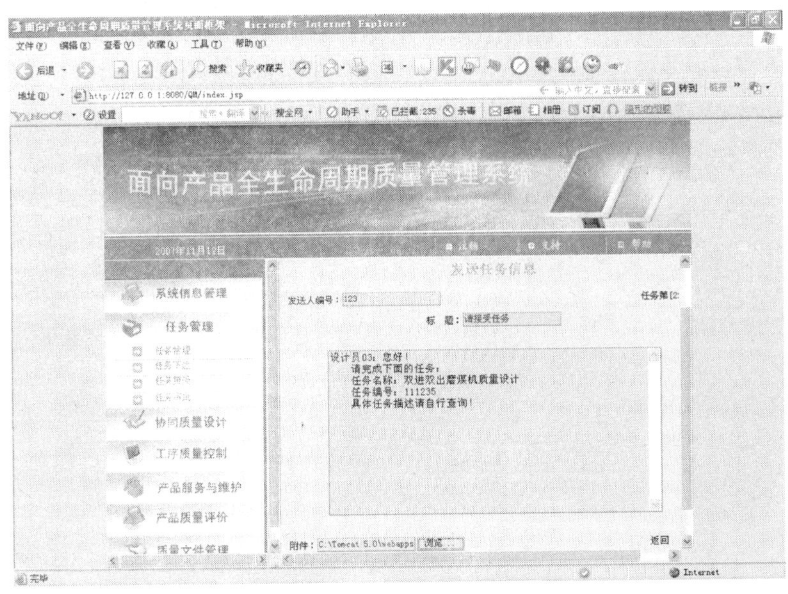

图 7-33　任务下达

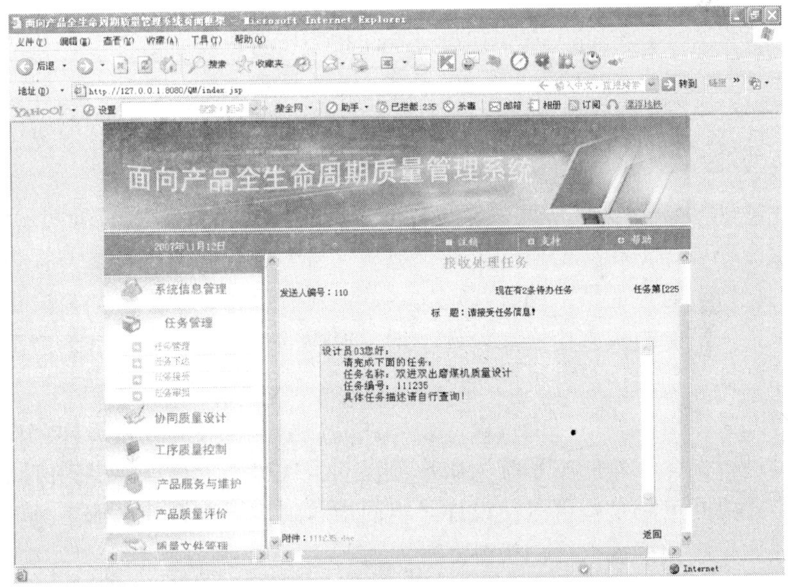

图 7-34　任务接受

式进行构建双进双出磨煤机协同质量设计小组。任务接受者登录系统后，可到任务管理中查看任务分配和具体任务情况。明确设计任务后，普通设计人员可以查询所在设计小组和小组成员构成情况，可以申请加入协同小组进行质量协同设计，如图 7-35 所示。

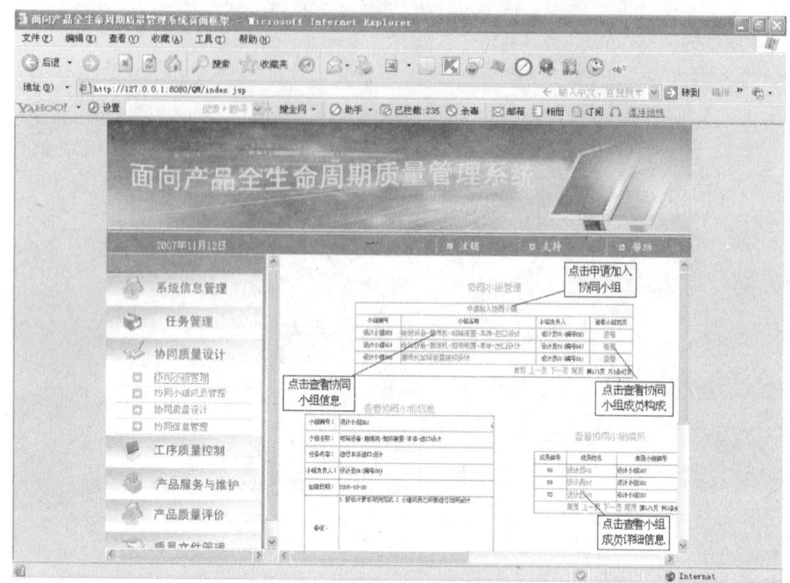

图 7-35　协同设计小组管理界面

总设计师和小组负责人有管理设计小组权限，可以增加、删除、查看设计小组和小组成员。

7.4.3.3　双进双出磨煤机的协同质量设计

NMPLCQMS 系统实现协同工作过程的手段是通过构建相应的协同工作环境，而协同工作环境是由相应的协同工具组成，支持多用户同时工作，并提供访问共享信息的接口。通过通信网络，实现文本、图形、语音、视频等信息交流，使得分散的设计人员能组成多个产品设计小组，形成一个虚拟的协作群，广泛地共享各种产品数据，加快产品开发的进度。

设计人员依据任务信息进行设计，设计过程中如果需要进行协同，可以使用协同工具进行设计工作。本系统为用户提供同步式协同工具和异步式协同工具。

同步式协同工具是指可以使设计小组同步看到相同内容的交流工具，即共享型协作，如程序共享、电子白板等。

异步式协同工具是指设计小组成员间不是同步看到相同内容的交流工具，是交互式协作，如文件传输、短信息等。

下面举例说明双进双出磨煤机的协同质量设计的具体过程：

设定设计员 01 是协同设计小组负责人，设计员 02、设计员 03 是普通设计人员，他们同属于协同设计小组 001。

步骤 1：由协同设计小组负责人设计员 01 主持协同会议，根据协同设计人员的 IP 地址信息进行呼叫。协同设计小组 001 中的设计员 02、设计员 03 在线收到呼叫，接受后即可参加协同会议，如图 7-36 所示。

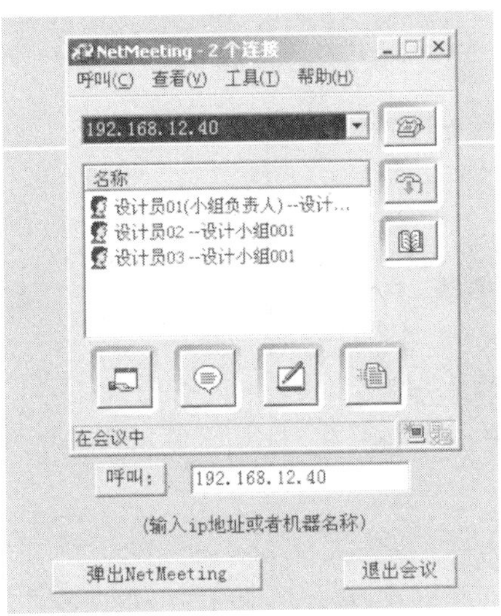

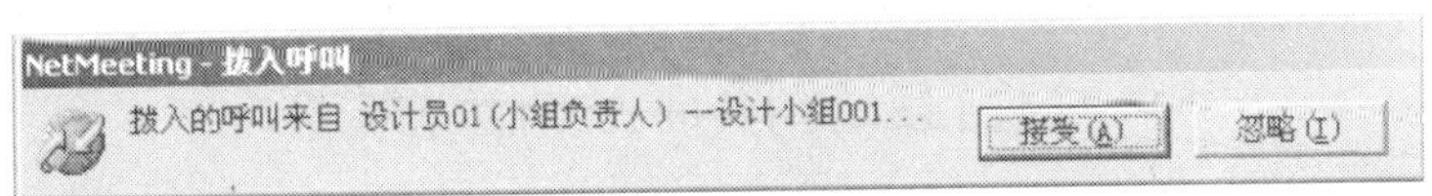

图 7-36 召开协同会议示意图

步骤 2：设计员 01 负责主持协同会议，在 QFD 编辑平台下打开双进双出磨煤机第一阶段质量屋（House of Quality，HOQ），通过协同工具中的共享程序（如图 7-37 所示），将 QFD 编辑平台提供给设计员 02、设计员 03 共享，展开质量协同设计。同时设计员 02、03 也可以请求操作共享 QFD 设计平台，编辑质量屋。

设计员 03 需要对双进双出磨煤机第一阶段质量屋 HOQ 进行修改时，向会议主持人（设计员 01）请求操纵共享 QFD 编辑平台。如图 7-38 所示。

步骤 3：设计员 02 申请得到会议主持人批准后，将双进双出磨煤机的 FMEA 分析程序共享，针对 QFD 的各个展开阶段，选择优先权大的进行零件协同 FMEA 分析，分析结果反馈给 QFD 的相应阶段，从而使产品在设计阶段就充分考虑到可能的故障，这也充分体现了质量设计预防为主的思想。如图 7-39 所示。

7.4.4 双进双出磨煤机在生产过程中的质量控制

双进双出磨煤机是重型、大型机械设备，属于典型的单件、小批量生产模式。传统的 SPC，由于没有足够的样本数据来精确估计过程参数，无法绘制出控制图，难以对双进双出磨煤机进行工序质量控制。

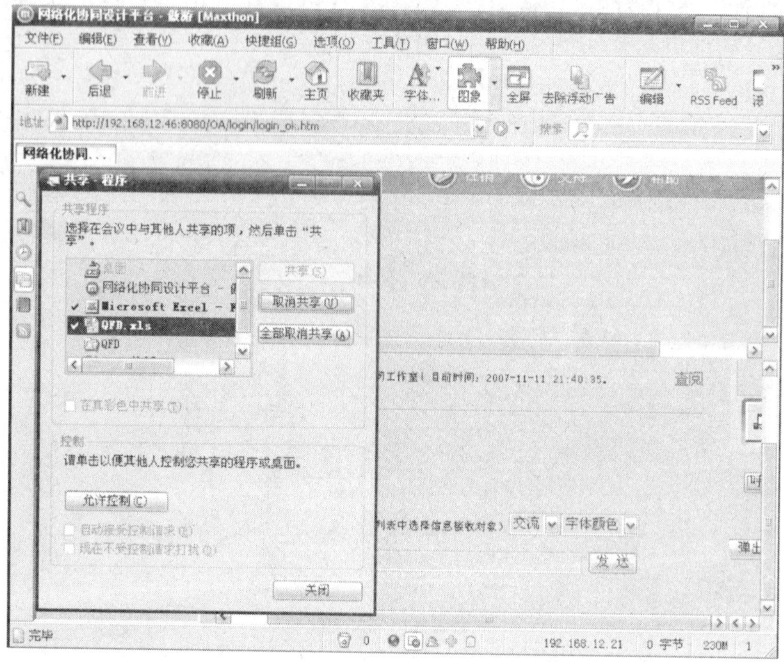

图 7-37　会议主持人设计员 01 提供共享 QFD 编辑平台

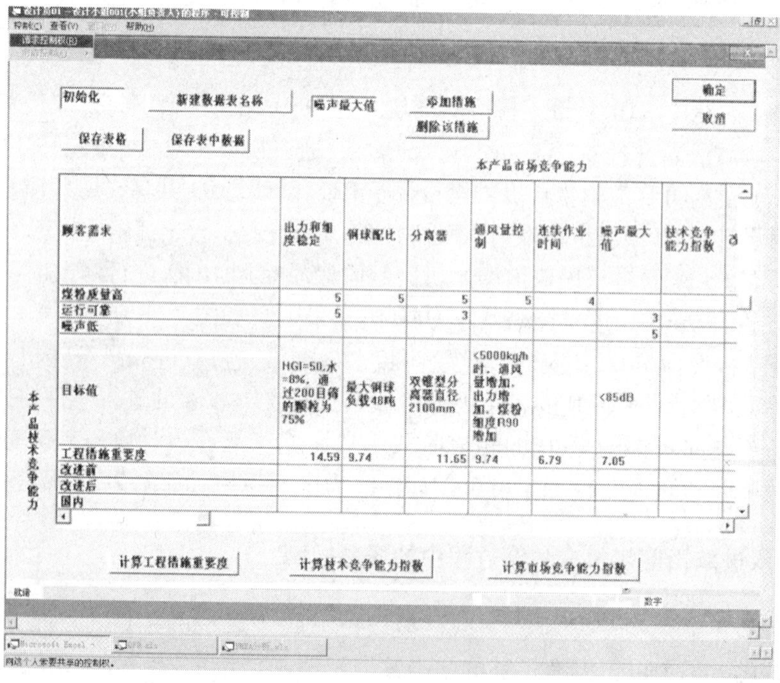

图 7-38　设计员 03 向会议主持人设计员 01 请求操纵共享 QFD 设计平台，编辑质量屋

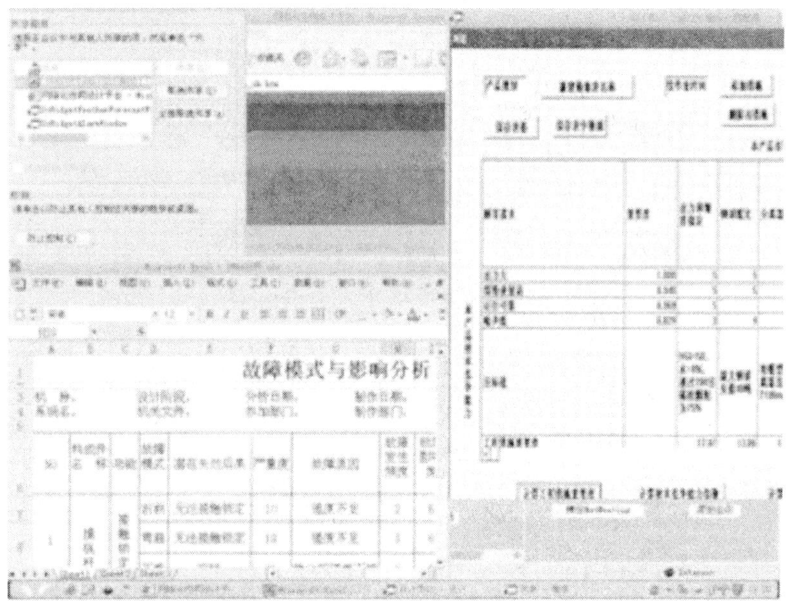

图7-39 设计员02将FMEA共享，针对QFD展开阶段，选择优先权大的进行协同FMEA分析

NMPLCQMS系统的动态工序质量控制子系统应用第4章的动态工序质量控制理论与方法，根据前面进行的协同质量设计中的质量规划确定的关键质量特征规划和关键零部件的关键工序控制规划，对双进双出磨煤机的关键零部件大小齿轮、衬板的关键工序（质控点）进行实时在线监控，保证这些工序持续稳定，从而保证双进双出磨煤机的制造质量。

7.4.4.1 双进双出磨煤机质控点的确定

现场操作人员可通过动态工序质量控制子系统提供的质控点查询功能，即选择“质控点名称”、“质控点编号”、“工件名称”三种查询条件和“等于”、“LIKE”、“ALL”三种查询方式复合查出双进双出磨煤机质量控点，从而实施质控点验收、整顿、撤销和针对质控点进行生产控制和分析。对双进双出磨煤机质量起到提前预防，重点把握的作用，如图7-40所示。

7.4.4.2 双进双出磨煤机的质量检验

双进双出磨煤机的质量检验以“零缺陷”为指导思想，通过NMPLCQMS系统的质量检验模块，严防不合格品和原材料进入下一个工序，影响双进双出磨煤机的最终质量。双进双出磨煤机的质量检验主要有以下几个方面：

（1）来料报检：原材料/零件到货后，先进行报检。根据供货状态不同，报检分为初品报检，小批报检，批量报检。初品报检时，由报检人提供检验标准；初品报检和小批报检时，确定检验结果的最终确认部门，如图7-41所示。

图 7-40　质控点管理界面

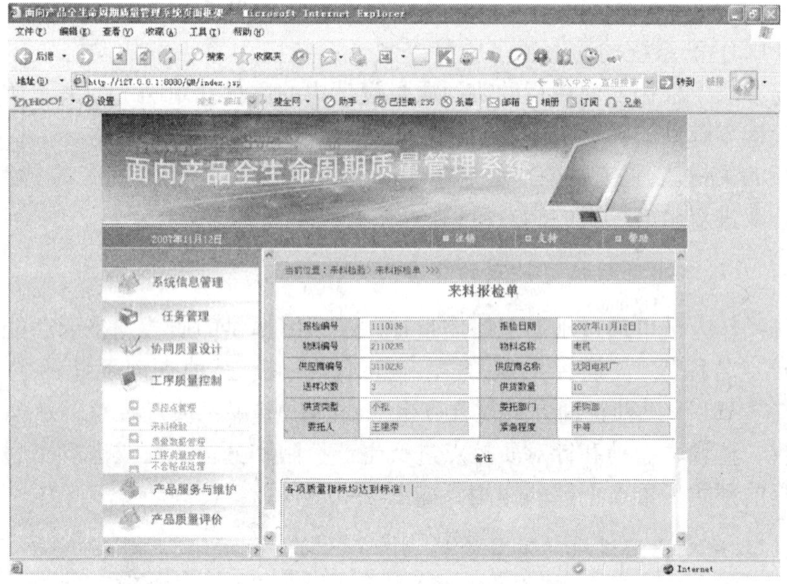

图 7-41　来料检验界面

（2）样品评审：对初品或小批检验后的检测结果进行评审，决定该原材料/零件的下次供货状态。初品检验的原材料/零件，经过评审后，合格的可转为小批送样或者批量供货，不合格的可转为重新送样或者终止送样。小批检验的原材料/零件，经过样品评审后，合格的可转为批量供货，不合格的可转为重新送样或者终止送样，如图 7-42 所示。

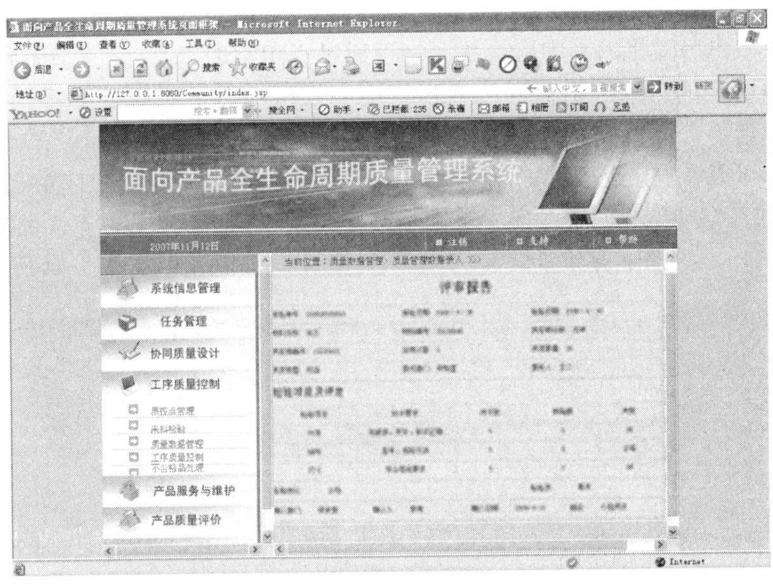

图 7-42　样品评审界面

(3) 来料不合格处理：不合格处理主要是对检验判定不合格的原材料/零件的处理，其处理结果包括让步接收、紧急放行、拒收等，对于让步接收或紧急放行的，准予入库，拒收的退给供应商，如图 7-43 所示。

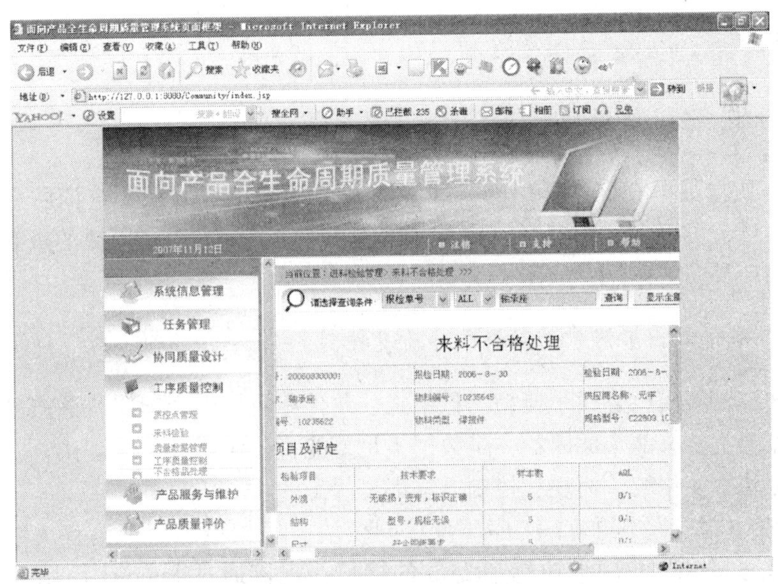

图 7-43　来料不合格处理界面

7.4.4.3　双进双出磨煤机的工序质量数据管理

双进双出磨煤机的工序质量数据管理通过 NMPLCQMS 系统的工序质量数据管理模块实现的，这也是后续“双进双出磨煤机动态工序质量分析”的基础。其具体包括：

（1）质量数据录入：在车间生产实际中，有些质量数据需要人工输入，是对质量数据实时采集装置的补充。通过该功能模块，生产管理人员可以将产品的基本数据填入到后台的数据库，是质量信息查询和质量控制来源和基础，如图 7-44 所示。

图 7-44　质量数据录入界面

（2）质量数据查询：公司的管理者或者生产操作者如果要查询所生产的产品质量信息，可以在这个模块中，通过复合条件的查询方式，便捷的查到他们所要查询的产品质量信息，如图 7-45 所示。

7.4.4.4　双进双出磨煤机的动态工序质量控制

双进双出磨煤机是属于典型的订单式、单件小批量生产模式，该产品难于实现质量控制主要有两个原因：一是数据不足不能直接应用控制图理论；二是顾客的需求是动态变化的，而现有控制方法都是静态的。

NMPLCQMS 系统的动态工序质量控制模块应用相似工序理论解决数据不足问题，通过 Matlab 的网络功能和 Java 的接口，直接通过 Internet 调用 Matlab 的 Elman 网络工具箱对当前相似工序状态进行实时动态监控，一旦发现异常通过工

图 7-45 质量数据查询

序质量调整专家系统进行实时调整，使工序长期保持在最佳状态，从而实现动态工序质量的控制。针对磨煤机大小齿轮轴的工序质量控制，应用 NMPLCQMS 系统功能的具体控制过程如图 7-46 ~ 图 7-48 所示。

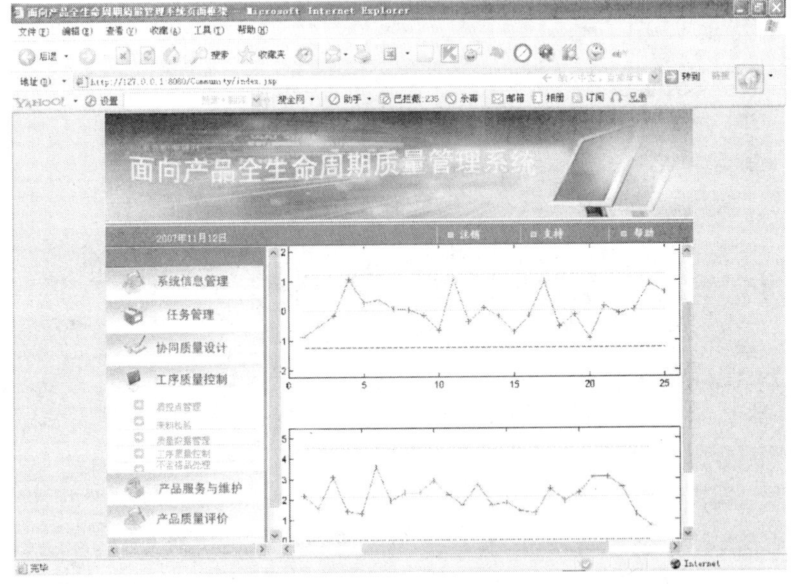

图 7-46 控制图的在线绘制

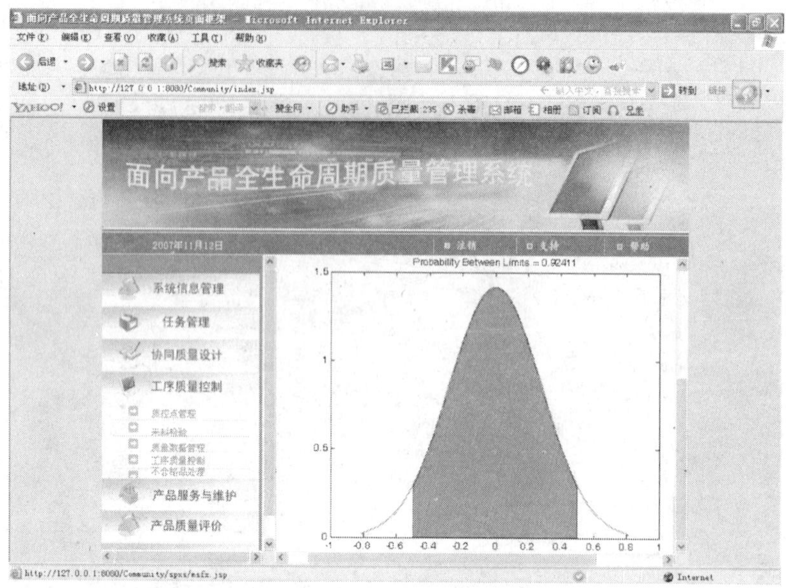

图 7-47　当前工序能力的在线分析

图 7-48 为在线诊断出当前相似工序的控制图为上升趋势异常模式，并通过工序质量调整专家系统分析了产生该异常模式可能是由于：(1) 刀具磨损；(2) 工人疲劳；(3) 温度变化等原因引起的。

最后提出针对性调整建议：(1) 更换刀具；(2) 调整工人的作息与轮班；(3) 控制车间的温度变化。

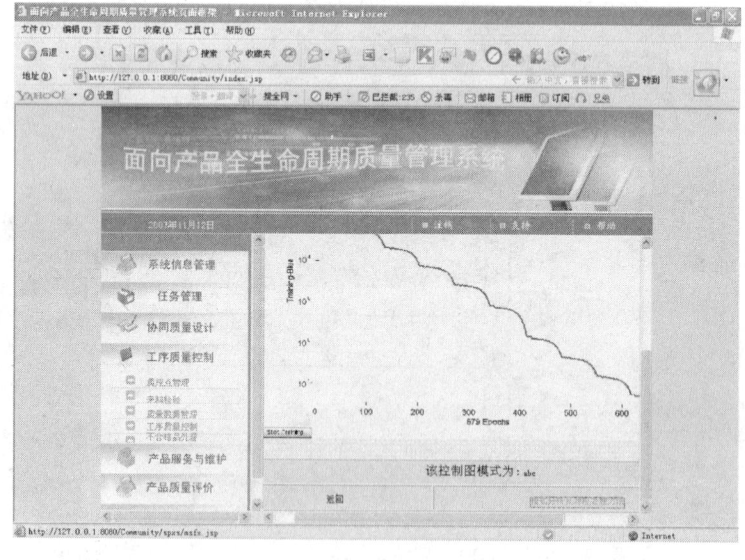

(a)

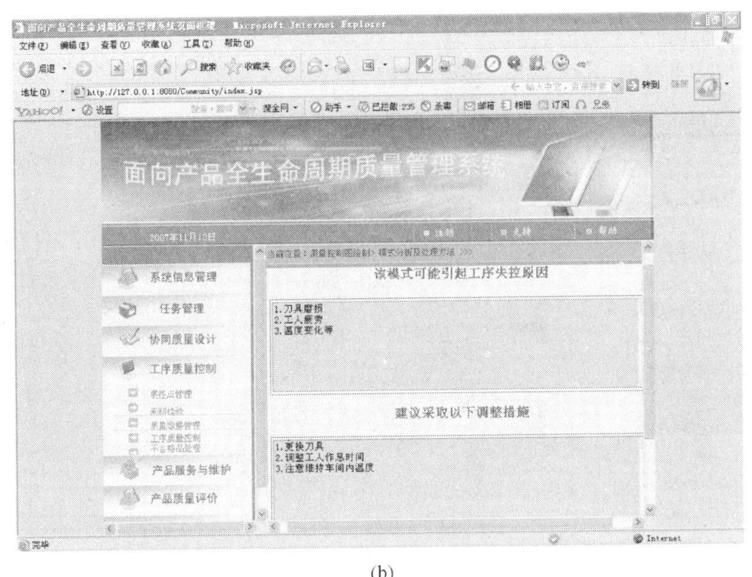

(b)

图 7-48 控制图在线识别与诊断分析

7.4.5 双进双出磨煤机的售后服务与维护质量管理

服务是企业提供给消费者附加于产品之上的功能质量的内容之一，所以企业服务也要纳入企业质量管理体系中。这种服务质量也贯穿于整个产品的生命周期，所以要求在抓好内部全面质量管理的同时还应该注意外部质量控制，这里外部质量控制是相对于设计、控制等内部过程而言，通过客户的参与，实现改进设计、优化原材料及配件供给、提高售后服务水平等方面的质量控制。因此，NMPLCQMS 系统通过服务与维护质量管理模块实现对双进双出磨煤机售后服务的质量管理，进而实现对其外部质量控制。

对客户投诉的处理是企业产品服务质量水平的综合体现。图 7-49 和图 7-50 分别为客户投诉界面、客户投诉处理界面。图 7-51 和图 7-52 分别是顾客满意度与质量论坛界面，加强了客户的参与度，有助于提高公司的顾客满意度，从而增强公司市场竞争力。

7.4.6 双进双出磨煤机的质量信息发布

本系统将双进双出磨煤机的零件规格、图片和质量任务并通过 Internet 发布给对应的成员企业和外协厂，同时需等待回复，确认自己收到该零件的规格描述并可保证质量要求。此外，质量专家通过该模块进行双进双出磨煤机的质量信息浏览，从而确保双进双出磨煤机质量评价的准确性。

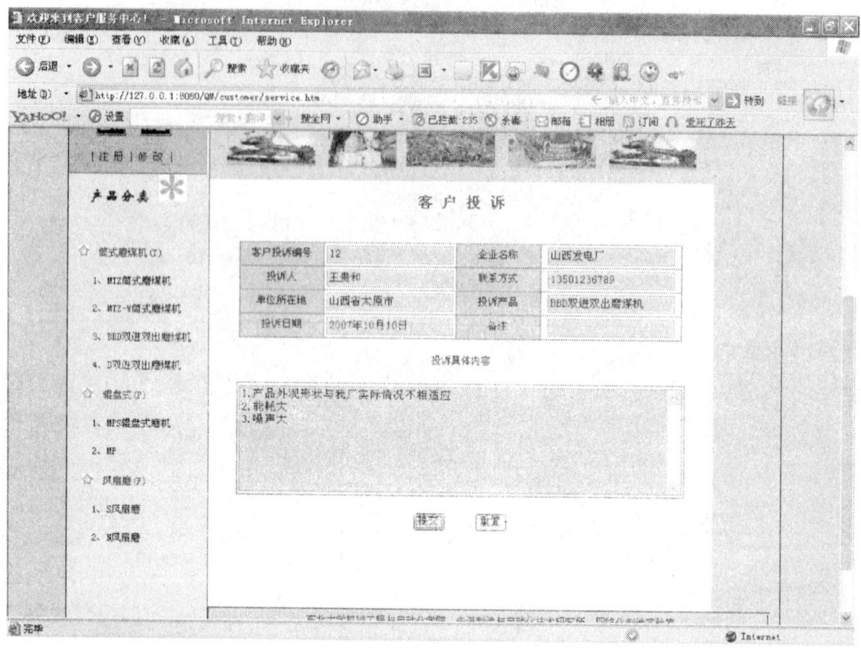

图 7-49　客户投诉界面

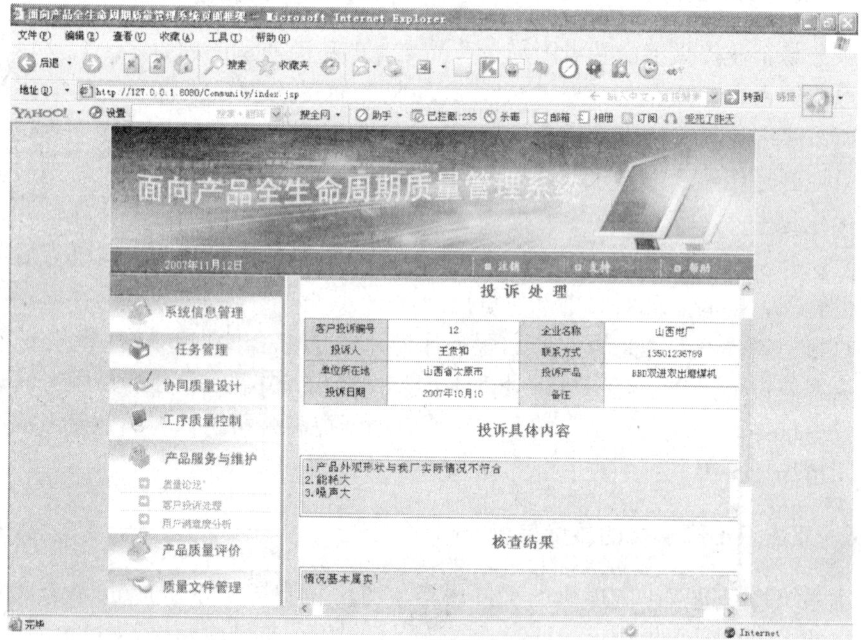

图 7-50　投诉处理界面

图 7-51 客户满意度界面

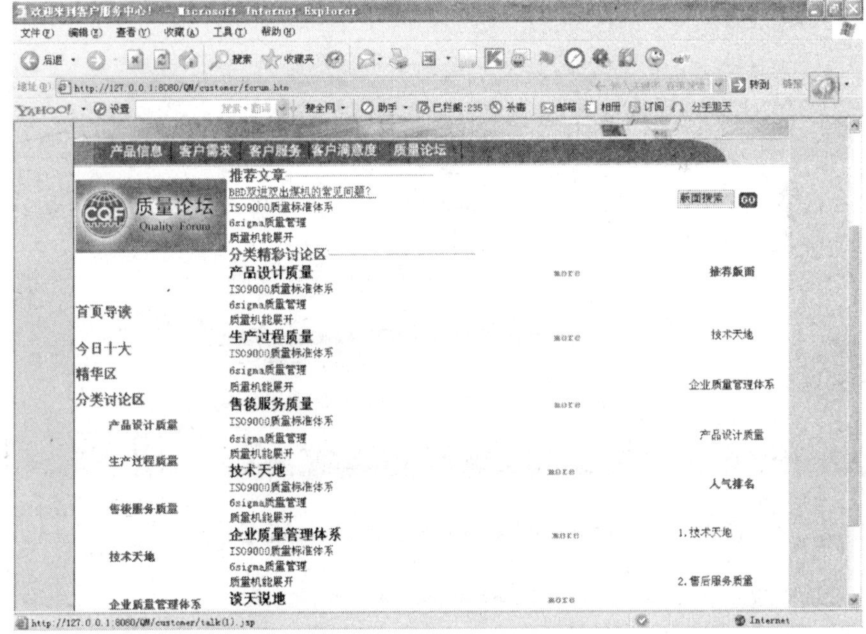

图 7-52 质量论坛界面

7.4.6.1　双进双出磨煤机的设计质量信息发布

NMPLCQMS 系统的质量信息发布模块提供了双进双出磨煤机设计质量信息查询功能，用户可以根据需要，根据磨煤机类型，确定查询内容，输入关键词，快速检索表中的信息，使用者通过最为简单基本查询就可以得到所需的设计信息。

同时用户可以通过该模块向远程服务器提交三维或二维数据信息浏览申请，并能够在本地用户端进行浏览。目前大量的 Web 浏览器支持 VRML，使得服务器端的计算量过大以及等待服务器处理时间延迟的问题得到解决。双进双出磨煤机的装备质量信息、大齿轮与筒体的设计质量信息如图 7-53 所示。

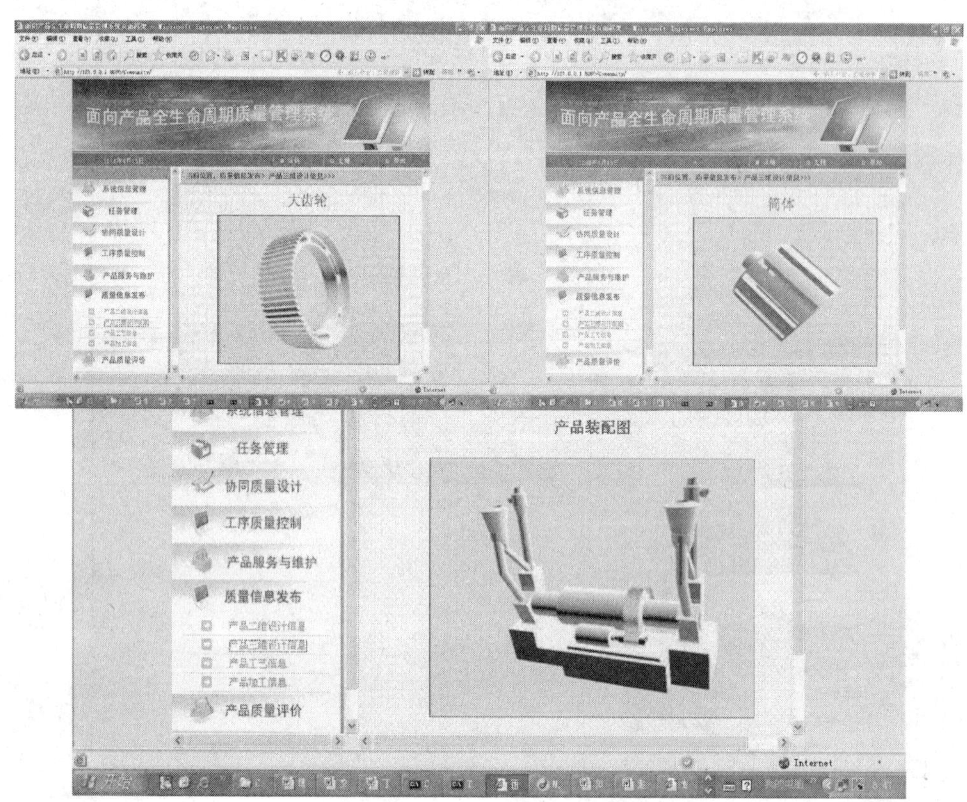

图 7-53　磨煤机整体装配图与零件图 3D 设计信息在线发布

7.4.6.2　双进双出磨煤机的工艺质量信息发布

随着 CAD 技术应用的发展和普及，大多数制造企业中产品设计基本已经实现了计算机代替手工绘图，使得许多参数化设计应用软件方便地提取和修改设计部件的相关参数成为可能。NMPLCQMS 系统可以将设计部门的设计参数和工艺部门的工艺编制实时传输，实现了各部门间的数据自动、方便、快速传递的功能，具体的工艺质量信息如图 7-54 所示。

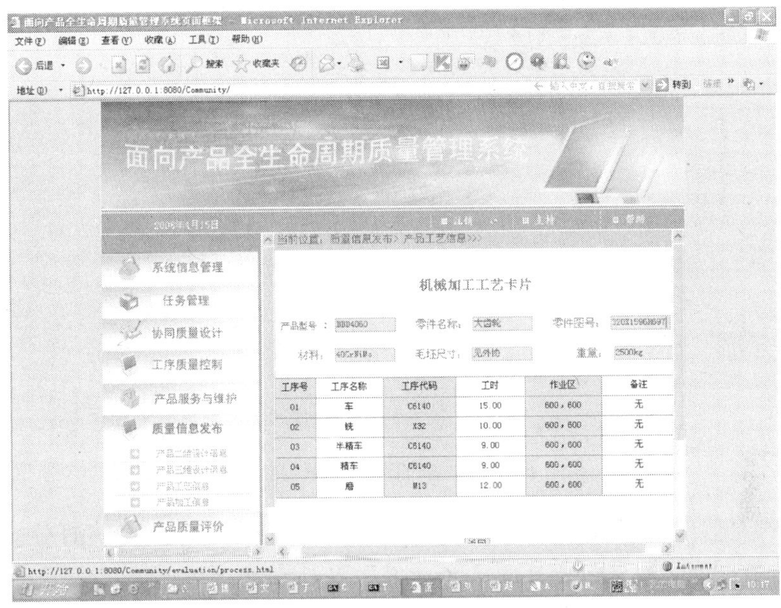

图 7-54 大齿轮的机械加工工艺卡片

7.4.7 双进双出磨煤机的质量评价

双进双出磨煤机是大型、复杂产品，零部件繁多，有效的质量评价对其质量保证有着重要意义。NMPLCQMS 系统的质量评价模块通过质量专家打分的形式，应用第 5 章的基于三角模糊数的 AHP 与模糊综合评价结合的评价方法对双进双出磨煤机进行了面向全生命周期质量评价。

7.4.7.1 双进双出磨煤机质量评价小组的构建

质量专家通过该模块首先针对本次评价任务构建评价小组，确定评价小组成员角色、权限以及分配的任务。质量专家根据自己收到的任务信息进行查询质量发布信息和相关质量数据，确定质量目标，为后面的质量评价奠定基础。

7.4.7.2 双进双出磨煤机全生命周期质量评价

质量专家根据质量目标通过系统提供的功能模块，构建质量评价体系指标（见图 7-55）。这是质量评价活动的核心内容，质量评价体系指标构建的好坏直接关系到质量评价结果的科学性和有效性。最后根据质量信息发布的质量信息和

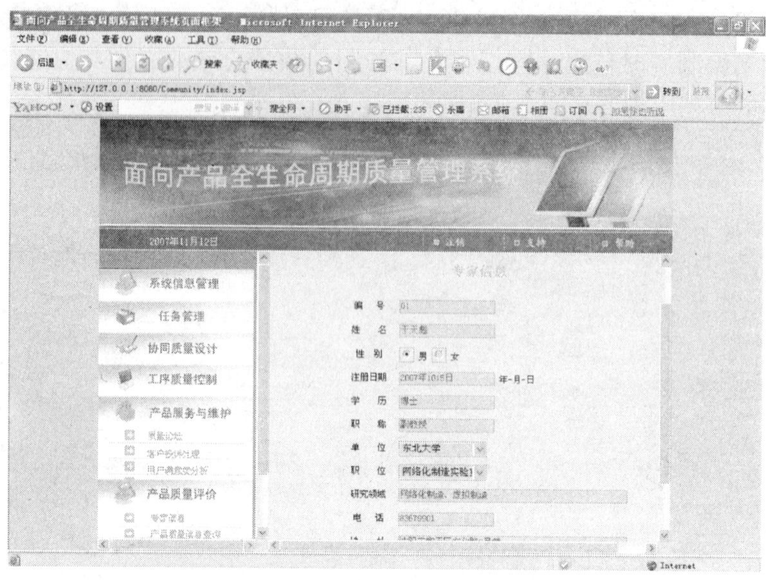

图 7-55　添加质量专家界面

相关质量数据，按照质量目标对产品质量评价指标进行逐项打分，打分的结果将存入后台数据库。具体过程如图 7-56 ~ 图 7-59 所示。

7.4.7.3　双进双出磨煤机的质量评价结果查询

通过质量评价结果管理模块可以对双进双出磨煤机的质量评价任务、评价结

图 7-56　磨煤机的设计质量评价界面

图 7-57　磨煤机的工艺质量评价界面

图 7-58　磨煤机的加工质量评价界面

果等各种信息进行查询，同时企业管理人员根据任务的时间安排定期登录本系统模块提取产品的评价结果（如图 7-60 所示），并将结果反馈给公司决策层进行评价结果分析，这使质量管理形成封闭的质量环，从而使产品质量持续改进、持续

图 7-59　磨煤机质量综合评价界面

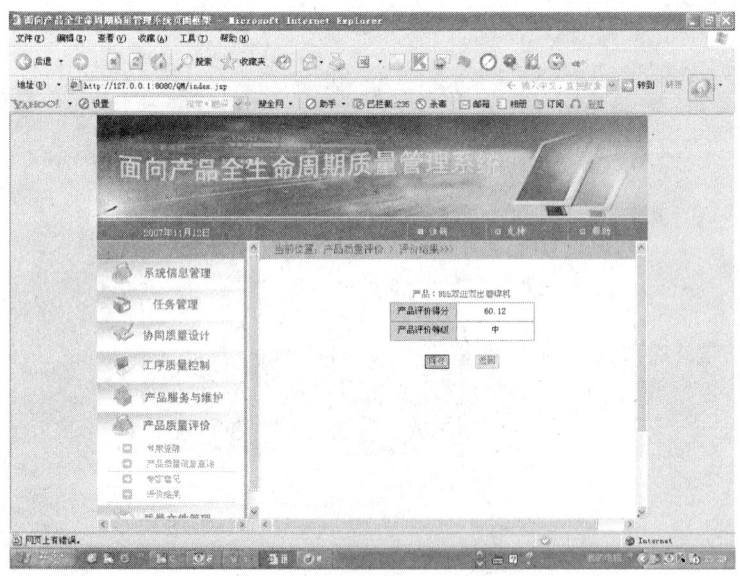

图 7-60　评价结果查询

提高用户的满意度，增强公司的市场竞争力。

附录1 计量值控制图系数表

样本 n	均值控制图			标准差控制图						极差控制图							中位数控制图	
	控制界限系数			中心线系数		控制界限系数				中心线系数			控制界限系数				控制界限系数	
	A	A2	A3	C4	1/C4	B3	B4	B5	B6	d2	1/d2	d3	D1	D2	D3	D4	M3	M3A2
2	2.121	1.880	2.659	0.798	1.253	0	3.267	0	2.606	1.128	0.887	0.853	0	3.686	0	3.267	1.000	1.880
3	1.732	1.023	1.954	0.886	1.128	0	2.568	0	2.276	1.693	0.591	0.888	0	4.358	0	2.574	1.160	1.187
4	1.500	0.729	1.628	0.921	1.085	0	2.266	0	2.088	2.059	0.486	0.880	0	4.698	0	2.282	1.092	0.796
5	1.342	0.572	1.427	0.940	1.064	0	2.089	0	1.964	2.326	0.430	0.864	0	4.918	0	2.114	1.198	0.691
6	1.225	0.483	1.287	0.952	1.051	0.030	1.970	0.029	1.874	2.534	0.395	0.848	0	5.078	0	2.004	1.135	0.549
7	1.134	0.419	1.182	0.959	1.042	0.118	1.882	0.113	1.806	2.704	0.370	0.833	0.204	5.204	0.076	1.924	1.214	0.509
8	1.061	0.373	1.099	0.965	1.036	0.185	1.815	0.179	1.751	2.847	0.351	0.820	0.388	5.306	0.136	1.864	1.160	0.432
9	1.000	0.377	1.032	0.969	1.032	0.290	1.761	0.232	1.707	2.970	0.337	0.808	0.547	5.393	0.184	1.816	1.223	0.412
10	0.949	0.308	0.975	0.973	1.028	0.284	1.716	0.276	1.669	3.078	0.325	0.797	0.687	5.469	0.223	1.777	1.176	0.363
11	0.905	0.285	0.927	0.975	1.025	0.321	1.679	0.313	1.637	3.173	0.315	0.787	0.811	5.535	0.256	1.744		
12	0.886	0.266	0.886	0.978	1.023	0.354	1.646	0.346	1.610	3.258	0.307	0.778	0.922	5.594	0.283	1.717		
13	0.832	0.249	0.850	0.979	1.021	0.382	1.618	0.374	1.585	3.336	0.300	0.770	1.025	5.647	0.307	1.693		
14	0.802	0.235	0.817	0.981	1.019	0.406	1.594	0.399	1.563	3.407	0.294	0.763	1.118	5.696	0.328	1.672		
15	0.775	0.223	0.789	0.982	1.018	0.428	1.157	0.421	1.544	3.472	0.288	0.756	1.203	5.741	0.347	1.653		
16	0.750	0.212	0.763	0.984	1.017	0.448	1.552	0.440	1.526	3.532	0.283	0.750	1.282	5.782	0.363	1.637		
17	0.728	0.203	0.739	0.985	1.016	0.466	1.534	0.458	1.511	3.588	0.279	0.744	1.356	5.820	0.378	1.622		
18	0.707	0.194	0.718	0.985	1.015	0.482	1.518	0.475	1.496	3.640	0.275	0.739	1.424	5.856	0.391	1.608		
19	0.688	0.187	0.698	0.986	1.014	0.497	1.503	0.490	1.483	3.689	0.271	0.734	1.487	5.891	0.403	1.597		
20	0.671	0.180	0.680	0.987	1.013	0.510	1.490	0.504	1.470	3.735	0.268	0.729	1.549	5.921	0.415	1.585		
21	0.655	0.173	0.663	0.988	1.013	0.253	1.477	0.516	1.459	3.778	0.265	0.724	1.605	5.951	0.425	1.575		
22	0.640	0.167	0.647	0.988	1.012	0.534	1.466	0.528	1.448	3.819	0.262	0.720	1.659	5.979	0.434	1.566		
23	0.626	0.126	0.633	0.989	1.011	0.545	1.455	0.539	1.438	3.858	0.259	0.716	1.710	6.006	0.443	1.557		
24	0.612	0.157	0.619	0.989	1.011	0.555	1.445	0.549	1.429	3.895	0.257	0.712	1.759	6.031	0.451	1.548		
25	0.600	0.153	0.606	0.990	1.011	0.565	1.435	0.559	1.420	3.931	0.254	0.708	1.806	6.056	0.459	1.541		

附录 2 Java 程序调用 Matlab 编程代码

利用 JMatLink 完成用 Java 应用程序调用 Matlab 完成质量控制图的绘制的方法代码:

```
import java. sql. * ;
import java. sql. Driver;
import sun. jdbc. odbc. * ;
import jmatlink. JMatLink;
public class mytask extends TimerTask{
static int counter = 1;
Timer myTimer = null;
public mytask(int maxCounter, Timer aTimer)
  {super();
    maxNumberofTimesRun = maxCounter;
    myTimer = aTimer;  }
    public void run()
    {double b[][] = new double[25][5];  //定义绘制控制图的输入函数
        JMatLink engine = new JMatLink();  //建立 Matlab 连接
        engine. engOpen();     //开启 Matlab 功能
        engine. engPutArray("b", b);     //将绘图的输入函数导入 Matlab
        engine. engEvalString("s1 = b1(1:9,1:5);");
        engine. engEvalString("s2 = b1(10:17,1:5);");
        engine. engEvalString("s3 = b1(18:25,1:5);");     //将输入的数据分组
        engine. engEvalString(" A2 = [1. 880, 1. 023, 0. 729, 0. 577, 0. 483, 0. 419, 0. 373,
0. 337, 0. 308];");
        engine. engEvalString(" D4 = [3. 267, 2. 575, 2. 282, 2. 115, 2. 004, 1. 924, 1. 864,
1. 816, 1. 777];");
        engine. engEvalString("D3 = [0, 0, 0, 0, 0, 0. 076, 0. 136, 0. 184, 0. 223];");  //定
义绘制控制图所需的系数
        engine. engEvalString("Xs1 = mean(mean(s1));");
        engine. engEvalString("Xs2 = mean(mean(s2));");
        engine. engEvalString("Xs3 = mean(mean(s3));");
        engine. engEvalString("Rs1 = std2(s1);");
        engine. engEvalString("Rs2 = std2(s2);");
        engine. engEvalString("Rs3 = std2(s3);");
        engine. engEvalString("s11 = (s1 - Xs1)/Rs1;");
        engine. engEvalString("s21 = (s2 - Xs2)/Rs2;");
```

```
engine. engEvalString( " s31 = ( s3 - Xs3 ) / Rs3 ; " ) ;
engine. engEvalString( " b = cat( 1 , s11 , s21 , s31 ) ; " ) ;    //根据本书提出的算法变换控制图绘制的原始数据
⋮
engine. engEvalString( " subplot( 2 , 1 , 1 ) ; " ) ;    //将绘图区间分为上下两部分
engine. engEvalString( " xbarh = plot( samples , xbar , 'r' , samples , xbarUCL( ones( m , 1 ) , : ) , 'r - - , ' , samples , xbarLCL( ones( m , 1 ) , : ) , , 'r - - ' , samples , avg( ones( m , 1 ) , : ) , 'r - ' , samples , xbarincontrol , 'r + ' , samples , xbaroutcontrol , , 'r + ' ) ; " ) ;
//绘制均值控制图
⋮
engine. engEvalString( " saveas( gcf , '11. jpg' ) ; " ) ;    //将所绘制的质量控制图存入制定的文件夹
  mytask. counter + + ;
 }
}
```

参 考 文 献

[1] 路甬祥. 团结奋斗 开拓创新 建设制造强国[J]. 机械工程学报，2003，39(1)，2~9.

[2] LOUIS H. AMATO，CHRISTIE H. AMATO. The Effects of global Competition on Total Factor Productivity in U. S. Manufacturing [J]. Review of Industrial Organization，2001，19：407~423.

[3] Y. Y. Yusuf，M. Sarhadi，A. Gunasekaran. Agile manufacturing：The drivers，concepts and attributes [J]. Int. J. Production Economics 62，(1999)：33~43.

[4] Adrian E. Coronado M.，Mansoor Sarhadi，Colin Millar. Defining a framework for information systems requirements for agile manufacturing [J]. Int. J. Production Economics 75，(2002)：57~68.

[5] Davulcu H，Kifer M，Pokorny L R，Dawson S. Modeling and analysis of interactions in virtual enterprise [A]. Proceeding of the Ninth International Workshop on Research Issues on Data Engineering：Information Technology for Virtual Enterprise. Sydney，Australia，1999：12~18.

[6] 杨叔子，吴波，胡春华，等. 网络化制造与企业集成[J]. 中国机械工程，2000，11(1~2)：45~48.

[7] 严隽琪. 数字化与网络化制造[J]. 工业工程与管理，2000，5(2)：8~11.

[8] 熊斌，钱碧波，谭建荣. 敏捷制造企业的生命系统理论研究[J]. 系统工程理论与实践，2002，5：12~18.

[9] 江平宇. 网络化制造电子服务理论与技术[M]. 北京：科学出版社. 2004.

[10] 赵伟，刘晓冰，许登峰. 制造生产模式的演变与敏捷制造[J]. 工业工程，1999，2(3) 10~15.

[11] 魏志强，王先逵，吴丹，等. 面向全球制造环境的先进制造使能技术[J]. 中国机械工程，2001，12(7)：760~765.

[12] 刘飞，雷琦，宋豫川. 网络化制造的内涵及研究发展趋势[J]. 机械工程学报，2003，11：1~6.

[13] 范玉顺. 网络化制造的内涵关键技术[C]. 网络化制造与大规模定制学术会议论文集，杭州，2003.

[14] 王宛山. 发展网络化制造对策研究报告[R]. 国家计委高技术产业发展司发展网络化制造对策研究课题组. 北京，2002.

[15] 王宛山. 网络化制造技术[M]. 沈阳：东北大学出版社. 2003.

[16] 徐太平. 物料协同供应管理系统的研究与开发[D]. 广州：广东工业大学，2003：5~9.

[17] 刘永和，黄必清，刘文煌，等. 虚拟企业集成模型的形式化方法[J]. 清华大学学报(自然科学版)，2000，40(4)：84~87.

[18] 吴澄. 现代集成制造系统导论——概念、方法、技术和应用[M]. 北京：清华大学出版社，2002.

[19] Dean. J. Pricing policies for new products[J]. Harvard Business Review，1950，28：45~53.

[20] Levirt. T. Exploit the product life cycle[J]. Harvard Business Review，1965，43：81~94.

[21] 黄双喜，范玉顺，等. 产品生命周期管理研究综述[J]. 计算机集成制造系统——CIMS，2004，10(1)：1~9.

[22] 钟东阶，王家青，等．产品生命周期理论在汽车制造业中的应用[J]．机床与液压，2007，35(5)：51～52.
[23] 荆平，贾海峰，等．产品生命周期评价系统的软件设计及开发[J]．化工自动化及仪表，2007，34(2)：48～51.
[24] 沈斌，宫大，赵红．面向产品生命周期的网络化制造的研究[J]．机械与电子，2006，(1)：59～62.
[25] 王怡，顾耀欣，等．产品生命周期理论及其启示[J]．现代管理科学，2002，(8)：44～45.
[26] 沈斌，宫大，赵红．产品生命周期支持下的网络化制造平台的研究[J]．制造业自动化，2006，28(2)：17～20.
[27] 约翰·霍根，宋基宏，赵晋．产品生命周期中的定价管理[J]. 21 世纪商业评论，2007，(29)：89～91.
[28] 赵学军．基于 PDM 的产品生命周期数据管理技术研究与实现[D]．济南：山东大学，2006.
[29] 苏均生．面向产品生命周期的数据分析系统的研究与应用[D]．杭州：浙江大学，2006.
[30] 聂品．现代国际领域产品生命周期研究——对弗农 Vernon 学说的一种拓展[D]．杭州：浙江大学，2003.
[31] 周康渠，徐宗俊，郭钢，等．制造业新的管理理念——产品全生命周期管理[J]．中国机械工程，2002，13(15)：1343～1346.
[32] 蓝海林，等．产品生命周期理论的战略含义[J]．华南理工大学学报（自然科学版），1997，25(4)：1～5.
[33] 张旭梅，刘飞．产品生命周期成本概念及分析方法[J]．工业工程与管理，2001，(3)：26～29.
[34] 杨雨雨．新产品潜在收益在产品生命周期的分布研究[D]．重庆：重庆大学，2006.
[35] 梁平．面向产品生命周期数据的 XML 本源数据库的研究[D]．合肥：合肥工业大学，2006.
[36] 张建平．关于产品生命周期和企业盈亏转折点先行指标的研究[D]．北京：对外经济贸易大学，2001.
[37] 姚知力．产品生命周期管理系统的体系结构及关键技术研究[D]．西安：西北工业大学，2005.
[38] 毛伟．机电产品生命周期评价系统的研究与开发[D]．北京：清华大学，2002.
[39] 邓军，余忠华，杨基平，等．面向产品生命周期的全面质量管理系[J]．浙江大学学报，2005，39(4)：500～505.
[40] Feigonbaum A V. 全面质量管理[M]．北京：机械工业出版社，1991.
[41] 张公绪，孙静．质量工程师手册[M]．北京：企业管理出版社，2002.
[42] 李秀，应维云，刘文煌．CIMS 环境下产品质量系统工程[M]．北京：机械工业出版社，2004.
[43] 张凤荣，王丽莉．质量管理与控制[M]．北京：机械工业出版社，2006.
[44] 张健，张弛．零缺陷品质管理[M]．第 1 版．深圳：海天出版社．2001.

[45] [美] 彼得 S. 潘德，罗伯特 P. 纽曼，罗兰 R. 6Sigma 管理法[M]. 卡瓦纳著. 刘合光等译. 北京：机械工业出版社，2001.

[46] 袁清坷，王海燕. CIMS 中的集成质量系统及其关键技术[J]. 计算机集成制造系统，1997，3(6)：51 ~ 54.

[47] Yang Shiyuan, et al. Computer-Aided Quality Control System Based on Advanced Manufacturing Engineering [J]. Press of University of Science and Technology of China. 1998, 17 ~ 22.

[48] 段桂江，高连生，唐晓青. 网络环境下集成化计算机辅助质量系统框架模型研究[J]. 计算机集成制造系统，1997(5)：25 ~ 28.

[49] Christian Langheinricha, Martin Kaltschrnitt. Implementation and Application of Quality Assurance Systems[J]. Biomass and Bioenergy, 2006(30): 915 ~ 922.

[50] 李孟清. 下一代制造系统质量管理与质量保证系统建模与核心技术的研究[D]. 武汉：华中理工大学博士学位论文，2000.

[51] 段桂江. 敏捷制造企业集成质量系统的研究与实践[D]. 北京：北京航空航天大学博士学位论文，2000.

[52] 张志红. 基于并行质量工程的与公差设计方法的研究[D]. 天津：天津大学博士学位论文，2005.

[53] 高齐圣. 质量工程与控制的应用研究[D]. 沈阳：东北大学博士学位论文，1999.

[54] Dessouky M I, Kapoor S G. A Methodology for Integrated Quality Systems[J]. Journal of Engineering for Industry (ASME), 1987, 109: 241 ~ 247.

[55] J D T Tannock. Automating Quality Systems[M]. CHAPMAN&HALL, 1992.

[56] Vosniakos George, Wang Jiemin. A software system framework for planning and operation of quality control in discrete part manufacturing[J]. Computer Integrated Manufacturing Systems, 1997, 10(1): 9 ~ 25.

[57] F. L. Krause, et al. Method For Quality-Driven Product Development[J]. Annuals of the CIRP, 1993, 42(1): 151 ~ 154.

[58] Chang S I, Visser J J. A framework for distributed quality control[J]. Computer & Industrial Engineering, 1998, 35(1 ~ 2): 181 ~ 185.

[59] Wang Z Y, Rajurkar K P, Kapoor A. Architecture for agile manufacturing and its interface with computer integrated manufacturing[J]. Journal of Materials Proceeding Technology, 1996, 61(3): 99 ~ 103.

[60] 林志航. 计算机辅助质量系统[M]. 北京：机械工业出版社，2002.

[61] Sylla C, Arinze B. A method for quality precoordination in a quality assurance information system[J]. IEEE Transactions on Engineering Management, 1991, 38(3): 245 ~ 256.

[62] CENTRIM. Innovation in the supply chain[OL]. http: //centrim. bus. bton. ac. uk/open/weJdo/proj/innsuppchain/innsuppchain. html.

[63] Ferenc Erdelyi, Tibor Toth. Integrated Information Infrastructure for Total Quality Management [J]. Proceedings of the 4th International Symposium on Measurement Technology and Intelligent Instruments, 1998(2 ~ 4): 551 ~ 561.

[64] L. Arentsan, J. J. Tiemersma, H. J. J. Kals. The Integration of Quality Control and Shopfloor

Control[J]. Internal Journal of Computer Integrated System. 1996, 9(2): 113 ~ 130.

[65] Zhou Yuejun, Cai Kangming, Li Zhengkang. Quality System and Implementation in CIM Environment[J]. Chinese Journal of Mechanical Engineering, 1997, 10(3).

[66] Lee B, Saitou K. Design of Product Families for Reconfigurable Machining Systems Based on Manufacturability Feedback [A], Proceedings of the 13th International Conference: Design Methods for Performance and Sustainability[C]. Glasgow, UK, 2001, 21 ~ 23: 147 ~ 154.

[67] Oracle Corporation, Data Sheet-Oracle Quality lli[OL], http: //www. oracle. com/appsnet/products/supply/collateral/ds_quality_html, 2002.

[68] IQS, Inc. IQS Products[OL], http: //www. iqs. com/products/products-main. htm, 2002.

[69] 张公绪，孙静．现代质量控制与诊断工程[M]. 北京：经济科学出版社，1999．

[70] 杨鸿鹏，赵丽萍，曾晓流，等．敏捷制造模式下质量保证系统体系结构研究[J]. 计算机集成制造系统，1998，(6)：30 ~ 33.

[71] 幸研，易红，汤文成，等．工作流技术在远程制造集成质量系统的应用研究[J]. 制造业自动化，2001，11：80 ~ 83.

[72] 孙蓓蓓，钟秉林，史金飞，等．面向敏捷制造模式的质量保证信息系统研究[J]. 东南大学学报，1999，29(3)：40 ~ 43.

[73] 史金飞，张晓玲，洪著财，等．基于 Internet 的敏捷制造远程质量控制研究[J]. 机械设计与制造工程，2000，29(4)：32 ~ 35.

[74] 邓军，余忠华，杨基，等．面向产品生命周期的全面质量管理系统[J]. 浙江大学学报（工学版），2005，39(4)：500 ~ 505.

[75] 吕庆领，唐晓青．基于 Intranet/Extranet/Internet 的企业质量管理信息系统[J]. 计算机集成制造系统——CIMS，2002，8(9)：724 ~ 727.

[76] 段桂江，唐晓青．动态企业环境下的质量信息系统研究[J]. 计算机集成系统——CIMS，1999，5(3)：44 ~ 47.

[77] 唐晓青，等．现代制造模式下的质量管理[M]. 北京：科学出版社，2004.

[78] 吕庆领，唐晓青．面向扩展企业的协同质量管理信息支持系统[J]. 制造业自动化，2003，25(2)：14 ~ 16.

[79] 张根宝．数字化质量管理[J]. 中国计量学院学报，2005，16(2)：85 ~ 92.

[80] 罗书强，何玉林，贾彦民，等．分散网络化制造模式下集成质量系统的研究[J]. 制造业自动化，2000，22(12)：8 ~ 12.

[81] 乐清洪．智能工序质量控制的理论与方法研究[D]. 西安：西北工业大学博士学位论文，2002.

[82] 苏海涛．基于质量信息技术集成的“全质量”管理系统模型研究[D]. 合肥：合肥工业大学博士学位论文，2006.

[83] 董华．基于质量信息技术集成的“全质量”管理系统实现技术研究[D]. 合肥：合肥工业大学博士学位论文，2006.

[84] 周祖德．数字制造[M]. 北京：科学出版社，2004.

[85] Sophie D’ Amours, Benoit Montreuil, Pierre francois, et al. Networked manufacturing: The impact of information sharing[J]. Inti. Production Economics, 1999, 58: 63 ~ 79.

[86] 范玉顺，刘飞，祁国宁．网络化制造系统及其应用实践[M]．北京：机械工业出版社，2003.

[87] Tao Cheng，Jie Zhang，Chunhua Hu，et al. Intelligent Machine Tools in a Distributed Network Manufacturing Mode Environment. Int J Adv Manuf Technol. 2001，17：221 ~ 232.

[88] 杨文通，土蕾，刘志峰，等．数字化网络化制造技术[M]．北京：电子工业出版社．2004.

[89] 段桂江，唐晓青，汪叔淳．面向现代制造企业的集成质量系统模型[J]．中国机械工程，1999，1(3)：292 ~ 294.

[90] Srakis J，Reimann M. Quality information systems in advanced manufacturing environments[J]. Quality Engineering，1996，(8)：419 ~ 431.

[91] 冯良清，刘卫东．基于虚拟企业生命周期的质量管理[J]．工业工程与管理，2005，(3)：107 ~ 114.

[92] 孙继文，杨世元．基于质量信息集成的计算机辅助质量系统[J]．制造业自动化，2005，27(3)：9 ~ 12.

[93] 曹旭峰，杨世元．质量信息获取新理论和新方法[J]．中国质量，2002，(12)：4 ~ 7.

[94] 段桂江，唐晓青．基于过程方法的制造企业质量管理系统模型研究[J]．中国机械工程，2005，16(24)：2207 ~ 2211.

[95] Sarkis，J. Reimann. M. Quality information systems in advanced manufacturing environments [J]. Quality Engineering，1996(3)：419 ~ 426.

[96] K L Yung，A W H Ip，D C K Chan. A mechanism for the integration of TQM and MRPII[J]. Computer Integrated Manufacturing Systems，1998，11(4)：291 ~ 296.

[97] Richard Reed，David J. Lemak，Neal P. Mero. Total quality management andsustainable competitive advantage[J]. Journal of Quality Management，2000，5：5 ~ 26.

[98] Yang Shiyuan，et al. Computer-Aided Quality Control System Based on Advanced Manufacturing Engineering [J]. Published by Press of University of Science and Technology of China. 1998，17 ~ 22.

[99] Yang Shiyuan，et al. Quality Control Based on Modern Information Techniques and Its New Model Information System[J]. Proceedings of the Sino-Korea International Conference on Quality Science，2001，81 ~ 86.

[100] Yang Shiyuan，et al. Information Technology's Effect on Quality Engineering Innovation Facing the 21dst Century [J]. the Proceedings of the Third International Conference on Management. 1998，153 ~ 161.

[101] 王海林，侯岩，侯文龙，等．现代质量管理[M]．北京：经济管理出版社，2005.

[102] 王美清，唐晓青．产品设计质量控制方法研究及系统开发[J]．制造业信息化，2003，25(9)：15 ~ 18.

[103] M. M. Andreasen. Design for Quality An Overview of Tools and Structured Procedures [C]. Proceedings of ICED91，Zurich，1991：461 ~ 464.

[104] 陈立周,等．基于随机模型的产品质量设计原理与方法[M]．杭州：浙江大学出版社，1996.

[105] K. N. Otto，E. K. Antonsson. Extensions to the Taguchi Method of Product Design[J]. Trans-

actions of ASME, Journal of Mechanical Design, 1993, 115(1): 5 ~ 13.

[106] V. Hubka. Design for Quality and Design Methodology[J]. Journal of Engineering Design, 1992, 3(1): 151 ~ 154.

[107] 韩之俊，章渭基. 质量工程学[M]. 北京：科学出版社，1991.

[108] Taguchi. Introduction to quality engineering[J]. Asian Productivity Organization, Unipub, 1986.

[109] 张性原. 设计质量工程[M]. 北京：航空工业出版社，1999.

[110] 陈立周. 稳健设计[M]. 北京：机械工业出版社，2000.

[111] 余忠华，等. 保质设计模式与体系结构的研究[J]. 中国机械工程，2000(8): 926 ~ 929.

[112] K. G Swift, M. Raines, J. D Booker. Analysis of product capability at the design stage[J]. Journal of Engineering Design, 1999, 10(1): 77 ~ 91.

[113] 熊伟. 质量机能展开[M]. 北京：化学工业出版社，2005.

[114] 邵家骏. 质量功能展开[J]. 航空标准化与质量，1994.

[115] 陈以增，唐加福，侯荣涛，等. 基于质量功能展开的产品规划模型[J]. 东北大学学报(自然科学版), 2002, 8(23): 809 ~ 812.

[116] [美] D. H. Stamatis 著. 故障模式影响分析 FMEA 从理论到实践[M]. 陈晓彤，姚绍华，译. 北京：国防工业出版社，2005.

[117] 苏铁军. 智能故障模式影响分析技术研究[D]. 北京：北京航空航天大学博士学位论文，2002.

[118] 姜兴宇，赵海峰，王宛山，等. 基于 CSCW 的产品质量设计研究[J]. 东北大学学报(自然科学版), 2007, 28(10): 1477 ~ 1480.

[119] Qiang L, Zhang Y F, Nee A Y C. A distributive and collaborative concurrent product design system through the WWW/Internet[J]. International Journal of Advanced Manufacturing Technology, 2001, 17: 315 ~ 322.

[120] Hardwick M. Sharing manufacturing information in virtual enterprise[J]. Communication of the ACM, 1996, 39(2): 46 ~ 54.

[121] Prasad B, Wang F J, Deng J T. Towards a computer-supported cooperative environment for concurrent engineering[J]. Research and Applications, 1997, 5(3): 233 ~ 252.

[122] Lee J Y, Kim H, Kim K. A Web-enabled approach to feature-based modeling distributed and collaborative design environment[J]. Research Applications, 2001, 9: 74 ~ 87.

[123] 钟谦，郑应平. QFD 方法的实现与软件开发研究[J]. 计算机集成制造系统，1996, 4: 41 ~ 44.

[124] Huang G Q, Shi J, Mak K L. Failure mode and effect analysis (FMEA) over the WWW [J]. International Journal of Advanced Manufacturing Technology, 2000, 16: 603 ~ 608.

[125] 王宏典，张友良. 面向先进制造的 CSCW 研究与实践[J]. 中国机械工程，1998, 9(10): 27 ~ 29.

[126] Grudin J. Computer-supported collaborative work: history and focus [J]. IEEE Computer, 1994, 5: 19 ~ 26.

[127] Teege G. Object-oriented activity support：a model for integrated CSCW system[J]. Computer Supported Cooperative Work，1996，(5)：93～124.

[128] LESLIE M. An integrated CSCW architecture for integrated product/process design and development [J]. Robotics and Computer-Integrated Manufacturing，1999，15：145～153.

[129] Hague M J，Taleb-Bendiab A. Tool for management of concurrent conceptual engineering design [J]. Concurrent Engineering：Research and Applications，1998，6(2)：111～129.

[130] Zhuang Y，Chen L，Venter R. CyberEye：an internet-enabled environment to support collaborative design [J]. Research and Applications，2000，8：213～229.

[131] 张公绪，孙静．质量工程师手册[M]．北京：企业管理出版社，2002.

[132] 苏秦．现代质量管理学[M]．北京：机械工业出版社，2005.

[133] Porter L J. Measuring Process Capability Using Indices Some New Consideration[J]. Quality and Reliability Engineering International. 1999，6：19～26.

[134] Zhang N F，et al. Interval Estimation of Process Capability Indices Cpk Communications in Statistics-Theory and Methods. 1998，19：4455～4470.

[135] Maurice Pillet. SPC-Generalization of Capability Index Cpm：Case of Unilateral Tolerance. Quality Engineering [J]. 1997，10(1)：171～176.

[136] 张公绪．两种质量诊断理论与应用[M]．北京：科学出版社，2001.

[137] 杨鸿鹏．机械加工质量智能分析诊断理论、方法与系统研究[D]．西安：西安交通大学博士学位论文，1997.

[138] 余忠华，吴昭同．控制图模式及其智能识别方法[J]．浙江大学学报，2001，35(9)：521～525.

[139] 乐清洪，朱民铨，等．一种新型的神经网络及其在智能质量诊断分析中的应用[J]．机械科学与技术，2005，24(1)：30～34.

[140] 袁曾任．人工神经网络及其应用[M]．北京：清华大学出版社，1999.

[141] 神经网络理论与 MATLAB7 实现[M]．北京：电子工业出版社，2005.

[142] Shi X H，Liang Y C，Lee，H P，et al. Improved Elman networks and applications for controlling ultrasonic motors. Applied Artificial Intelligence，2004，18：603～629.

[143] 姜兴宇，赵海峰，王宛山，等．基于知识的小批量工序质量控制体系研究[C]．东北三省机械学科博士生学术论坛，2007.

[144] 时小虎．Elman 神经网络与进化算法的若干理论研究及应用[D]．长春：吉林大学博士学位论文，2006.

[145] 谢庆国，沈轶，等．Elman 人工神经网络的收敛性分析[J]．计算机工程与应用，2002，(6)：65～67.

[146] 余忠华，吴昭同．面向小批量制造过程的质量控制方法研究[J]．机械工程学报，2001，38(8)：60～64.

[147] 吴德会．基于质量信息集成的智能质量控制技术研究[D]．合肥：合肥工业大学博士学位论文，2006.

[148] 杨旭，裴玉国．面向先进制造系统的小批量统计质量控制的研究[J]．中国机械工程，2002，13(19)：1660～1663.

[149] 聂胜才．机械加工过程质量控制与分析方法和集成系统研究[D]．北京：北京航空航天大学博士学位论文，2001.

[150] 余忠华，殷建军，吴昭同．工序相似性分析及其在SPC方法中的应用研究[J]．系统工程理论与实践，2002，11：6~25.

[151] 王秀伦，于晓洋，黄永生．相似制造论及其应用研究[J]．大连交通大学学报，2005，26(1)：60~64.

[152] LeRoy A. Franklin. Sample size determination for lower confidence limits for estimating process capability indices[J]. Computer & Industrial Engineering，1999，36：603~614.

[153] Jiang Xingyu，Li Hu，Zhao Haifeng，et al. The Comprehensive Evaluation of Product Quality Based on Fuzzy-analytic Hierarchy Process[C]. Proceedings of the 7th ICFDM，2006.

[154] Jiang Xingyu，Wang Guihe，Zhao Ying，et al. The Research on Comprehensive Quality Evaluation Method Oriented-Product Life Cycle[C]. Proceedings of WiCOM，2007.

[155] Kimura F，Hata T，Suzuki H. Product quality evaluation based on behavior simulation of used products[J]. Annals of the CIRP，1998，47(1)：119~122.

[156] Zhang G，Lu Stephen C Y. Artificial intelligent Applications in Manufacturing，An Expert System Approach for Economic Evaluation of Machining Operation Planning[J]，The MIT Press，1992，1：33~35.

[157] Chunhsien Chen，L. G. Occena and Sai Chenong Fok，CONDENSE：a concurrented design evaluation system for product design[J]. International Journal of Product Research，2001(3)：413~433.

[158] 曹岩．产品设计综合评价原理、体系结构和方法[J]．计算机辅助设计与图形学学报，2001，13(1)：34~39.

[159] 商建东，陈康宁．质量驱动的产品设计质量模糊评价及方案决策方法研究[J]．中国机械工程，2000，11(12)：1394~1398.

[160] 余忠华．保质设计中的质量评价研究[J]．计算机集成制造系统——CIMS，2001，17(6)：65~68.

[161] 吴昭同，余忠华，陈文华．保质设计[M]．北京：机械工业出版社，2004.

[162] 刘红旗，陈世兴．产品绿色度的综合评价模型与方法体系[J]．中国机械工程，2005，11(9)：1013~1016.

[163] 陈为．基于农机产品设计质量模糊综合评价法的研究[J]．农业机械学报，1999，30(1)：97~100.

[164] 潘介人．决策分析中的效用理论[D]．上海：上海交通大学，2000.

[165] 钟诗胜，李讲，林琳．基于AHP法的模块化产品结构配置模型与应用[J]．哈尔滨工业大学学报，2003(12)：1461~1464.

[166] 沈源，陈幼平，丘智明，等．一种基于满意度的模糊层次分析评估方法[J]．中国机械，1999，10(7)：7，69~77.

[167] 胡耀光，范玉顺．基于模糊层次分析法的企业核心业务系统选择决策模型[J]．计算机集成制造系统——CIMS，2006，12(2)：215~219.

[168] 王洪，唐晓青．模糊层次分析法在设计质量评估中的应用[J]．制造业自动化，2001.

[169] 郑联语．产品开发中的工艺质量设计研究[D]．北京：北京航空航天大学博士学位论文，2001.

[170] 刘佳．零件加工质量定量评价系统的研究与应用[J]．兵工学报，2005，26(2)：241～244.

[171] 宋光兴，杨德礼．判断矩阵与模糊判断矩阵相互转化方法[J]．大连理工大学学报，2003，43(4)：535～539.

[172] Jianbo Yang，Madan G. Singh. An Evidential Reasoning Approach for Multiple-attribute Decision Making with Uncertainty[J]. IEEE Transactions on Systems，Man，And Cybernetics，1994，24(1)：1～18.

[173] Gayretli A，et al. A feature-based prototype system for the evaluation and optimisation of manufacturing proeesses，Computer & Industrial Engineering，1999，37：481～484.

[174] Yu Ding，et al. Design Evaluation of Multi-station Assembly Proeesses by Using State Space Approach[J]. Transactions of the ASME，2002，124：409～417.

[175] 李登峰．模糊多目标多人决策与对策[M]．北京：国防工业出版社，2003.

[176] Louis H A，Christie H A. Agile manufacturing：The drivers，concepts and attributes [J]. Int. J. Production Economics. 1999，62：33～43.

[177] Boyai T. Productivity in U. S. manufacturing[J]. Review of Industrial Organization，2001，19：407～423.

[178] Montreuil B，Frayret J M. A strategic framework for networked manufacturing[J]. Computers in Industry，2000，(42)：299～317.

[179] Hans-Jürgen Brück. The impact of organizational change management on the success of a product lifecycle magement implementation an investigation into the electronics manufacturing industry[D]. Ludwigshafen：Fachhochschule Ludwigshafen am Rhein University of Lincoln，2002.

[180] CIMData Inc. Product lifecycle management[R]. Michigan：CIMData Inc.，2001.

[181] PTC Inc. Product lifecycle management for product first manufacturing companies [EB/OL]. http：//www. ptc. com，2002-11-04.

[182] EDS Inc.. Collaborative solutions for product lifecycle management[EB/OL]. http：//www. eds. com/products/plm/pdf/plm_brochure. pdf，2002-11-20.

[183] Collier Wayne. Managing the product lifecycle：the changing role of enterprise PDM[J]. Computer Graphics World，1996，19(9)：5～6.

[184] PLCS. The product life cycle support initiative [EB/OL]. http：//www. plcsinc. org，2002-11-15.

[185] 田茂泰，赵军，高小兵．全生命周期产品质量信息管理系统研究[J]．贵州民族学院学报，2007，(5)：129～131.

[186] 邓超，周献振，吴军，等．面向产品生命周期的质量信息模型研究与实践[J]．计算机应用研究，2007，24(7)：161～163.

[187] 邓军，余忠华，杨基平，等．产品生命周期的全面质量管理系统[J]．浙江大学学报，2005，39(4)：500～505.

[188] Jinhai Li，Alistair R. Anderson，Richard T. Harrison. Total quality management principles and practices in China[J]. International Journal of Quality & Reliability Management，2003，20

(9): 1026 ~ 1050.

[189] B. G. Dale, P. Y. Wu, M. Zairi, A. R. T. Williams, et al. Total quality management and theory: An exploratory study of contribution[J]. TOTAL QUALITY MANAGEMENT, 2001, 12(4): 439 ~ 449.

[190] Hale Kaynak. The relationship between total quality management practices and their effects on firm performance [J]. Journal of Operations Management, 2003, 21: 405 ~ 435.

[191] Daniel I. Prajogo, Alan Brown. The Relationship between TQM Practices and Quality Performance and the Role of Formal TQM Programs, an Australian Empirical Study[J]. Quality Management Journal 2004, 11(4): 31 ~ 42.

[192] Daniel I. Prajogo, Amrik S. Sohal. The multidimensionality of TQM practices in determining quality and innovation performance an empirical examination[J]. Technovation, 2004, 24: 443 ~ 453.

[193] Arawati Agus. The Structural Linkages between TQM, Product Quality Performance, and Business Performance: Preliminary Empirical Study in Electronics Companies[D]. Singapore Management Review, 2005, 27(1): 87 ~ 105.

[194] Keehung Lai, T. C. Edwin Cheng. Effects of quality management and marketing on organizational performance[J]. Journal of Business Research, 2005, 58: 446 ~ 456.

[195] 李云山, 吕杰武. 深入浅出 Java 语言程序设计[M]. 北京: 中国青年出版社, 2003.

[196] 赛奎春. JSP 工程应用与项目实践[M]. 北京: 机械工业出版社, 2005.

[197] George Koch, Kevin Loney 著. SQL Server2000 完全参考手册[M]. 梅钢, 译. 北京: 机械工业出版社, 2002.

[198] 德国质量协会. http: //www. dgq. de.

[199] Sousa R. Linking quality management to manufacturing strategy: an empirical investigation of customer focus practices[J]. Journal of Operations Management, 2003, (21): 1 ~ 18.

[200] Gerber, Anna, Dietzsch Michael, Althaus Karsten. Information based dynamic quality information system for non-hierarchic regional production networks [J]. Robotics and Computer Integrated Manufacturing, 2004, 20(6): 583 ~ 591.

[201] 史美林, 向勇, 杨光信. 计算机支持的协同工作理论与应用[M]. 北京: 电子工业出版社, 2001.

[202] 顾君忠. 计算机支持的协同工作导论[M]. 北京: 清华大学出版社, 2002.

[203] 刘润东. UML 对象设计与编程[M]. 北京: 希望电子出版社, 2001: 104 ~ 113.

[204] 范玉顺, 吴澄. 基于协调理论的工作流建模方法[J]. 计算机集成制造系统, 2001, 7(4): 1 ~ 6.

[205] 苏财茂. 基于网络的产品协同设计系统若干关键技术研究[D]. 杭州: 浙江大学, 2004.

[206] Teege G. Object-Oriented Activity Support: A Model for Integrated CSCW Systems[J]. The Journal of Collaborative Computing, 1996, 5(1): 93 ~ 124.